CAC岗位就业实训精品课程系列教材

软件开发工程师

李宗森　邱小文　编　著

中国劳动社会保障出版社

图书在版编目（CIP）数据

软件开发工程师/人力资源和社会保障部教材办公室，CAC教育机构产品研发中心组织编写. —北京：中国劳动社会保障出版社，2012

CAC岗位就业实训精品课程系列教材

ISBN 978-7-5045-9434-1

Ⅰ.①软…　Ⅱ.①人…②C…　Ⅲ.①软件开发-教材　Ⅳ.①TP311.52

中国版本图书馆CIP数据核字（2012）第075978号

中国劳动社会保障出版社出版发行

（北京市惠新东街1号　邮政编码：100029）

出版人：张梦欣

*

北京北苑印刷有限责任公司印刷装订　新华书店经销

787毫米×1092毫米　16开本　24.5印张　474千字

2012年4月第1版　2012年4月第1次印刷

定价：49.00元

读者服务部电话：010-64929211/64921644/84643933

发行部电话：010-64961894

出版社网址：http：//www.class.com.cn

CAC岗位就业实训精品课程系列教材
编委会

内 容 简 介

本教材在编写中贯穿“以企业需求为导向，以职业能力为核心”的理念，以典型软件公司的 .NET 程序开发为例，详细介绍软件开发工程师的岗位职责，并进行实务演练。全书按岗位职责分为三个模块，主要内容包括：ASP. NET 项目开发、Windows 窗体应用程序开发、智能设备项目开发。

为便于读者迅速抓住重点、提高学习效率，教材中还精心设置了“基础技能要点”“核心技能要点”“老 C 提醒”等栏目。每一岗位职责后提供练习题，书后附 1 套模拟试卷，供读者巩固学习成果、检验学习效果时参考使用。

本教材可作为大中专院校计算机相关专业学生进行软件开发岗位入职前的培训教材，也可作为相关专业院校的专业实训教材，还可供软件开发从业人员参加岗位技能培训使用。

本教材涉及的所有示例均有源程序可供下载，下载地址：http：//www. cacedu. cn/download/softwareengineer. zip

序

职业教育和职业培训是国民教育事业的重要组成部分，在实施科教兴国战略和人才强国战略中具有特殊的重要地位，是促进经济社会发展和劳动就业的重要途径。《国务院关于大力发展职业教育的决定》提出："要把发展职业教育作为经济社会发展的重要基础和教育工作的战略重点"，体现了党中央、国务院对发展职业教育的高度重视。职业教育和职业培训的根本任务，就是培养适应现代化建设需要的高技能专门人才和高素质劳动者。因此，职业教育特别是职业培训要从劳动力市场的实际需要出发，坚持就业导向，着力加强劳动者的实际技能，全面提高劳动者的综合素质。

"CAC 岗位就业实训精品课程" 正是为了适应职业教育发展与改革的新形势而推出的，目的在于培养符合企业实际和劳动力市场需求的技能型人才。

要提高培训质量，课程体系的构建和教材的建设是关键。当然，教师队伍建设、教学实践基地建设也是办好职业培训所不可或缺的。但是作为知识和思想的载体，以及来自实践又能指导实践的教材，既具有基础性又具有前瞻性的特点，使其成为培养技能型人才的首要保证。基于这样的认识，"CAC 岗位就业实训精品课程系列教材" 将陆续出版面世。本系列教材的最大特点是以就业为导向，突出实用性和专业性，重点培养学员的技术运用能力和岗位从业能力。

在此，我谨向教材的作者、组织者和所有参与 "CAC 岗位就业实训精品课程" 研发工作的同志们表示感谢，并希望 "CAC 岗位就业实训精品课程" 在我国的职业培训工作中发挥先锋带头作用，为培养高技能复合型人才作出应有的贡献。

前　言

Preface

随着计算机技术的发展和经济社会的日益繁荣，我国已经成为软件需求大国，正在朝软件开发和软件服务输出大国迈进。因此，近年来软件工程师成为IT行业需求量最大的职位，稳居IT行业职位需求TOP10的第一位。

企业在软件开发人才需求方面主要有以下几个特征：

一是外包开发行业快速发展，对从业人员在代码和文档方面的规范性、技能和工具的熟练程度要求越来越高；

二是Java和.NET技术在市场上平分秋色，都有大量的岗位需求（值得庆幸的是二者在应用层面上的技术差异越来越少）；

三是软件开发企业对开发人员的基本技术素养强调得越来越多，例如：面向对象的程序设计思想和代码组织方法、HTML/CSS/JavaScript客户端技术；

四是为了保证质量和工期，企业中大量使用各种框架技术，要求开发人员至少熟悉一种框架技术；

五是MIS、OA、ERP、CRM、系统集成、物流、进销存、电子政务、网站建设这一类B/S系统，成为软件开发工程师需求最大的业务领域。

在企业中如果有软件开发人员，一般会设技术部门或叫研发部门。但每个公司的岗位设置是不同的，也不是每个公司都会有软件开发工程师岗位，要弄清楚这个岗位设置的问题，首先要从技术部门的负责内容说起。

企业的技术部门是企业的一个支持性部门，支持部门的意思是协助其他部门来完成公司项目，一般不独自开发客户。软件开发工程师岗位是根据企业的工作内容和要求来设立的岗位。按照软件开发的理念，企业的软件开发的内容主要分为六大工作模块：需求分析、系统设计、UI设计、系统开发、系统测试、部署维护。

本教材以中小型企业为样本，以单独设立的技术部门为例，以最常见的软件开发工程师工作作为基础编写。由于时间有限，书中存在错误或不当之处在所难免，敬请广大读者批评指正。真诚希望本书的出版，能对相关专业大学生求职就业有所帮助，也欢迎各位专业人士就此与我们切磋，以求共同进步。

编者

前　言
Preface

目　录

导　　读

导读一　一体化服务流程

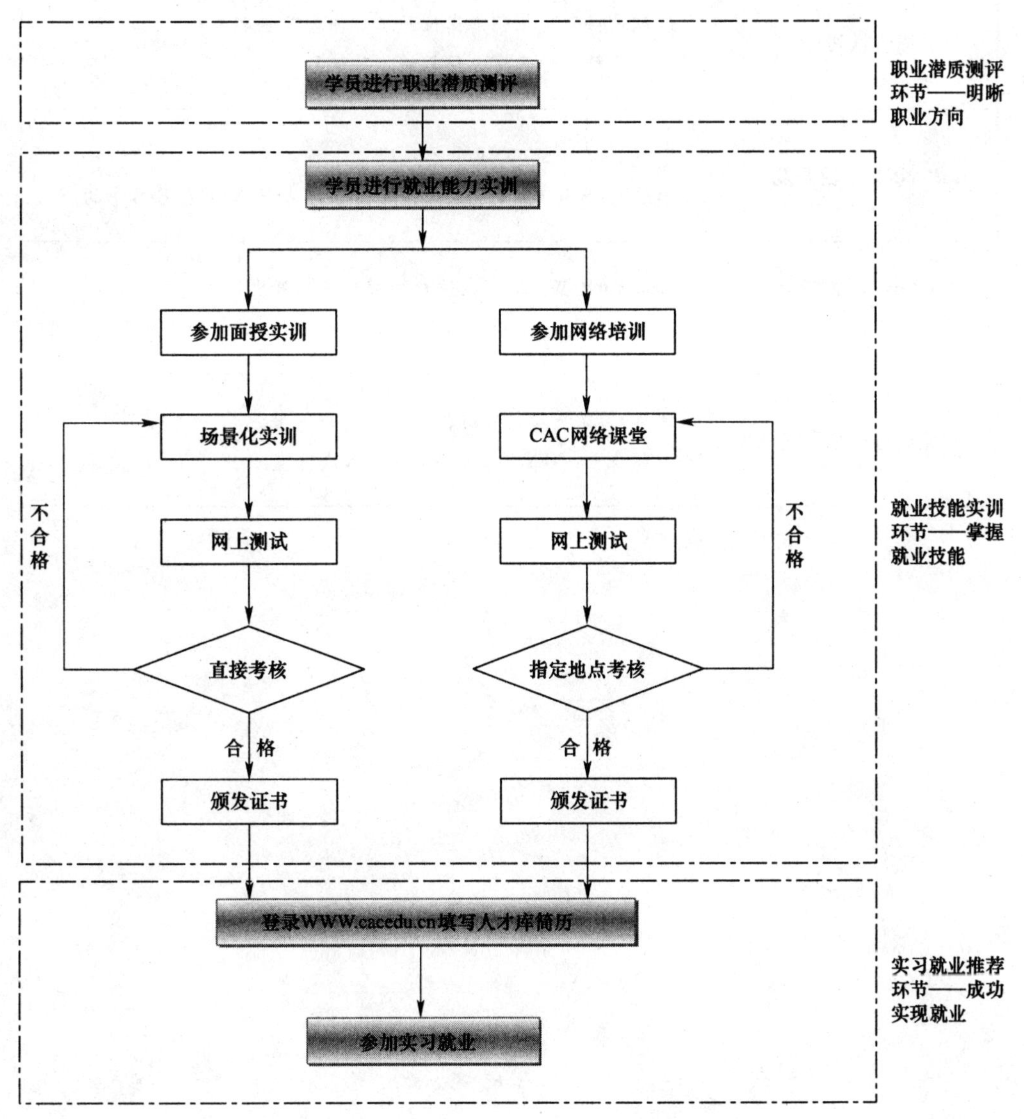

导读二 实训导引

实训模块	实训要点
岗位认知	1. 认识软件开发工程师岗位的工作内容及任职要求 2. 初步了解软件开发工程师的工作流程
ASP. NET 项目开发	1. 了解 C#在 ASP. NET 中的应用 2. 通过 CMS 和 CRM 系统的开发，了解 ASP. NET 在 B/S 中的应用
Windows 窗体应用程序开发	1. 掌握 C#在 Windows 系统应用程序下的开发 2. 掌握 Windows 桌面应用程序、Windows Service 和多线程的应用
智能设备项目开发	1. 了解 C#在嵌入式应用程序开发中的作用 2. 了解基于 . NET Framework 的嵌入式开发

岗位认知

软件开发工程师岗位描述

明确岗位职责
了解本岗位的素质要求
了解软件开发岗位的角色关系

岗 位 认 知

软件开发工程师岗位说明书

岗位名称	软件开发工程师	岗位编号	
直属上级	项目经理/技术部经理/技术总监	所属部门	技术部

职位概要

在正确了解客户需求的基础上，按时保质完成上级交给的软件设计开发任务。

岗位职责

1. 在项目初期，参与并了解项目背景和业务需求、功能需求。
2. 在项目架构设计和流程设计中参与并提供意见或建议，此阶段应开始数据库需求分析及建模。
3. 在项目创意设计和页面制作时提出自己的意见或建议，此阶段可根据时间安排进行网站后台功能开发。
4. 页面制作完成后进入代码编写阶段，在开发的同时进行单元测试。
5. 完成每一个大的模块提交测试并在得到反馈后讨论或修改。
6. 项目整体测试完成，打包发布，并负责项目上线维护。

任职资格

教育背景：

◆ 计算机相关专业专科及以上学历。

培训经历：

◆ 接受过软件开发相关培训，至少能够熟练使用某一开发语言和一种常用数据库，熟悉 HTML 语言和 JavaScript 脚本语言。

知识技能：

◆ 熟练使用 Windows 操作系统和安装配置 IIS。

◆ 熟练使用 Visual Studio 开发工具和 C#开发语言。

◆ 熟练使用 SQL Server 数据库，包括使用存储过程、触发器等。

◆ 办事沉稳、细致，思维活跃，有创新精神。

◆ 有良好的逻辑思维，有很强的自我学习能力。

◆ 有高度团队协作精神。

◆ 能够通过搜索或快速学习新知识来解决系统开发或运行中遇到的一些难题。

办公环境

◆ 舒适，配备办公桌椅、计算机、电话、打印机、复印机、传真机、Internet 等。

◆ 无职业病危险。

老 C——公司技术部经理。

小 C——公司新入职的软件开发工程师。

老 C：我再把前面向你介绍的内容重复一下：

我是公司的技术部经理，是你的直接上级，你的岗位是软件开发工程师，刚才你已经仔细阅读过《岗位说明书》，大致了解了本岗位的工作内容。今天我把公司的情况都介绍给你了，现在我想听听你对软件工程师的理解。

小 C：根据在学校的学习和认识，我觉得软件开发工程师这个岗位对技术要求是比较全面的，除了最基础的编程语言（C 语言、C++、Java 等）、数据库技术（SQL、Oracle、DB2 等）、.NET 平台技术、C#程序开发，还有诸多如Java Script、AJAX、HIBERNATE、SPRING、J2EE、Web Servicf、STRUCTS 等前沿技术。除此之外，关于网络工程和软件测试的其他技术也要有所涉猎，如果进行 Web 开发，还需要对网页的设计制作有所了解，以利于操控全局。

老 C：很对！一名优秀的软件开发工程师应当具有较强的逻辑思维能力，对于技术的发展有敏锐的嗅觉。虽然要求技术全面，但无需门门技术都精通，任何软件开发工程师都有自己的技术特长和偏向，对于自己手中的技术，可有精通、掌握、熟悉、了解之分，根据工作需要和职业发展的具体情况来划分。工作内容有哪些呢？

小 C：每一个项目都有需求分析、系统设计、界面设计制作、系统开发、系统测试、系统发布与维护。

老 C：非常好！

小 C：要成为一个优秀的软件开发工程师，有哪些素质要求呢？

老 C：首先，一个优秀的软件开发工程师要具备良好的专业能力；其次，要具备全面的专业知识，在熟练掌握一方面专业技能的同时，要对各种语言、数据库等有所了解；再次，要有良好的职业素养；最后，还要有熟练的工作技能。

小 C：前面的两点都好理解，第三点职业素养是指什么？

老 C：职业素养是指一个优秀的软件工程师要有良好的逻辑思维，

良好的与人沟通的能力，良好的语言表达能力，认真负责的工作态度，诚实守信的工作理念。

小C：第四点良好的工作技能指的是什么？

老C：良好的工作技能指的是能熟练使用相关软件和硬件。软件指的是系统环境、开发平台、数据库等。办公硬件方面则指的是计算机、打印机、复印机、传真机、投影仪等办公设备的使用与维护。在下面的一段时间里，我将会详细地向你介绍这方面的内容。

岗位职责一

ASP.NET项目开发

基础技能要点

熟练使用 Microsoft Visual Studio 开发工具，至少熟练使用一种 . NET 开发语言

掌握 Microsoft SQL Server 或 Oracle 的使用

掌握软件多层结构

熟练使用 JavaScript 脚本语言

核心技能要点

注册、登录功能的实现

模板页面的实现

动态网站导航的实现

用户管理、角色设置、权限分配的实现

系统权限验证的实现

工作任务一　CMS 开发

老 C：CMS 是内容管理系统的简称，现在越来越多的企业、门户等在使用这个系统，它可以很方便地进行内容录入、发布及管理。

小 C：CMS 都有些什么功能？

老 C：CMS 一般有栏目管理、内容管理、内容审核等，如果是输出静态页面的 CMS，还会有静态页面管理的功能。以下我们用一个旅行社的网站来讲解 CMS 的开发过程。

小 C：好的。

基础知识

CMS 是 Content Management System 的缩写，它具有许多基于模板的优秀设计，可以加快网站开发的速度和减少开发的成本。CMS 的功能并不只限于文本处理，也可以处理图片、Flash 动画、声像流、图像甚至电子邮件。

本书中将通过一个真实的旅游网站（http：//www. kingdomtravel. com. cn/）来讲解 CMS 的开发。

工作步骤

第一步　需求分析

Kingdom travel 是一个拥有大批熟悉旅游业务、受过专门培训的各级管理人员，经营出入境旅游、国内旅游、旅游车队、出租汽车、房地产、餐饮、咨询服务、广告及文化娱乐等多门类、跨地区的综合性旅游企业集团。为了方便旅客查询公司的业务，需要建立一个 CMS 网站，将公司的业务信息及时发布到网上。

经过与客户沟通后，获得以下客户需求：

1. 网站首页

网站首页需要显示所有的子栏目标题，页面正中间放置7张各个子栏目的置顶轮换显示的大图片，页面下部分显示9个子栏目的小图片，左侧显示推荐在首页的“特色旅游”。这些内容均可通过后台进行管理。

2. 栏目管理

管理员可以添加、修改、删除栏目，栏目节点可以设置为多级，无限制级别层次。对于每个节点下的内容可以设置添加、修改、删除权限管理。

3. 信息管理

信息管理包括文章内容管理、产品管理、图片管理。

（1）文章内容管理。文章内容属性包括文章标题、描述、关键字、审批发布状态（待发布、审批发布、不发布）、是否热点（否或是）、特殊显示（显示在首页和显示在栏目首页）、外部链接（站外地址可设置是否在新窗口打开）、简介、文章内容。

（2）产品管理。旅途中的服务产品包括“酒店列表”“旅游套餐”“酒店套餐”“接送服务”“观光服务”。

（3）图片管理。图片管理属性包括图片名称、小图路径、大图路径、图片简介、是否显示在列表页面。

4. 用户、权限管理

可以添加、修改、删除网站后台管理员，并可分别设置用户对各个栏目节点的添加、修改、删除权限。

5. 模板管理

可以更换不同风格的网站模板（比如春节、国庆、元旦等，根据节假日来设置网站的模板），网站模板由开发商制作，通过后台系统上传，供网站管理员选用。

第二步　Web信息架构设计

1. 信息架构的概念

信息架构（information architecture）简称IA。它是从数据库设计的领域中诞生的，IA的主体对象是信息，由信息建筑师来设计结构、决定组织方式以及归类，便于用户寻找与管理信息。

通俗地讲，信息架构就是合理地组织信息的展现形式，例如一个电子相册，注册的时候需要体现怎样的说明，单个相片、一个专辑、整个相册的内容以及它们之间是怎样的关系。IA 不是以页面分类的，它体现在不同的使用过程中。信息是主体，所以研究信息之间的联系是非常重要的工作。

信息架构的主要任务是为信息与用户认知之间搭建一座畅通的桥梁，是信息直观表达的载体。它研究信息的表达和传递，而不仅仅是设计信息的组织结构。

2. 信息架构设计方式

（1）自上而下。在定义网站的整体结构前，先广泛了解商业意图和用户需求，最后再考虑具体内容之间的关联。

（2）自下而上。先理解内容的联系，通过遍历、剧情设计等手段，让该系统能够满足特殊用户的需求，然后再考虑支持这些需求所需要的更高层次结构（所谓遍历，是指沿着某条搜索路线，依次对树中每个结点均做一次且仅做一次访问）。

在一个完整的项目实施过程中，这两种方式都很重要，忽略前者，网站内容组织可以很好，但是并不一定符合用户需求；忽略后者，用户可以容易找到用户需求，但是很难有机会接触到相关的内容。

3. 信息架构设计流程

（1）理解客户需求。掌握项目背景和用户需求，阅读所有的现有文件，与利益群体作沟通，并且做出内容清单。

（2）引导测试用户参与卡片分类活动。

（3）通过卡片分类活动评估之前设计的分类，从中寻找分类的趋势，合理划分类别的重点和相关的次序，通过分析找到工作流程的梳理过程。

（4）完成一份信息架构的草案。

（5）使用卡片评估的方式来测试设计出来的架构。卡片是每个流程的重点，信息架构草图是流程的框架，两者结合可验证工作的重点是否有偏离。有机会还可以请相关人员进行可用性测试，这将对用户角色调研起到很重要的补充。

（6）重复设计与评估。不要对第一次设计就成功带有过多的期望，寻找合适的措辞和分级可能会需要好几次重复的设计与评估。可以分三次考虑：

首先，完成初稿，了解信息架构的粗框架，类似于 UML 图示。

其次，从下到上地梳理用户的需求和流程的衔接。

最后，从上到下整理导航和系统使用框架，确定信息架构。

（7）把信息架构记录成网站的地图。当然这不是最终的网站地图，只有页面设计都完成以后，网站地图才会定稿。

（8）使用剧情设计测试网站设计。

（9）让开发团队的其他成员也参与剧情设计和遍历，并且与其分享测试的结果。

（10）原型测试。如果有，可以在进行正式开发之前多做一些纸面原型或者低拟真原型的测试。通过 Visio 制作的 demo 页面如图 1—1—1 所示。

图 1—1—1　通过 Visio 制作的 demo 页面

（11）建立文档。建立一些文档，把关键的用户操作点都标注起来，这样可以给视觉设计和程序开发人员一些提示，保证开发能够充分利用前期设计的结果。

用户并不关心网站的信息架构是什么样的，而只是上网、做事，然后离开。只有当用户受困于开发者设计的网站时，才会去研究网站蹩脚的架构，因为只有这样用户才能够做完该做的事情。但是很多时候用户并不愿意花太多的时间浪费在网站架构研究上。原因很简单，因为有更多、更好的同类网站在向用户招手。

因此需要投入大量成本和资源来设计出好的信息架构，让用户很轻松就能完成要做的事情。

老 C 提醒：

好的信息架构需要由专业的信息架构师来设计，信息架构设计是因特网产品设计流程中非常重要的一个环节。

关于信息架构的更多知识，可以从下面的途径去详细了解：

1.《Web 信息架构》第三版。

2. 白鸦：浅析 facebook 的信息架构 http://uicom.nct/blog/?p =762。

3. 千鸟：网站的信息架构 http://blog.rexsong.com/?p =348。

4. 信息架构与可用性 http://blog.rexsong.com/?p =509。

4. KINGDOMTravel 网站部分 IA 设计

在本例里，关于网站前台只阐述首页和一个样例栏目“港龙国泰假期”。

4.1 首页 IA 设计

将首页设计为一个栏目，“特色旅游”作为首页下的子栏目。7 张轮换图片置于栏目标题的下方，“特色旅游”栏目置于页面左侧，轮换图片下方放置一级栏目“港龙国泰假期”里的文章小图片。页面原型如图 1—1—2 所示。

图 1—1—2 页面原型

4.2 “港龙国泰假期”栏目 IA 设计

网站访问者进入首页后，点击标题“港龙国泰假期”可进入此页面，进入后默认显示本栏目的第一篇文章。

为了显示栏目的可无限分级特性，在“港龙国泰假期”栏目里设定了两个子栏目“港龙国泰假期”“尽情游”。页面原型如图 1—1—3 所示。

正文内容里包括各种“产品”，比如“酒店列表”“旅游套餐”等。

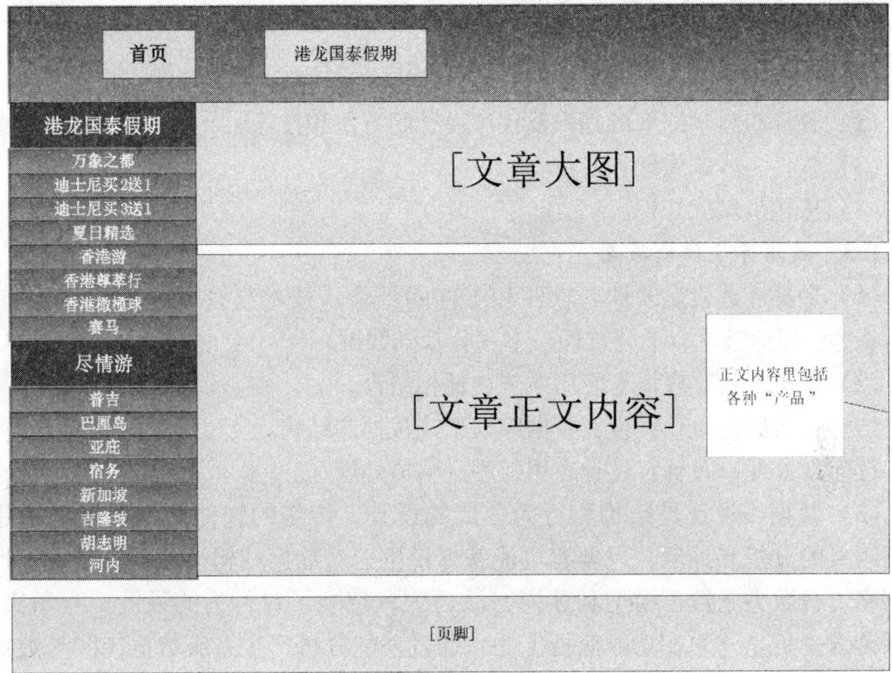

图 1—1—3 “港龙国泰假期”栏目页面原型

第三步 数据库设计

1. 数据库设计概述

1.1 数据库设计的概念

数据库设计是指对于一个给定的应用环境，构造最优的数据库模式，建立数据库及其应用系统，使之能够有效地存储数据，满足各种用户的应用需求，包括信息需求和处理需求。信息需求表示一个单位所需要的数据及其结构。处理需求表示一个单位经常需要进行的数据处理，例如工资计算、成绩统计等。

在数据库领域内，常常把使用数据库的各类系统统称为数据库应用系统。

数据库设计有两项成果：一是数据模式，二是以数据库为基础的典型应用程序。

1.2 数据库和信息系统

数据库是信息系统的核心和基础，它把信息系统中大量的数据按一定的模型组织起来，提供存储、维护、检索数据的功能，使信息系统可以方便、及时、准确地从数据库中获得所需的信息。数据库是信息系统的各个部分能否紧密地结合在一起以及如何结合的关键所在。

数据库设计是信息系统开发和建设的重要组成部分。数据库设计人员应该具备的技术和知识如下：

（1）数据库的基本知识和数据库设计技术。

（2）计算机科学的基础知识及程序设计的方法和技巧。

（3）软件工程的原理和方法。

（4）应用领域的知识。

1.3 数据库设计的特点

（1）数据库建设是硬件、软件和干件的结合。技术与管理的界面称为干件。通常认为：三分技术，七分管理，十二分基础数据。

（2）数据库设计应该与应用系统设计相结合。

结构（数据）设计：设计数据库框架或数据库结构。

行为（处理）设计：设计应用程序、事务处理等。

（3）数据库设计是结构和行为分离的设计。传统的软件工程忽视对应用中数据语义的分析和抽象，只要有可能就尽量推迟对数据结构设计的决策。早期的数据库设计致力于数据模型和建模方法研究，忽视了对行为的设计。而事实上，数据需求分析是建立在功能分析上的，通过功能分析产生系统数据流图与数据字典，再通过数据分析设计实体与属性。所以，数据库设计应包括结构设计和行为设计。

1.4 数据库设计方法

（1）手工试凑法。其设计质量与设计人员的经验和水平有直接关系，由于缺乏科学理论和工程方法的支持，所以工程的质量难以保证。数据库运行一段时间后常常不同程度地发现各种问题，增加了维护代价。

（2）规范设计法。其基本思想是过程迭代和逐步求精。典型方法如下：

1）新奥尔良（New Orleans）方法。将数据库设计分为四个阶段，即需求分析、概念设计、逻辑设计、物理设计。

2）S. B. Yao 方法。将数据库设计分为五个步骤，即确定 entities 及 relationships，确定所需数据，标准化数据，考量关系，检验设计。

3）I. R. Palmer 方法。把数据库设计当成一步接一步的过程。

1.5 数据库设计的基本步骤

（1）数据库设计的准备工作。主要是选定参加设计的人员，分为以下 4 类：

1）数据库分析设计人员。是数据库设计的核心人员，自始至终参与数据库设计，其水平决定了数据库系统的质量。

2）用户。用户在数据库设计中也是举足轻重的，主要参加需求分析和数据库的运行维护。用户积极参与可以加速数据库设计，提高数据库设计的质量。

3）程序员。在系统实施阶段进行参与，负责编制程序。

4）操作员。在系统实施阶段进行参与，准备软硬件环境。

（2）数据库设计。分为以下 6 个阶段：

1）需求分析阶段。准确了解与分析用户需求（包括数据与处理），是整个设计过程的基础，是最困难、最耗费时间的一步。

2）概念结构设计阶段。是整个数据库设计的关键，通过对用户需求进行综合、归纳与抽象，形成一个独立于具体 DBMS 的概念模型。

3）逻辑结构设计阶段。将概念结构转换为某个 DBMS 所支持的数据模型，对其进行优化。

4）数据库物理设计阶段。为逻辑数据模型选取一个最适合应用环境的物理结构（包括存储结构和存取方法）。

5）数据库实施阶段。运用 DBMS 提供的数据语言、工具及宿主语言，根据逻辑设计和物理设计的结果建立数据库、编制与调试应用程序、组织数据入库，并进行试运行。

6）数据库运行和维护阶段。数据库应用系统经过试运行后即可投入正式运行。在数据库系统运行过程中必须不断地对其进行评价、调整与修改。

设计一个完善的数据库应用系统往往是上述六个阶段的不断反复。

2. KINGDOMTravel 网站数据库设计

分别见表 1—1—1 ~ 表 1—1—11。

表 1—1—1　　数据库结构表 ASSET_ INFO

字段名称	字段类型	主键	允许为空	默认值	说明
ASSET_ ID	int	√			附件 ID
ASSET_ NAME	varchar（200）		√		附件名称
CON_ ID	int				内容 ID
ASSET_ TYPE	int		√		附件类型
ASSET_ DESC	varchar（200）		√		说明
ASSET_ PATH	varchar（200）		√		小图路径
BIGASSET_ PATH	varchar（200）		√		大图路径
ASSET_ WIDTH	int		√		宽度
ASSET_ HEIGHT	int		√		高度
CREATE_ DATE	datetime			getdate（）	上传时间
ISDEL	char（1）				是否删除
IS_ VIEW	bit			0	是否可见
VIEW_ IN_ NAVIGATION	bit		√		是否显示在导航
ASSET_ CATEGORY	int		√		附件类别

表 1—1—2　　内容表 CON_ INFO

字段名称	字段类型	主键	允许为空	默认值	说明
CON_ ID	int	√		identity（1，1）	内容 ID
TEM_ ID	int		√		模板 ID
MENU_ UID	varchar（50）		√		栏目 ID
CON_ TITLE	varchar（1000）				标题
SOURCE_ ID	int		√		出处
KEYWORDS	varchar（500）		√		关键词
STATUS	int			0	状态
IS_ HOTSPOT	bit			0	是否是热点
PRIOR_ LEVEL	int		√		优先级
META	varchar（2000）		√		META
CON_ DESC	text		√		内容描述
CON_ CONTENT	text		√	0	内容正文
TITLE_ IMAGE	int		√		标题图片
IS_ FIRST	bit		√	0	是否为本栏目下第一个内容
CREATE_ DATE	datetime			getdate（）	创建时间
ISDEL	bit			0	删除标记
HOTSPOT_ ID	int		√		热点 ID
CON_ REMARK	text		√		备注
CON_ CONTENT2	varchar（4000）		√		内容 2，作为将来的扩展
CON_ CONTENT3	text		√		内容 3，作为将来的扩展
CON_ CONTENT4	text		√		内容 4，作为将来的扩展
CON_ CONTENT5	text		√		内容 5，作为将来的扩展
CON_ CONTENT6	text		√		内容 6，作为将来的扩展
CON_ TYPE	varchar（50）		√		内容类型
LINK_ URL	varchar（255）		√		链接地址
LINK_ TARGET	varchar（50）		√		页面的弹出方式
START_ DATE	datetime		√		开始发布时间
END_ DATE	datetime		√		发布结束时间
CON_ STRING1	varchar（255）		√		扩展字段，在这里暂时不使用

表 1—1—3　　网站管理员表 EMPLOYEE

字段名称	字段类型	主键	允许为空	默认值	说明
EMPLOYEEID	int	√		identity（1，1）	员工 ID
LOGINNAME	varchar（50）				用户名
EMPLOYEENM	varchar（50）		√		栏目 ID
APPELLATION	varchar（50）		√		称谓
TITLE	varchar（50）		√		职务
EMAIL	varchar（50）		√		电子邮箱
PW	varchar（100）				密码
COMPANYNM	varchar（200）		√		公司名称
DEPARTNM	varchar（50）		√		部门名称
ADDRESS	varchar（200）		√		联系地址
PROVINCE	varchar（50）		√		省份
CITY	varchar（50）		√		城市
POSTCODE	varchar（50）		√		邮编
TELAREA	varchar（50）		√		电话区号
TEL	varchar（50）		√		电话号码
TELEXT	varchar（50）		√		分机号
MOBILE	varchar（50）		√		手机号码
FAX	varchar（50）		√		传真
FAXEXT	varchar（50）		√		传真分机号
ISRDT	datetime				创建时间
UPDDT	datetime		√		最后修改时间

表 1—1—4　　数据字典 ITEM_ TBL

字段名称	字段类型	主键	允许为空	默认值	说明
ITEM_ ID	int	√		identity（1，1）	字典 ID
PARENT_ ITEM_ ID	int				父节点 ID
ITEM_ NAME	varchar（100）		√		字典名称
ITEM_ DESC	varchar（100）		√		描述
ITEM_ VALUE	varchar（100）		√		字典值
ITEM_ VALUE1	varchar（100）		√		字典值的扩展字段
ISDEL	bit		√	0	删除标记
ITEM_ ORDER	int		√		字典排序

表 1—1—5　　角色—栏目关系表 ROLEPOWER

字段名称	字段类型	主键	允许为空	默认值	说明
ID	int	√		identity（1，1）	ID
ROLEID	int				角色 ID
MENUNO	varchar（50）				栏目编号

表 1—1—6　　角色表 SROLE

字段名称	字段类型	主键	允许为空	默认值	说明
ROLEID	int	√		identity（1，1）	角色 ID
PARENTROLEID	int		√		父角色 ID
ROLENAME	varchar（50）				角色名称
DESCRIPTION	varchar（100）		√		角色描述
ISSYS	bit				是否是系统角色

表 1—1—7　　系统栏目表 SYSMENU

字段名称	字段类型	主键	允许为空	默认值	说明
MENUNO	varchar（50）	√			栏目编号
MENUNAME	varchar（50）				栏目名称
MENUOTHERNAME	varchar（50）		√		显示名称
MENULAYER	int				栏目级别
MENUURL	varchar（100）		√		栏目 URL
ISOTHERSITE	bit				是否站外链接
URLTARGET	varchar（50）		√		弹出方式
MENUORDER	int		√		排序
MENUX	int				
MENUY	int				
MAINMENUNO	varchar（50）				主栏目编号
FATHERMENUNO	varchar（50）				父栏目编号
MENUSCRIPT	varchar（100）		√		脚本
MENUSRC	varchar（50）		√		内部脚本
MENUEXPANDED	bit				扩展
MENUISPOSTBACK	bit				是否回调
MENUCOMMANDNAME	varchar（20）				命令
MENUTARGET	varchar（20）		√		命令弹出方式
ISRDT	datetime				创建时间
MENUTITLE	varchar（200）		√		标题

续表

字段名称	字段类型	主键	允许为空	默认值	说明
MENUDESC	text		√		说明
MENUCONTENT	text		√		栏目内容
TEM_ ID	int			0	模板 ID
MENUTITLEIMAGE	varchar（50）		√		标题图
MENUIMAGE	varchar（50）		√		栏目图
MENUIMAGE_ SOURCE	varchar（50）		√		源图片
MENUICO	varchar（50）		√		ICO
MENUFLASH	varchar（50）		√		FLASH
MENUSTATE	int			0	状态
ISHOT	bit			0	是否为热点

表 1—1—8　　页面模板表 TEM_ INFO

字段名称	字段类型	主键	允许为空	默认值	说明
TEM_ ID	int	√		identity（1，1）	ID
TEM_ TYPE	int		√		模板类型
MENU_ UID	int		√		栏目 ID
TEM_ NAME	varchar（200）				模板名称
TEM_ CONTENT	text				模板内容
CREATE_ DATE	datetime			getdate（）	创建时间
ISDEL	bit			0	删除标记

表 1—1—9　　用户—角色关系表 URR

字段名称	字段类型	主键	允许为空	默认值	说明
ID	int	√		identity（1，1）	ID
EMPLOYEEID	int				用户 ID
ROLEID	int				角色 ID

表 1—1—10　　列表控件表 SYSGRIDCOLUMN

字段名称	字段类型	主键	允许为空	默认值	说明
ID	int	√		identity（1，1）	ID
MENUNO	varchar（20）				编号
COLUMNNAME	varchar（50）				列名
COLUMNCAPTION	varchar（50）		√		列标题
COLUMNDATATYPE	int		√		列数据类型
COLUMNORDER	int				列排序号

续表

字段名称	字段类型	主键	允许为空	默认值	说明
COLUMNFORMAT	varchar（50）		√	0	列格式化
COLUMNNULL	varchar（50）		√		
COLUMNWIDTH	int			0	列宽
COLUMNALIGN	int			1	列的居中模式
ISDEFAULTSORT	int			1	是否默认排序
DEFAULTSORTDIRECTION	int			1	默认排序方向
ISDEFAULTSHOW	int			1	是否默认显示

表 1—1—11　　列表控件数据源表 SYSGRIDSOURCE

字段名称	字段类型	主键	允许为空	默认值	说明
MENUNO	varchar（20）	√		identity（1，1）	
SOURCENAME	varchar（50）		√		数据源（表）名称
PRIMARYKEY	varchar（50）		√		数据表主键名
SOURCEFILTER	varchar（1000）				
DESCRIPTION	varchar（100）				字段描述

第四步　界面设计、网页制作

界面是人与机器之间传递和交换信息的媒介，包括硬件界面和软件界面，是计算机科学与心理学、设计艺术学、认知科学和人机工程学的交叉研究领域。近年来，随着信息技术与计算机技术的迅速发展，网络技术的突飞猛进，人机界面设计和开发已成为国际计算机界和设计界最为活跃的研究方向。

1. 企业软件用户界面设计的基本原则

（1）用户导向（User oriented）原则。设计网页首先要明确到底谁是使用者，要站在用户的观点和立场上来考虑设计软件。要做到这一点，必须要和用户沟通，了解其需求、目标、期望和偏好等。网页的设计者要清楚，用户之间差别很大，能力各有不同。比如有的用户可能会在视觉方面有欠缺（如色盲），对很多的颜色分辨不清；有的用户的听觉也会有障碍，对于软件的语音提示反应迟钝；相当一部分用户的计算机使用经验很初级，对于复杂一点的操作会感觉很费力。另外，用户使用的计算机配置也是千差万别，包括显卡、声卡、内存、网速、操作系统以及浏览器等都有不同。设计者如果忽视了这些差别，设计出的网页在不同的计算机上显示就会造成混乱。

（2）KISS（Keep It Simple And Stupid）原则。简洁和易于操作是网页设计的最重要的原则。毕竟软件建设出来是用于普通网民来查阅信息和使用网络服务，没有必要在网页上设置过多的操作，堆积上很多复杂和花哨的图片。本原则一般要求网页的下载不要超过 10 s（普通的拨号用户 56 Kb/s 网速）；尽量使用文本链接，而减少大幅图片和动画的使用；操作设计尽量简单，并且有明确的操作提示；软件所有的内容和服务都在显眼处向用户予以说明等。

（3）布局控制原则。关于网页排版布局方面，很多网页设计者重视不够。有些网页排版设计过于死板，甚至照抄他人，有些网页布局凌乱，仅仅把大量的信息堆积在页面上，会干扰浏览者的阅读。一般在网页设计上所要遵循的原理如下：

1）Miller 公式。根据心理学家 George A. Miller 的研究表明，人一次性接受的信息量在 7 个比特左右为宜。总结成一个公式为：一个人一次所接受的信息量为 7 ±2 比特。这一原理被广泛应用于软件建设中，一般网页上面的栏目选择最佳为 5 ~9 个比特，如果软件所提供给浏览者选择的内容链接超过这个区间，人在心理上就会烦躁、压抑，会让人感觉到信息太密集，看不过来，很累。例如 Aol. com 的栏目设置为：Main、MyAol、Mail、People、Search、Shop、Channels 和 Devices，共八个分类。Msn. com 的栏目设置为：MSN Home、My MSN、Hotmail、Search、Shopping、Money 和 People & Chat，共七项。然而，很多国内的软件在栏目的设置上远远超出了这个区间。

2）分组处理。上文提到，对于信息的分类，不能超过 9 个栏目。但如果内容实在很多，超出了 9 个，就需要进行分组处理。如果网页上提供几十篇文章的链接，就需要每隔 7 篇加一个空行或平行线进行分组。如果软件栏目超出 9 个，如微软公司的软件，共有 11 个栏目，超过了 9 个。为了不破坏 Miller 公式，在设计时可以将栏目使用蓝黑两种颜色分开，具体可以访问 http：//www. microsoft. com 网站。

（4）视觉平衡原则。网页设计时，各种元素（如图形、文字、空白区域）都会有视觉作用。根据视觉原理，图形与文字相比较，图形的视觉作用要大一些。所以，为了达到视觉平衡，在设计网页时需要以更多的文字来平衡一幅图片。另外，按照中文的阅读习惯是从左到右、从上到下，因此视觉平衡也要遵循这个道理。例如，文字是采用左对齐〈Align = left〉，则需要在网页的右面加一些图片或一些较明亮、较醒目的颜色。一般情况下，每张网页都会设置一个页眉部分和一个页脚部分，页眉部分常放置一些 Banner 广告或导航条，而页脚部分通常放置联系方式和版权信息等，页眉和页脚在设计上也要注重视觉平衡。同时，也决不能低估空白区域的价值。如果网页上所显示的信息非常密集，这样不但不利于读者阅读，甚至会引起读者反感，破坏该软件的可用性。在网页设计上，适当增加一些空白区域，精练网页，可使得页面变得简洁。

（5）色彩的搭配和文字的可阅读性原则。颜色是影响网页的重要因素，不同的颜色对人的感觉有不同的影响，例如：红色和橙色使人兴奋并使人心跳加速，黄色使人联想到阳光，是一种快活的颜色，黑色显得比较庄重。考虑软件需要对浏览者产生什么影响，为网页设计选择合适的颜色（包括背景色、元素颜色、文字颜色、链接颜色等）。

为方便阅读软件上的信息，可以参考报纸的编排方式将网页的内容分栏设计。字体也是一种能够提高文字可读性的因素，通用的字体（Arial，Courier New，Garamond，Times New Roman，中文宋体）最易阅读，特殊字体用于标题效果较好，但是不适合正文。

老C提醒：

如果在整个页面使用一些特殊字体（如Cloister，Gothic，Script，Westminster，华文彩云，华文行楷），浏览者阅读过程中会感觉不舒服。该类特殊字体如果在页面上大量使用，会使得阅读颇为费力，浏览者的眼睛很快就会疲劳，不得不转移到其他页面。

（6）和谐与一致性原则。通过对软件的各种元素（颜色、字体、图形、空白区域等）使用一定的规格，使得设计良好的网页看起来风格一致。或者说，软件的众多单独网页应该拥有相同的风格。软件设计上要保持一致性，这又是很重要的一点。一致的结构设计，可以让浏览者对软件的形象有深刻的记忆；一致的导航设计，可以让浏览者迅速而又有效地进入软件中自己所需要的部分；一致的操作设计，可以让浏览者快速学会整个软件的各种功能操作。破坏这一原则，会误导浏览者，并且让整个软件显得杂乱无章。当然，软件设计的一致性并不意味着刻板和一成不变，有的软件在不同栏目使用不同的风格，或者随着时间的推移不断地对软件进行改版，会给浏览者带来新鲜的感觉。

（7）个性化原则

1）符合网络文化。企业软件不同于传统的企业商务活动，要符合网络文化的要求。首先，网络最早是非正式性、非商业化的，只是科研人员用来交流信息的工具。其次，网络信息是只在计算机屏幕上显示而没有打印出来阅读的信息，网络上的交流具有隐蔽性，谁也不知道对方的真实身份。另外，许多人是在家中或网吧等一些比较休闲、比较随意的环境下上网，此时网络用户的使用环境所蕴涵的思维模式与坐在办公室里西装革履的时候大相径庭。因此，整个网络文化是一种休闲的、非正式性的、轻松活泼的文化。在软件上使用幽默的网络语言，创造一种休闲、轻松愉快、非正式的氛围会使软件的访问量大增。

2）塑造软件个性。软件的整体风格和整体气氛表达要同企业形象相符合并应该很好地体现企业CI。在这方面比较经典的案例有：可口可乐个性鲜明的前卫软件“Life Tastes Good”；工整、全面、细致的通用电气公司软件“We bring good things to life（GE带来美好的生活）”；崇尚科技创新文化的3M公司软件“Creating solutions for business、industry and home”；刻意扮演一个数字电子娱乐之集大成者的角色，要成为新时代梦想实现者的索尼软件；平易近人、亲情浓郁体现了“以人为本”的企业定位和营销策略的通用汽车公司软件，服务全面、细致、方便，处处体现“宾至如归”服务理念的希尔顿大酒店软件。

2. 网页制作

常用的网页制作工具有Macromedia Dreamweaver、Fireworks、Flash等，其他网页制作工具有Microsoft Visual Studio、Jbuilder、记事本等。

总结目前的网页制作技术标准如下：

2.1 命名规范

文件命名的原则是以最少的字母达到最容易理解的意义。

（1）图片的命名规范

1）名称分为头尾两部分，用下划线隔开。

2）头部表示此图片的大类性质。例如：放置在页面顶部的广告、装饰图案等长方形的图片取名banner；标志性的图片取名logo；在页面上位置不固定并且带有链接的小图片取名为button；在不同页面上某一个位置连续出现，性质相同的链接栏目的图片取名menu；装饰用的照片取名pic；不带链接表示标题的图片取名title，以此类推。

尾部用来表示图片的具体含义，用英文字母表示。例如banner_sohu.gif、banner_sina.gif、menu_aboutus.gif、menu_job.gif、title_news.gif、logo_police.gif、logo_national.gif、pic_people.jpg、pic_hill.jpg。

有onmouseover事件效果的图片，两张分别在原有文件名后加“_on”和“_off”命名。

（2）一般文件及目录命名规范

1）每一个目录中应该包含一个缺省的html文件，文件名统一用index.htm或index.aspx。

2）文件名称统一用小写的英文字母、数字和下划线的组合。

3）尽量用中文单词的英语翻译命名。例如：feedback（信息反馈），aboutus（关于我们）。

4）多个同类型文件使用英文字母加数字命名，字母和数字之间用“_”分隔。例如news_01.htm。注意，数字位数与文件个数成正比，不够的用0补齐。例如共有200条新闻，其中第18条应命名为news_018.htm。

（3）其他文件命名规范

1）JS的命名原则是以文件功能的英语单词为名。例如：广告条的JS文件名为 ad. js。

2）所有的 aspx 文件后缀为 . aspx。所有 aspx 程序的配置文件名为 web. config。

2.2 目录结构规范

目录建立的原则是以最少的层次提供最清晰简便的访问结构。

（1）目录的命名以小写英文字母和下划线组成（参照命名规范）。

（2）根目录一般只存放 index. htm 以及其他必需的系统文件。

（3）每个主要栏目开设一个相应的独立目录。

（4）根目录下的 images 用于存放各页面都要使用的公用图片，子目录下的 images 用于存放本栏目页面使用的私有图片。

（5）所有 JS，ASP，PHP 等脚本存放在根目录下的 scripts 目录。

（6）所有 CGI 程序存放在根目录下的 cgi－bin 目录。

（7）所有 CSS 文件存放在根目录下 style 目录。

（8）每个语言版本存放于独立的目录。例如简体中文版本存放于 gb 目录中。

（9）所有 flash，avi，ram，quicktime 等多媒体文件存放在根目录下的 media 目录。

2.3 首页代码规范

（1）首页的代码关键在 head 区。head 区是指首页 HTML 代码的 < head > 和 < /head > 之间的内容。

（2）head 区必须加入的标志

参赛标志：< title > CAC 在线学习 < /title >

版权注释：<！－－－ The site is designed by yourcompany dd/mm/year －－－>

2.4 尺寸规范

尺寸规范应根据实际情况调整。

（1）页面标准按 1 024 × 768 px 分辨率制作，推荐尺寸为 1 280 × 800 px。

（2）页面长度原则上不超过 3 屏，宽度不超过 1 屏。

（3）每个标准页面为 A4 幅面大小，即 8. 5 英寸 × 11 英寸。

全尺寸 banner 为 468 × 60 px，半尺寸 banner 为 234 × 60 px，小 banner 为 88 × 31 px，另外 120 × 90 px、120 × 60 px 也是小图标的标准尺寸。

（4）每个非首页静态页面含图片不超过 60 KB，全尺寸图片形式的 banner 不超过 14 KB。

2.5 形象设计规范

网站的 CI 整体形象包括下面几个要素：

（1）标志（logo）。网站必须有独立的标志。

1）标志可以以网站中英文名称设计，也可以采用特别的图案，原则是简单易记。

2）标志必须可以用黑白和彩色分别清晰表现。

3）标志图片的名称为“logo_域名 . gif”，例如 logo_ sina. gif。

4）尽量提供标志的矢量图片。

5）尽可能在每个页面上都使用标志。

（2）标准字体。网站应该定义一种标准字体（指 logo 上、图片上使用的字体）。

1）标准字体原则上定义两种：一种是中文字体；另一种是英文字体（不包括文本内容字体）。

2）必须提供标准字体的名称和字库。

3）尽可能使用标准字体。

（3）标准色。网站应该有自己的标准色（主体色）。

1）标准色原则上不超过两种，如果有两种，其中一种为标准色，另一种为标准辅助色。

2）标准色应尽量采用 216 种 Web 安全色之内的色彩。

3）必须提供标准色确切的 RGB 和 CYMK 数值。

2.6 内容编辑规范

（1）内容。必须遵守我国《计算机信息网络国际互联网安全保护管理办法》的规定，任何单位和个人不得利用国际互联网制作、复制、查阅和传播下列信息：

1）煽动抗拒、破坏宪法和法律、行政法规实施的。

2）煽动颠覆国家政权，推翻社会主义制度的。

3）煽动分裂国家、破坏国家统一的。

4）煽动民族仇恨、民族歧视，破坏民族团结的。

5）捏造或者歪曲事实，散布谣言，扰乱社会秩序的。

6）宣扬封建迷信、淫秽、色情、赌博、暴力、凶杀、恐怖，教唆犯罪的。

7）公然侮辱他人或者捏造事实诽谤他人的。

8）损害国家机关信誉的。

9）其他违反宪法和法律、行政法规的。

（2）正文

1）文章的段首空两格，与传统格式保持一致。

2）段与段之间空一行可以使文章更清晰易看。

3）杜绝错字、别字和自造字。

4）简体版中不得夹杂繁体字。

5）译名要按我国规范。例如 singapore 统一翻译成“新加坡”，而不能为“星加坡”。

6）全角数字符号（不含标点）应改为半角。

（3）标题。力求简短、醒目、新颖、吸引人。

2.7 导航规范

（1）导航要简单、清晰，建议为不超过 3 层的链接。

（2）用于导航的文字要简明扼要，字数限制在一行以内。

（3）首页和各栏目一级页面之间互链，各栏目一级和本栏目二级页面之间互链超过三级页面的，要在页面顶部设置导航条，标明位置。

（4）突出最近更新的信息，可以加上更新时间或“New”标志。

（5）连续性页面应加入上一页、下一页按钮。

（6）超过一屏的内容，在底部应有 go top 按钮。

（7）超过三屏的内容，应在头部设提纲，直接链接到文内锚点。

2.8 新技术使用规范

（1）使用新技术的原则是兼容浏览器，保证下载速度，照顾最多数的用户。

（2）Flash 已经是较普遍的技术，推荐使用。

（3）新网页制作建议采用 XHTML 规范，便于未来和 XML 接轨。

（4）XML 系列技术可以在服务器端使用，客户端暂时不推荐使用。

（5）非特殊要求，不推荐在网页上提供需要下载额外插件的多媒体技术。

（6）程序语言推荐使用 . NET 等语言。

2.9 数据库使用规范

（1）服务器上有关数据库的一切操作只能由服务器管理人员进行。

（2）程序中使用统一的用户、统一的链接文件访问数据库。

（3）原则上每一个栏目只能建一个库，比较大的、重点的栏目可以考虑单独建库，库名与各栏目的英文名称相一致，库中再包含若干表。

（4）数据库、表、字段、索引、视图等一系列与数据库相关的名称必须全部使用与内容相关的英文单词命名，对于一个单词难以表达的，可以考虑用多个单词加下划线（_）连接（不能超过四个单词）命名。不再使用的数据库、表应删除，在删除之前必须备份（包括结构和内容）。

第五步　网站开发

本例中使用 C#代码进行开发，开发工具是 Microsoft Visual Studio 2008，数据库使用 Microsoft SQL Server 2008，使用 . NET Framework 3. 5 开发平台。

1. 创建项目

（1）建立空白项目解决方案。打开 Visual Studio. net 2008，选择“文件”→“新建”→“项目”命令，选择弹出窗口左侧的“项目类型”→“其他项目类型”→“Visual Studio 解决方案”选项，在右侧模板窗口里选择“空白解决方案”，输入解决方案名称“KingdomTravelSolution”选择项目位置，单击“确定”按钮完成空白解决方案的创建，如图 1—1—4 所示。

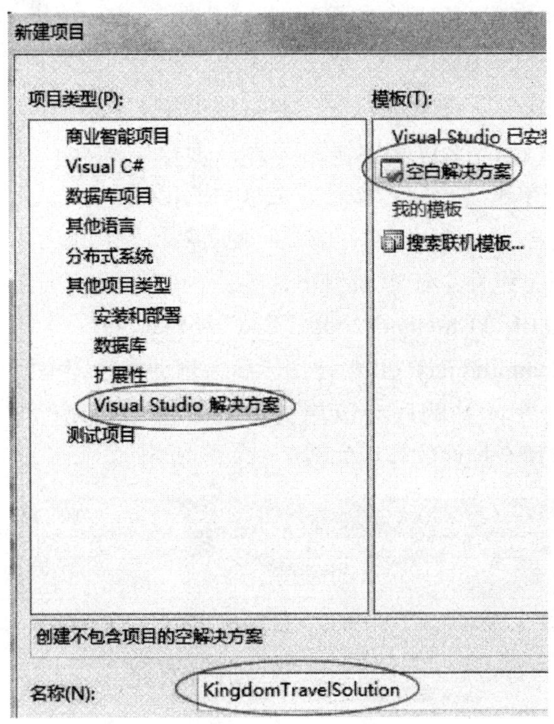

图 1—1—4　建立空白项目解决方案

（2）添加 ASP. NET Web 应用程序。在解决方案资源管理器里右击“KingdomTravelSolution”，添加“新建项目”，打开“Visual C#”节点，选择“Web”→“ASP. NET Web 应用程序”，名称里输入“kingdomtravel”，单击“确定”按钮完成项目的创建。

（3）添加业务逻辑层。在解决方案资源管理器里右击“KingdomTravelSolution”，添加“新建项目”，选择“Visual C#”节点，选择“类库”，名称里输入“kingdomtravel. BLL”，单击“确定”按钮完成项目的创建。

（4）添加数据访问层。在解决方案资源管理器里右击“KingdomTravelSolution”，添加“新建项目”，选择“Visual C#”节点，选择“类库”，名称里输入“kingdomtravel. DALFactory”，单击“确定”按钮完成项目的创建。

（5）添加数据访问接口。在解决方案资源管理器里右击“KingdomTravelSolution”，添加“新建项目”，选择“Visual C#”节点，选择“类库”，名称里输入“kingdomtravel. IDAL”，单击“确定”按钮完成项目的创建。

（6）添加基础数据结构。在解决方案资源管理器里右击“KingdomTravelSolution”，添加“新建项目”，选择“Visual C#”节点，选择“类库”，名称里输入“kingdomtravel. Model”，单击“确定”按钮完成项目的创建。

(7) 添加 SQL Server 数据访问。在解决方案资源管理器里右击“KingdomTravelSolution”，添加“新建项目”，选择“Visual C#”节点，选择“类库”，名称里输入“kingdomtravel. SqlServerDAL”，单击“确定”按钮完成项目的创建。

(8) 添加通用类库。在解决方案资源管理器里右击“KingdomTravelSolution”，添加“新建项目”，选择“Visual C#”节点，选择“类库”，名称里输入“kingdomtravel. Utility”，单击“确定”按钮完成项目的创建。

此类库主要包含了一些公共的，能被其他各层所调用的方法。

(9) 添加第三方组件。在本项目中，要用到的第三方组件包括 DMCWebControlLibrary. dll、FredCK. FCKeditorV2. dll、RadTreeView. dll。

1) DMCWebControlLibrary. dll 主要用于后台管理程序，里面封闭了许多的 Web 自定义控件。在这个网站的后台应用大部分是里面封闭的“DMCDataGrid”和“DMCButtons”。这两个控件的外观如图 1—1—5 所示。

DMCButtons　DMCDataGrid

用户管理		添加 修改 删除 分配角色 返回		
用户编号	▲登录名	用户名	添加时间	修改时间
1	admin	系统管理员	2007-07-24	2007-07-25
3	qxw	aa	2011-01-09	2011-01-30
2	yh	樱花	2010-04-06	

图 1—1—5　第三方组件外观

在页面初始化时，程序权限 URL 参数 mid 从数据表“SYSMENU”里获取。

2) FredCK. FCKeditorV2. dll 是一个网页文本编辑器的自定义控件。现在网上也有许多免费或收费的文本编辑器控件，如 CKeditor (http://ckeditor. com/)、FreeTextBox (http://freetextbox. com/)、CuteEditor (http://cutesoft. net/)、eWebEditor (http://www. ewebsoft. com/) 等，读者可以根据自己的喜好选用。

3) RadTreeView. dll 是一个自定义的树控件，主要用在网站后台管理左侧的树菜单结构。

在解决方案资源管理器里右击“kingdomtravel”，依次选择“添加”→“新建文件夹”，命名为“RefAssembly”，将这三个第三方组件添加到“RefAssembly”文件夹里。

(10) 添加类库引用关系

1) kingdomtravel 项目。除创建项目时默认的引用外，添加以下引用：

DMCWebControlLibrary. dll

FredCK. FCKeditorV2. dll

RadTreeView. dll

System. Configuration. dll

kingdomtravel. BLL

kingdomtravel. Model

kingdomtravel. Utility

2) kingdomtravel. BLL。除创建项目时默认的引用外，添加以下引用：

System. Configuration. dll

kingdomtravel. DALFactory

kingdomtravel. IDAL

kingdomtravel. Model

kingdomtravel. SqlServerDAL

kingdomtravel. Utility

3) kingdomtravel. DALFactory。除创建项目时默认的引用外，添加以下引用：

System. Configuration. dll

kingdomtravel. IDAL

kingdomtravel. Model

4) kingdomtravel. IDAL。除创建项目时默认的引用外，添加以下引用：

kingdomtravel. Model

5) kingdomtravel. Model。使用默认引用就可以，不需添加其他引用。

6) kingdomtravel. SqlServerDAL。除创建项目时默认的引用外，添加以下引用：

System. Configuration. dll

kingdomtravel. IDAL

kingdomtravel. Model

7) kingdomtravel. Utility。除创建项目时默认的引用外，添加以下引用：

System. Web. dll

2. 编写代码

在编写代码之前，先把准备好的脚本文件、样式文件和图片添加到项目里。在本例中，不列出脚本文件的代码，但是会在使用脚本文件时说明这些脚本文件的作用。

脚本文件保存在“kingdomtravel”项目下的“script”文件夹里，样式文件保存在“kingdomtravel”项目下的“style”文件夹里，图片文件保存在“kingdomtravel”项目下的“images”文件夹里。

2.1 网站首页代码编写

在显示网站首页的内容时，总共只使用到了三个数据表：“ASSET_ INFO”“CON_ INFO”“SYSMENU”，所以在接下来的代码编写完成后可以发现，在“kingdomtravel. SqlServerDAL”项目中有三个以字母“S”开头和数据表名称形成的类文件，里面包含了这三个数据表的通用的数据访问方法。

(1) 显示首页内容的类视图，如图1—1—6所示。

这个显示内容的代码工作过程如下：

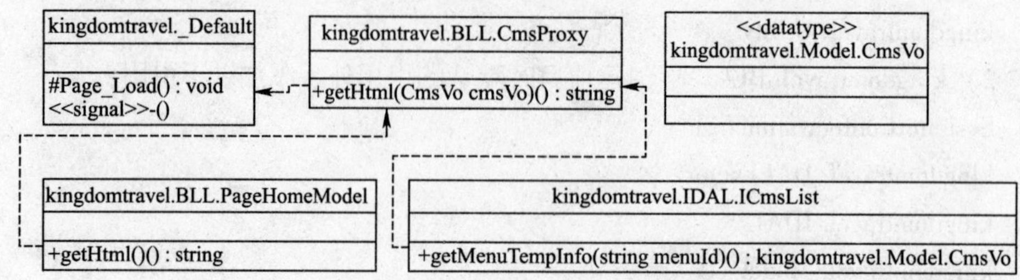

图 1—1—6 首页内容的类视图

用户在访问首页时，在 Page_ Load 里获取 URL 参数“menu_ uid”，在 kingdomtravel. BLL. CmsProxy 类里调用 ICmsList. getMenuTempInfo（string menuId）方法，根据 menu_ uid 从数据表“tem_ info”里获取所使用的模板信息，再根据模板信息里的模板类型和模板内容使用相应模板类（PageHomeModel）来替换模板内容里的参数，从而显示首页内容。

（2）首页显示代码编写过程

1）打开 Default. aspx. cs 文件，在 Page_ Load 里添加以下代码：

```
if( ! this. IsPostBack)
{
  Response. Clear( );//清空页面输出元素
  CmsInfo cmsInfo = newCmsInfo( );
  CmsVo cmsVo = newCmsVo( );
  try
  {
      if( Request[ "con_id" ] ! = null&& Request[ "con_id" ]. Length >0)
      {
        cmsInfo. CON_ID = Convert. ToInt32( Request[ "con_id" ] ) ;
      }
      if( Request[ "menu_uid" ] ! = null&& Request[ "menu_uid" ]. Length >0)
      {
        cmsInfo. MENU_UID = Request[ "menu_uid" ]. Replace( " ;" ," " )
. Replace( " ' " ," " ) ;
      }
      else
      {
        // 0101 是首页在数据表 SYSMENU 里的编号
          cmsInfo. MENU_UID = "0101" ;
      }
```

```
    }
    catch(Exception ex)
    {
        Response.Write(ex.Message);
        }
        cmsVo.CmsInfo = cmsInfo;//输出页面内容

        Response.Write(CmsProxy.getHtml(cmsVo));
        Response.End();
}
```

2）在“kingdomtravel. Model”项目里添加“CmsInfo”类：

```
public class CmsInfo:MCON_INFO
{
    private string assetPath = "";
    private string bigassetPath = "";
    private int tempType = 0;
    private string tempContent = "";
    private string flashimg = "";

    public CmsInfo() { }
    public string BigAssetpath
    {
        get { return bigassetPath; }
        set { this.bigassetPath = value; }
    }

    public int Temptype
    {
        get { return tempType; }
        set { this.tempType = value; }
    }

    public string TempContent
    {
        get { return tempContent; }
        set { this.tempContent = value; }
```

```
        }
        public string AssetPath
        {
            get { return assetPath; }
            set { assetPath = value; }
        }
        public string FlashImg
        {
            get { return flashimg; }
            set { flashimg = value; }
        }
    }
```

3）在“kingdomtravel. Model”项目里添加“MCON_ INFO”类：

```
using System;
namespace kingdomtravel. Model
{
    public class MCON_INFO
     {
        private string con_title = "";
        private string meta = "";
        private string link_url = "";
        private string link_target = "";
        private int hotspot_id = 0;
        private string con_content = "";
        private int source_id = 0;
        private string create_date = "";
       //默认为中文,is_first 为 true 时是英文
        private bool is_first = false;
        ……
        public string CON_TITLE
        {
            get
            {
                return this. con_title;
            }
            set
```

```
            {
                this.con_title = value;
            }
        }
        ......
    }
}
```

4）在“kingdomtravel.Model”项目里添加“CmsVo”类：

```
using System;
namespace kingdomtravel.Model
{
    public class CmsVo
    {
        private CmsInfo cmsInfo;
        private int prod_id;
        private string cid = "";
        private int pageNum = 1;

        private string result = "";
        private string tag = "";

        public string Cid
        {
            get { return cid; }
            set { this.cid = value; }
        }
        public string Result
        {
            get { return result; }
            set { this.result = value; }
        }
        public string Tag
        {
            get { return tag; }
            set { this.tag = value; }
        }
```

```
            public int Prod_id
            {
                get { return prod_id; }
                set { prod_id = value; }
            }
            public CmsInfo CmsInfo
            {
                get { return cmsInfo; }
                set { cmsInfo = value; }
            }
            public int PageNum
            {
                get { return pageNum; }
                set { pageNum = value; }
            }
        }
    }
```

MCON_INFO 类里的属性对应了数据表“CON_INFO”的字段，CmsInfo 类继承了 MCON_INFO 类，这样它可以使用 MCON_INFO 类的所有属性，并新添加了一些自身的属性。CmsInfo 类主要是为表现层提供数据。CmsVo 类里将 CmsInfo 类作为自身的一个属性，这样就拥有了 CmsInfo 的所有特性，并和 CmsInfo 一样，可以扩展出一些新的特性，从而更好地为表现层提供数据服务。

5）在“kingdomtravel.BLL”项目里添加“CmsProxy”类：

```
using System;
using kingdomtravel.Model;
using kingdomtravel.DALFactory;
using kingdomtravel.IDAL;

namespace kingdomtravel.BLL
{
    public class CmsProxy
    {
        public static string getHtml(CmsVo cmsVo)
        {
            ICmsList cmsList = CreateInstance.CreateCmsList();
            CmsInfo cmsInfo = null;
```

```
        if(cmsVo.CmsInfo.CON_ID >0)
        {
//cmsInfo = cmsList.getConTempInfo(cmsVo.CmsInfo.CON_ID);
        }
        else
        {
          cmsInfo =
          cmsList.getMenuTempInfo(cmsVo.CmsInfo.MENU_UID);
        }
        if(cmsInfo! =null&&cmsInfo.TempContent! =null)
        {
          cmsVo.CmsInfo =cmsInfo;
          ContentModel model =null;
          switch(cmsInfo.Temptype)
          {
            caseCmsConstants.TEM_HOMEPAGE_TYPE:
            //model =new HomePageModel(cmsVo);
            break;
            caseCmsConstants.TEM_PAGEHOME_TYPE:
            model =new PageHomeModel(cmsVo);
            break;
            default:
            model =null;
            break;
          }
      if(model = =null)
        return"";
      else
        return model.getHtml();
          }
        return"";
      }
    }
}
```

CmsProxy 类为网页内容的生成提供代理处理。

老 C 提醒：

注意“case CmsConstants. TEM_ HOMEPAGE_ TYPE”下面被注释掉的那一行。由于在本例里只做了一种模板的处理（“PageHomeModel”类进行的处理），当用户需要使用多种类别模板时，开发人员可以添加多种模板处理类（例如，建立一个“HomePageModel”类来进行 TEM_ HOMEPAGE_ TYPE 类型的处理），并在 CmsProxy 类里通过模板类别的判断进行不同的处理。

6）在“kingdomtravel. BLL”项目里添加“PageHomeModel”类：

```
using System;
using kingdomtravel. Model;
using kingdomtravel. Utility;

namespace kingdomtravel. BLL
{
    public class PageHomeModel:ContentModel
    {
        public PageHomeModel( CmsVo cmsVo) :base( cmsVo)
        {
        }
        public override string getHtml( )
        {
            string html = this. CmsInfo. TempContent;
            if( html. IndexOf( HEADER_CN) > -1)
            {
                string tmpstr = " <div class = \"header\" >"
                                        + " <a href = \"/\" > <img
                src = \"images/logo1. gif\" alt = \"\" class = \"logo\" / > </a >"
                                        + " </div >";
html = StringUtil. ReplaceStr( html,HEADER_CN,tmpstr) ;
            }
if( html. IndexOf( NAVIGATION_CN) > -1)
{
html = StringUtil. ReplaceStr( html,NAVIGATION_CN,content. getNavigation_cn
```

```
(CmsInfo.MENU_UID));
    }
if(html.IndexOf(FOOTER_CN) > -1)
{
html = StringUtil.ReplaceStr(html,FOOTER_CN,content.getFooter_cn());
}
if(html.IndexOf(COPYRIGHT_CN) > -1)
{
html = StringUtil.ReplaceStr(html,COPYRIGHT_CN,content.getCopyRight_cn());
}
if(html.IndexOf(SIDEBAR_CN) > -1)
{
html = StringUtil.ReplaceStr(html,SIDEBAR_CN,content.getSidebar_cn());
}
if(html.IndexOf(BANNERS_CN) > -1)
{
html = StringUtil.ReplaceStr(html,BANNERS_CN,content.getBanners_cn());
}
if(html.IndexOf(HOME_CN) > -1)
{
html = StringUtil.ReplaceStr(html,HOME_CN,content.getHome_cn());
            }
return html;
        }
    }
}
```

老C提醒：

“PageHomeModel”类的作用是替换模板内容里的标记，转换成在网页里显示的动态内容。getHtml（）方法是重写的父抽象类“ContentModel”的抽象方法。

7）在“kingdomtravel.BLL”项目里添加“StringUtil”类：

```
using System;
namespace kingdomtravel.Utility
```

```
}
public class StringUtil
    {
public static string ReplaceStr(string source_str,string old_str,string new_str)
        {
string returnvalue = "";
            returnvalue = source_str.Replace(old_str,new_str);
            returnvalue = returnvalue.Trim();
return returnvalue;
        }
    }
}
```

"StringUtil" 类的作用是提供一个公共的 Replace 方法来替换模板标记内容。

8）在 "kingdomtravel.BLL" 项目里添加 "ContentModel" 类：

```
using System;
using kingdomtravel.Model;
using kingdomtravel.Utility;
namespace kingdomtravel.BLL
{
public abstract class ContentModel:CmsConstants
    {
protected CommonContent content;
public ContentModel(CmsVo cmsVo)
        {
content = newCommonContent();
this.cmsInfo = cmsVo.CmsInfo;
this.cmsVo = cmsVo;
            init();
        }
private void init()
        {
pubHtml();
        }
private void pubHtml()
        {
string id = cmsInfo.MENU_UID;
```

```
string html = this. cmsInfo. TempContent;
html = StringUtil. ReplaceStr(html,COMMON_TITLE,CommonModel. getTitle(id));
          html = StringUtil. ReplaceStr(html,COMMON_META,CommonModel. getMeta
          (id));
          html = StringUtil. ReplaceStr(html,COMMON_CSS,CommonModel. getCss());
          html = StringUtil. ReplaceStr(html,COMMON_JS,CommonModel. getJs());
this. CmsInfo. TempContent = html;
          }
public CmsVo CmsVo
          {
get { return cmsVo;}
         }
private CmsVo cmsVo = null;

public CmsInfo CmsInfo
           {
get { return cmsInfo;}
         }
private CmsInfo cmsInfo = null;
public abstract string getHtml();
    }
}
```

老C提醒：

“ContentModel”是一个抽象类，它定义了一个抽象方法“getHtml()”，所有的模板处理类（如前面所提到的HomePageModel）都必须继承此抽象类，并实现“getHtml（）”方法以构造出不同的模板。

在实例化“ContentModel”构造函数的时候，程序构造了每个html页面公共拥有的属性“title”“meta”“css”“js”，而在它的子类“PageHomeModel”里实现一些个性化的属性，如在图1—1—7里所示的6个部分。

9）在“kingdomtravel. BLL”项目里添加“CmsConstants”类：

```
using System;
namespace kingdomtravel. BLL
```

```
{
public class CmsConstants
    {

//模板类型常量
public const int TEM_HOMEPAGE_TYPE = 14;
public const int TEM_PAGEHOME_TYPE = 13;

//上转文件类型
public const int PICTURE_TYPE = 10;
public const int FLASH_TYPE = 11;
public const int VIDEO_TYPE = 12;

//图片路径
public const string IMAGES_PATH = "/cms/images/";
public const string UPLOADIMAGE_PATH = "/uploadfiles/";

//公共常量
public const string COMMON_TITLE = "#####title#####";
public const stringCOMMON_META = "#####meta#####";
public const string COMMON_CSS = "#####css#####";
public const string COMMON_JS = "#####js#####";

//首页标记
public const string NAVIGATION_CN = "#####navigation_cn#####";
public const string HEADER_CN = "#####header_cn#####";
public const string FOOTER_CN = "#####footer_cn#####";
public const string COPYRIGHT_CN = "#####copyright_cn#####";
public const string SIDEBAR_CN = "#####sidebar_cn#####";
public const string BANNERS_CN = "#####banners_cn#####";
public const string HOME_CN = "#####home_cn#####";
    }
}
```

“CmsConstants” 类定义了模板内容里的标记字符串（称为“模板标记”），当在“PageHomeModel” 类中遇到这些字符串时，程序会将其替换成页面应当显示的字符串。

老C提醒：

在C#里，static readonly能起到与const一样不允许修改变量的作用，在此使用const而不是static readonly的原因是const常量是编译时常数，而static readonly是运行时常数，const性能比static readonly要高。顾名思义，const常量是在编译时就已经定义在可执行文件里的，而static readonly是只读变量，是可执行文件在启动时才定义出来的。

10）在“kingdomtravel. BLL”项目里添加构造html页面“title”“meta”“css”“js”属性的“CommonModel”类：

```
using System;
namespace kingdomtravel.BLL
{
public abstract class CommonModel
    {
public static string getCss()
        {
return"<link rel=\"stylesheet\" href=\"/style/entry.css\" type=\"text/css\"
media=\"all\" />";
            }
public static string getJs()
        {
return"<script type=\"text/javascript\"
src=\"/cms/common/js/flash.js\"
charset=\"gb2312\"></script>\r\n"+
"<script type=\"text/javascript\"
src=\"/cms/common/js/png.js\"></script>";
            }

public static string getTitle(string id)
        {
return"Kingdom Travel";
        }
public static string getMeta(string id)
        {
```

```
return" < meta http - equiv = \" content - Type \"  content = \" text/html;
charset = utf - 8 \"  / > \r\n" +
" < meta name = \" keywords \"  content = \" Kingdom Travel \"  / > \r\n" +
" < meta name = \" description \"  content = \" Kingdom Travel \"  / > " ;
        }

public string getLink( string menu_uid)
        {
return" default. aspx? menu_uid = " + menu_uid;
        }
    }
}
```

11）在“kingdomtravel. BLL”项目里添加“CommonContent”类：

```
using System;
using System. Data;

namespace kingdomtravel. BLL
{
public class CommonContent: CommonModel
    {
privatestring thref = string. Empty;
privatestring tmenuid = string. Empty;
privatestring tmpnav = string. Empty;
publicstring getNavigation_cn( string menuid)
        {
this. tmenuid = menuid;
BSysMenu bsm = newBSysMenu( );
DataSet data = bsm. GetRows( " WHERE MENUCOMMANDNAME = '1 ' AND
MENUSTATE = '1 ' AND ISHOT = 1 ORDER BY
MENULAYER, FATHERMENUNO, MENUORDER" ) ;
if( data! = null)
            {
                thref = " < div class = \" subnavs \"
id = \" subnav \" >        < ul class = \" subnav \" > " ;
DataTable dt = data. Tables[0];
DataRow[ ] rows = dt. Select( " FATHERMENUNO = '01 " ) ;
```

```
foreach( DataRow row in rows) {
string tmpstr = getLink( row[ "MENUNO" ]. ToString( ) ) ;
if( row[ "ISOTHERSITE" ]. ToString( ). ToUpper( ) = = "TRUE" )
  tmpstr = row[ "MENUURL" ]. ToString( ) ;
if( tmenuid. IndexOf( row[ "MENUNO" ]. ToString( ) ) ! =0) {
if( row[ "MENUNO" ]. ToString( ) = = "0102" ||
row[ "MENUNO" ]. ToString( ) = = "0103" ||
row[ "MENUNO" ]. ToString( ) = = "0104" ||
row[ "MENUNO" ]. ToString( ) = = "0105" ||
row[ "MENUNO" ]. ToString( ) = = "0106" )
    thref + = " <li class = \"withsub\" > <a href = \"" + tmpstr + "\" >" +
    row[ "MENUOTHERNAME" ]. ToString( ) + " </a> | </li>" ;
else
    thref + = " <li class = \"\" > <a href = \"" + tmpstr + "\" >" +
    row[ "MENUOTHERNAME" ]. ToString( ) + " </a> | </li>" ; }
else {
if( row[ "MENUNO" ]. ToString( ) = = "0101" )
  thref + = " <li class = \"\" > <a href = \"" + tmpstr + "\" >" +
  row[ "MENUOTHERNAME" ]. ToString( ) + " </a> | </li>" ;
else
  thref + = " <li class = \"withsub on current\" > <a href = \""
   + tmpstr + "\" >" + row[ "MENUOTHERNAME" ]. ToString( ) +
  " </a> | </li>" ; } }
  thref + = " </ul>" ;
  BuildSubNav( dt, "01" ) ;
  thref + = " </div>" ;
  data. Dispose( ) ; }
return thref; }

public string getFooter_cn( ) {
return" <div class = \"footer\" > <div class = \"con\" > <a
href = \"/\" > <img src = \"/images/logo3. gif\" alt = \"\"
class = \"logo\" /> </a> </div>" ; }

public string getCopyRight_cn( ) {
return" <div class = \"copyright\" >"
```

```
    +" <p>Copyright &copy;2000 - 2010 Kingdom Travel Services,
    All Rights Reserved </p>"
    +" <p>公司地址      邮编:100000      Tel:010 00000000 </p>"
    +" <p>Email:webadmin@ kingdomtravel. com. cn        <a
    href=\"http://www. miibeian. gov. cn\">京 ICP 备########号
    </a> </p>"
                        +" </div>";}
publicstring getSidebar_cn(){
string ret = "";
BSysMenu bsm = newBSysMenu();
DataSet data = bsm. GetRows("WHERE FATHERMENUNO = '010101' ORDER
BY MENUORDER");
if(data! = null){
    ret = " <div class = \"sidebar\" > <ul class = \"sidenav\" > ";
DataTable dt = data. Tables[0];
for(int i =0;i < dt. Rows. Count;i + + ){
string tmpstr = dt. Rows[i]["URLTARGET"]. ToString(). Trim();
if(tmpstr! = "")
    tmpstr = "target = \"" + tmpstr + "\"";
string tempstr =
dt. Rows[i]["ISOTHERSITE"]. ToString(). Trim();
if(tempstr. ToUpper() = = "TRUE")
    tempstr = dt. Rows[i]["MENUURL"]. ToString(). Trim();
else
    tempstr = getlink(dt. Rows[i]["MENUNO"]. ToString());
    ret + = " <li> <a href = \"" + tempstr + "\"" + tmpstr + " > " +
    dt. Rows[i]["MENUNAME"]. ToString() + " </a> </li>";}
    ret + = " </ul> </div>";
    data. Dispose();}
return ret;}

public string getBanners_cn()
        {
string ret = "";
string tmpstr = " <ul class = \"count\" > ";
BASSET_INFO bai = newBASSET_INFO();
```

```
DataSet data = bai. GetRows( " WHERE CON_ID = 17 ORDER BY ASSET_ID" ) ;
if( data ! = null)
            {
            ret = " < div class = \" focus \"  id = \" focus \" > " ;
DataTable dt = data. Tables[ 0 ] ;
for( int i = 0 ; i < dt. Rows. Count ; i + + )
            {
if( i = = 0 )
                {
                    ret + = " < div class = \" \" > < a href = \" " + dt. Rows
                    [ i ] [ " ASSET_DESC" ]. ToString( ) + " \" > < img
                    src = \" uploadfiles/" + dt. Rows [ i ] [ " BIGASSET _
                    PATH" ]. ToString ( ) + " \" alt = \" \" / > < /a > " +
                    dt. Rows[ i ] [ " ASSET _NAME" ]. ToString ( ) + " < /div
                    > " ;
                    tmpstr + = " < li class = \" \" > 1 < /li > " ;
                }
else
                {
                    ret + = " < div class = \" \" style = \" display : none \" > <
                    a href = \" " + dt. Rows[ i ] [ " ASSET_DESC" ]. ToString( )
                    + " \" > < img
                    src = \" uploadfiles/" + dt. Rows [ i ] [ " BIGASSET _
                    PATH" ]. ToString ( ) + " \" alt = \" \" / > < /a > " +
                    dt. Rows[ i ] [ " ASSET_NAME" ]. ToString( ) + " < /div > " ;
                    tmpstr + = " < li > " + ( i + 1 ). ToString( ) + " < /li > " ;
                }
            }
            tmpstr + = " < /ul > < span class = \" extra \" > < /span > " ;
            ret + = tmpstr ;
            ret + = " < /div > < script
type = \" text/javascript \" > new
tabs( { id:'focus',focus:true} ) < /script > " ;
            data. Dispose( ) ;
        }
return ret ;
```

```
        }

public string getHome_cn()
        {
string ret = "";
BCON_INFO bpi = newBCON_INFO();
DataSet data = bpi. GetRows("WHERE CON_CONTENT3 LIKE
'%homepage%' AND STATUS = 1 AND MENU_UID LIKE '01%' ORDER BY
PRIOR_LEVEL DESC");
int j =0;
int h =6;
if(data! =null)
            {
try
                    {
BASSET_INFO bi = newBASSET_INFO();
DataTable dt = data. Tables[0];
if(dt. Rows. Count  <6)
                                h = dt. Rows. Count;
for(int i =0;i < h;i + +)
                        {
string tmpstr = "";
try
                                {
DataTable picdt = bi. GetRows("WHERE CON_ID = " +
dt. Rows[i]["CON_ID"]. ToString()). Tables[0];
if(picdt. Rows. Count >0)
                                        {
if(i = =0 || i = =5)
                                                tmpstr = " <img src = \"/uploadfiles/"
                                                + picdt. Rows[0]["ASSET_PATH"].
                                                ToString() + " \"  width = \"243 \"
                                                height = \"301 \"  alt = \" \"  / >";
else
                                                tmpstr = " <img
                                                src = \"/uploadfiles/" + picdt. Rows[0]
```

```
                                        ["ASSET_PATH"]. ToString() + "\"
                                        width = \"229\" height = \"172\" alt =
                                        \"\" />";
                            }
                        }
            catch { }
            if(i = =0 || i = =5)
                        {
                                ret + = "<div class = \"mod\" > <a href = \"" +
                                getlink(dt. Rows[i]["MENU_UID"]. ToString())
                                + "&con_id = " + dt. Rows[i]["CON_ID"]. ToS-
                                tring() + "\" >" +tmpstr + "</a> </div>";
                        }
            else
                        {
                                ret + = "<div class = \"mod detailed\" > <a href
                                = \"" +getlink(dt. Rows[i]["MENU_UID"]. To-
                                String()) + "&con_id = " + dt. Rows[i]["CON_
                                ID"]. ToString() + "\" >" + tmpstr + "</a>"
                                + "<div class = \"con\" >" + "<h4> <a href
                                = \"" +getlink(dt. Rows[i]["MENU_UID"]. To-
                                String()) + "&con_id = " + dt. Rows[i]["CON_
                                ID"]. ToString() + "\" >" + dt. Rows[i]["CON_
                                TITLE"]. ToString() + "</a> </h4>" + " " +
                                dt. Rows[i]["CON_CONTENT2"]. ToString() + "
                                <a href = \"" + getlink(dt. Rows[i]["MENU_
                                UID"]. ToString()) + "&con_id = " + dt. Rows[i]
                                ["CON_ID"]. ToString() + "\" > <img src = \"
                                images/btn1. gif\" alt = \"\" class = \"more\" /
                                > </a>" + "</div>" + "</div>";
                          }
                        j++;
                      }
                }
            catch { }
                    data. Dispose();
```

```
}
try
    {
if(j <6)
        {
BSysMenu bsm = newBSysMenu( );
DataTable mdt = bsm. GetRows ( " WHERE MENUICO LIKE '% homepage% ' AND
MENUNO LIKE '01%' ORDER BY MENUORDER" ). Tables[0];
            h =6 - j;
if( mdt. Rows. Count < h)
            h = mdt. Rows. Count;
for( int i =0;i < h;i + + )
            {
string tmpstr = " " ;
try
            {
if( j = =0 | | j = =5)
                tmpstr = " < img src = \"/uploadfiles/" + mdt. Rows
                [ i] [" MENUIMAGE" ]. ToString( ) + " \" width =
                \"243\" height = \"301\" alt = \" \" / > ";
else
                tmpstr = " < img src = \"/uploadfiles/" + mdt. Rows
                [ i] [" MENUIMAGE" ]. ToString( ) + " \" width =
                \"229\" height = \"172\" alt = \" \" / > ";
            }
catch { }
if( j = =0 | | j = =5)
            {
if( mdt. Rows[ i] [ " ISOTHERSITE" ]. ToString( ). ToLower( ) = = "false" )
                    ret + = " < div class = \" mod\" > < a href
                    = \"" + getlink ( mdt. Rows [ i ] [ " MENU-
                    NO" ]. ToString( ) ) + " \" > " + tmpstr + "
                    < /a > < /div > ";
else
                    ret + = " < div class = \" mod\" > < a href
                    = \"" + mdt. Rows [ i ] [ " MENUURL" ].
```

```
ToString( ) + "\" >" + tmpstr + " </a >
</div >";
}
else
{
ret + =" < div class = \"mod detailed\" > < a href =
\"" + getlink( mdt. Rows[ i] [ "MENUNO" ]. ToString
( )) + "\" >" + tmpstr + " </a >" + " < div class =
\" con \" >" + " < h4 > < a href = \"" + getlink
( mdt. Rows[ i] [ "MENUNO" ]. ToString( )) + " \"
>" + mdt. Rows [ i] [ "MENUTITLE" ]. ToString ( )
+ " </a > </h4 >" + " " + mdt. Rows[ i] [ "MENU-
SCRIPT" ]. ToString ( ) + " < a href = \"" + getlink
( mdt. Rows[ i] [ "MENUNO" ]. ToString( )) + "\" >
< img src = \" images/btn1. gif\" alt = \" \" class =
\"more\" / > </a >" + " </div >" + " </div >";
}
j + + ;
}
}
}
catch { }
return ret;
}
private string getlink( string menuid)
{
return" default. aspx? menu_uid = " + menuid;
}
private void BuildSubNav( DataTable dt, string parentId)
{
DataRow[ ] rows = dt. Select( " FATHERMENUNO ='" + parentId + "'" ) ;
foreach( DataRow row in rows)
{
if( row[ "MENUNO" ]. ToString( ). Length < =6)
{
```

```
string tmpstr = getLink(row["MENUNO"].ToString());
if(row["ISOTHERSITE"].ToString().ToUpper() = ="TRUE")
                                tmpstr = row["MENUURL"].ToString();
bool a = false;
if(row["MENUNO"].ToString() = ="0102")
                              {
if(tmenuid.IndexOf("0102") = =0)
                                  thref + =" <div class = \"subnav2 sub1\" >";
else
                                  thref + =" <div class = \"subnav2 sub1\" style =
                                  \"display:none\" >";
                              }
if(row["MENUNO"].ToString().IndexOf("0102") = =0 &&
row["MENUNO"].ToString()! ="0102")
                              {
                                tmpnav + =" | <a href = \"" + tmpstr + "\" >" + row
                                ["MENUOTHERNAME"].ToString() + " </a >";
                                a = true;
                              }
if(row["MENUNO"].ToString() = ="0103")
                              {
                            thref + = tmpnav.Substring(1) + " </div >";
                            tmpnav = "";
if(tmenuid.IndexOf("0103") = =0)
                                  thref + =" <div class = \"subnav2 sub2\" >";
else
                                  thref + =" <div class = \"subnav2 sub2\" style =
                                  \"display:none\" >";
                          }
if(!a)
                          {
if(row["MENUNO"].ToString().IndexOf("0103") = =0 &&
row["MENUNO"].ToString()! ="0103")
                                  {
                                        tmpnav + =" | <a href = \"" + tmpstr + "\"
                                        >" + row["MENUOTHERNAME"].ToString
```

```
() +" </a>";
a = true;
}
}
if(row["MENUNO"].ToString() = ="0104")
{
if(tmpnav.Length >0)
thref + =tmpnav.Substring(1) +" </div>";
else
thref + =" </div>";
tmpnav ="";
if(tmenuid.IndexOf("0104") = =0)
thref + =" <div class =\"subnav2 sub3\" >";
else
thref + =" <div class = \" subnav2 sub3 \"
style = \" display:none\" >";
}
if(!a)
{
if(row["MENUNO"].ToString().IndexOf("0104") = =0 &&
row["MENUNO"].ToString()! ="0104")
{
tmpnav + =" | <a href = \"" +tmpstr +" \"
>" +row["MENUOTHERNAME"].ToString
() +" </a>";
a = true;
}
}
if(row["MENUNO"].ToString() = ="0105")
{
if(tmpnav.Length >0)
thref + =tmpnav.Substring(1) +" </div>";
else
thref + =" </div>";
tmpnav ="";
if(tmenuid.IndexOf("0105") = =0)
```

```
                    thref + = " <div class = \"subnav2 sub4\" > ";
else
                    thref + = " <div class = \"subnav2 sub4\" style
                    = \"display:none\" > ";
            }
if( !a)
            {
if(row[ "MENUNO" ]. ToString( ). IndexOf( "0105" ) = =0 &&
row[ "MENUNO" ]. ToString( )! = "0105" )
                {
                    tmpnav + = " | <a href = \"" + tmpstr + "\" >
                    " + row[ "MENUOTHERNAME" ]. ToString( )
                    + " </a > ";
                    a = true;
                }
            }
if( row[ "MENUNO" ]. ToString( ) = = "0106" )
            {
                thref + = tmpnav. Substring(1) + " </div > ";
                tmpnav = "";
if( tmenuid. IndexOf( "0106" ) = =0)
                    thref + = " <div class = \"subnav2 sub5\" > ";
else
                    thref + = " <div class = \"subnav2 sub5\" style
                    = \"display:none\" > ";
            }
if( !a)
            {
if( row[ "MENUNO" ]. ToString( ). IndexOf( "0106" ) = =0 &&
row[ "MENUNO" ]. ToString( )! = "0106" )
                {
                    tmpnav + = " | <a href = \"" + tmpstr + "\" > "
                    + row[ "MENUOTHERNAME" ]. ToString( ) + "
                    </a > ";
                    a = true;
                }
```

```
                    }
if(row["MENUNO"].ToString() = ="0107")
                    {
                        thref + =tmpnav.Substring(1) +"</div>";
                        tmpnav ="";
                    }
                }
                BuildSubNav(dt,row["MENUNO"].ToString());
            }
        }
    }
}
```

从代码里可以看出，“CommonContent”类实现了“PageHomeModel”类里所调用的方法“getNavigation_cn”“getFooter_cn”“getCopyRight_cn”“getSidebar_cn”“getBanners_cn”“getHome_cn”，如图 1—1—7 所示。

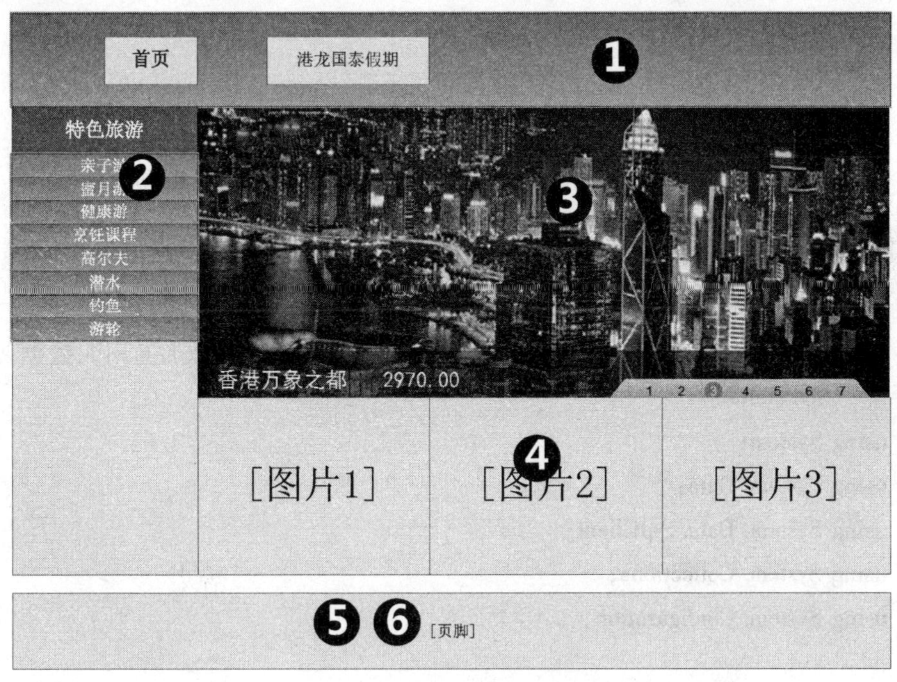

图 1—1—7　调用方法的实现

图中：1——“gctNavigation_cn”显示横向导航菜单；

2——“getSidebar_cn”显示左侧导航菜单；

3——“getBanners_cn”显示首页的 7 张轮播图片；

4——“getHome_cn”显示各个子栏目的置顶文章和图片；

5——“getCopyRight_cn”显示版权信息；

6——“getFooter_cn”显示其他的页脚信息，与5合并显示。

12）在“kingdomtravel. IDAL”项目里添加“ISysMenu”类：

```
using System;
using System.Collections;
using System.Data;

namespace kingdomtravel.IDAL
{
public interface ISysMenu
    {
IList getMenuAllList();
DataSet GetRows(string condition);
    }
}
```

老C提醒：

“ISysMenu”接口对应数据表“SYSMENU”，getMenuAllList（）方法从“SYSMENU”表里获取所有的系统栏目，GetRows（string codition）方法从“SYSMENU”表里取出符合条件的数据，填充入DataSet。

13）在数据访问层“kingdomtravel. SqlServerDAL”项目里添加通用的数据访问助手类“SQLHelper”：

```
using System;
using System.Data;
using System.Data.SqlClient;
using System.Collections;
using System.Configuration;

namespace kingdomtravel.SqlServerDAL
{
public abstract class SQLHelper
    {
public static readonly string CONN_STRING_NON_DTC =
```

```
ConfigurationManager. AppSettings[ "LocalConnectionString" ];
private static Hashtable parmCache = Hashtable. Synchronized( newHashtable( ) );

public static int ExecuteNonQuery( string connString,CommandType
cmdType,string cmdText,paramsSqlParameter[ ] cmdParms)
        {

SqlCommand cmd = newSqlCommand( );
                cmd. CommandTimeout = 0;
using( SqlConnection conn = newSqlConnection( connString) )
            {
                PrepareCommand( cmd,conn,null,cmdType,cmdText,cmdParms);
int val = cmd. ExecuteNonQuery( );
                 cmd. Parameters. Clear( );
return val;
            }
        }

public static int ExecuteNonQuery( SqlConnection conn,CommandType
cmdType,string cmdText,paramsSqlParameter[ ] cmdParms)
            {
SqlCommand cmd = newSqlCommand( );
                cmd. CommandTimeout = 0;
                PrepareCommand( cmd,conn,null,cmdType,cmdText,cmdParms);

int val = cmd. ExecuteNonQuery( );
            cmd. Parameters. Clear( );
return val;
        }

public static int ExecuteNonQuery( SqlTransaction trans,CommandType cmdType,
string cmdText,paramsSqlParameter[ ] cmdParms)
        {

SqlCommand cmd = newSqlCommand( );
                cmd. CommandTimeout = 0;
```

```
                PrepareCommand( cmd, trans. Connection, trans, cmdType, cmdText,
                cmdParms) ;
int val = cmd. ExecuteNonQuery( ) ;
                cmd. Parameters. Clear( ) ;
return val;
        }

public static SqlDataReader ExecuteReader( string connString, CommandType
cmdType, string cmdText, paramsSqlParameter[ ] cmdParms)
        {
SqlCommand cmd = newSqlCommand( ) ;
                cmd. CommandTimeout = 0;
SqlConnection conn = newSqlConnection( connString) ;
try
                {
                        PrepareCommand( cmd, conn, null, cmdType, cmdText, cmdParms) ;
SqlDataReader rdr = cmd. ExecuteReader( CommandBehavior. CloseConnection) ;
                        cmd. Parameters. Clear( ) ;
return rdr;
                }
catch
                {
                        conn. Close( ) ;
throw;
                }
        }

public static object ExecuteScalar( string connString, CommandType
cmdType, string cmdText, paramsSqlParameter[ ] cmdParms)
        {
SqlCommand cmd = newSqlCommand( ) ;
                cmd. CommandTimeout = 0;
using( SqlConnection conn = newSqlConnection( connString) )
                {
                PrepareCommand( cmd, conn, null, cmdType, cmdText, cmdParms) ;
```

```
object val = cmd. ExecuteScalar( ) ;
                cmd. Parameters. Clear( ) ;
return val;
            }
        }

public static object ExecuteScalar( SqlConnection conn, CommandType cmdType,
string cmdText, paramsSqlParameter[ ] cmdParms)
        {

SqlCommand cmd = newSqlCommand( ) ;
                cmd. CommandTimeout = 0;
                PrepareCommand( cmd, conn, null, cmdType, cmdText, cmdParms) ;
object val = cmd. ExecuteScalar( ) ;
                cmd. Parameters. Clear( ) ;
return val;
        }

public static void CacheParameters( string cacheKey,
paramsSqlParameter[ ] cmdParms)
        {
            parmCache[ cacheKey] = cmdParms;
        }

public static SqlParameter[ ] GetCachedParameters( string cacheKey)
        {
SqlParameter[ ] cachedParms = ( SqlParameter[ ] ) parmCache[ cacheKey] ;
if( cachedParms = = null)
returnnull;

SqlParameter[ ] clonedParms = newSqlParameter[ cachedParms. Length] ;

for( int i = 0, j = cachedParms. Length; i < j; i + + )
                clonedParms[ i] = ( SqlParameter) ( ( ICloneable) cachedParms[ i] ).
                Clone( ) ;
```

```
return clonedParms;
        }

private static void PrepareCommand(SqlCommand cmd,SqlConnection conn,SqlTransaction
trans,CommandType cmdType,string cmdText,SqlParameter[ ] cmdParms)
        {
if(conn. State! = ConnectionState. Open)
                conn. Open( );

            cmd. Connection = conn;
            cmd. CommandText = cmdText;
if(trans! = null)
                cmd. Transaction = trans;

            cmd. CommandType = cmdType;

if(cmdParms! = null)
            {
foreach(SqlParameter parm in cmdParms)
                    cmd. Parameters. Add(parm);
            }
        }
public static DataSet ExecutedataSet(string connString,CommandType cmdType,
string cmdText,paramsSqlParameter[ ] cmdParms)
        {
SqlCommand cmd = newSqlCommand( );
DataSet ds = newDataSet( );
using(SqlConnection conn = newSqlConnection(connString))
            {
try
                {
                    PrepareCommand(cmd,conn,null,cmdType,cmdText,cmdParms);
SqlDataAdapter aqlda = newSqlDataAdapter(cmd);
                    aqlda. Fill(ds);
```

```
                    cmd. Parameters. Clear( ) ;
return ds;
                }
catch
                {
                    conn. Close( ) ;
throw;
                }
            }
        }
    }
}
```

14）在“kingdomtravel. SqlServerDAL”项目里添加继承“ISysMenu”接口的“SSYSMENU”类：

```
using System;
using System. Data;
using System. Data. SqlClient;
using System. Collections;
using kingdomtravel. IDAL;
using kingdomtravel. Model;

namespace kingdomtravel. SqlServerDAL
{
public class SSYSMENU:ISysMenu
    {
public IList getMenuAllList( )
        {
string sql =" SELECT
MenuNo, MenuName, MenuOtherName, MenuLayer, MenuURL, MenuOrder, Main-
MenuNo, FatherMenuNo, MenuScript, MenuSrc, MenuExpanded, MenuIsPostBack,
MenuCommandName,isrdt FROM SysMenu where MenuCommandName ='1 '";
IList list = newArrayList( ) ;
using( SqlDataReader sdr = SQLHelper. ExecuteReader( SQLHelper. CONN_STRING
_NON_DTC,CommandType. Text,sql,null) )
            {
while( sdr. Read( ) )
```

```
{
Hashtable map = newHashtable( );
                map. Add( " menu_uid" , sdr. GetString(0) );
                map. Add( " menu_name" , sdr. GetString(1) );
if( !sdr. IsDBNull(9) )
                {
                    map. Add( " menu_parent_uid" , sdr. GetString(7) );
                }
                list. Add( map) ;
            }
        }
return list;
    }
public DataSet GetRows( string condition)
    {
DataSet data = newDataSet( ) ;
string tmpSQL = " SELECT
MENUNO, MENUNAME, MENUOTHERNAME, MENULAYER, MENUURL, MENUORDER, MAINMENUNO, FATHERMENUNO, MENUSCRIPT, MENUSRC, MENUEXPANDED, MENUISPOSTBACK, MENUCOMMANDNAME, MENUTARGET, ISRDT, MENUTITLE, MENUDESC, MENUCONTENT, TEM_ID, MENUTITLEIMAGE, MENUIMAGE, MENUIMAGE_SOURCE, MENUICO, MENUFLASH, MENUSTATE, ISHOT, MENUX, MENUY, ISOTHERSITE, URLTARGET FROM SYSMENU " + condition;
using( SqlDataAdapter dsCommand = newSqlDataAdapter( ) )
    {
try
    {
            dsCommand. SelectCommand = newSqlCommand( ) ;
            dsCommand. SelectCommand. CommandText = tmpSQL;
            dsCommand. SelectCommand. Connection = newSqlConnection
            ( SQLHelper. CONN_STRING_NON_DTC) ;
            dsCommand. Fill( data) ;
        }
catch( SqlException err)
```

```
                }
throw err;
                }
            }
return data;
        }
    }
}
```

> **老C提醒：**
>
> “SSYSMENU”类实现了“ISysMenu”接口的两个方法“getMenuAllList”和“GetRows”，在实现网站首页时，暂时只用到“GetRows”方法，“getMenuAllList”先不予理会。
>
> 如果此数据访问接口与数据访问实现类已经实现，现在就开始添加数据访问工厂类。

15）在“kingdomtravel. DALFactory”项目里添加“CreateInstance”类：

```
using System;
using System. Reflection;
using System. Configuration;
using kingdomtravel. IDAL;

namespace kingdomtravel. DALFactory
{
public sealed class CreateInstance
    {
private static readonly string path = ConfigurationManager. AppSettings[ "WebDAL" ];
public static ISysMenu CreateSysMenu( )
        {
string className = path + ". SSYSMENU" ;
return
( ISysMenu) Assembly. Load( path). CreateInstance( classNamc) ;
        }
    }
}
```

老C提醒：

在“CreateSysMenu”方法里使用了反射的方式来创建“SSYSMENU”的实例，这样的好处是可以灵活更换数据访问层。比如，当从 Microsoft SQL Server 迁移到 My SQL 时，数据访问层需要从 Microsoft SQL Server 更换为 My SQL 的数据访问装配件，只需在 Web. config 文件里修改“appSetting”节点的“WebDAL”属性值即可。

接下来创建业务逻辑层来调用数据访问层。

16）在“kingdomtravel. BLL”项目里添加“BSysMenu”类：

```
using System;
using System. Collections;
using System. Data;
using kingdomtravel. DALFactory;
using kingdomtravel. IDAL;

namespace kingdomtravel. BLL
{
public class BSysMenu
    {
private readonly ISysMenu dalf = CreateInstance. CreateSysMenu( );
public DataSet GetRows( string condition)
        {
return dalf. GetRows( condition) ;
        }
    }
}
```

17）在“kingdomtravel. IDAL”项目里添加“IASSET_ INFO”接口：

```
using System;
using System. Data;
using kingdomtravel. Model;

namespace kingdomtravel. IDAL
{
public interface IASSET_INFO
```

```
    {
DataSet GetRows(string condition);
    }
}
```

18）在“kingdomtravel. SqlServerDAL”项目里添加“SASSET_ INFO”类：

```
using System;
using System.Data;
using System.Data.SqlClient;

using kingdomtravel.IDAL;
using kingdomtravel.Model;

namespace kingdomtravel.SqlServerDAL
{
public class SASSET_INFO:IASSET_INFO
   {
public DataSet GetRows(string condition)
          {
DataSet data = newDataSet();
string tmpSQL = "SELECT ASSET_ID,ASSET_NAME,CON_ID,ASSET_TYPE,AS-
SET_DESC,ASSET_PATH,BIGASSET_PATH,ASSET_WIDTH,ASSET_HEIGHT,
CREATE_DATE,ISDEL,IS_VIEW,VIEW_IN_NAVIGATION,ASSET_CATEGORY
FROM ASSET_INFO " +condition;

using(SqlDataAdapter dsCommand = newSqlDataAdapter())
            {
try
               {
                  dsCommand.SelectCommand = newSqlCommand();
                  dsCommand.SelectCommand.CommandText = tmpSQL;
                  dsCommand.SelectCommand.Connection = newSqlConnection
                  (SQLHelper.CONN_STRING_NON_DTC);
                  dsCommand.Fill(data);
               }
catch(SqlException err)
               {
```

```
                    System. Console. WriteLine( err. Message) ;
                }
            }
    return data;
        }
    }
```

19）在“kingdomtravel. DALFactory. CreateInstance”类里添加“SASSET_ INFO”的类实例：

```
public static IASSET_INFO CreateASSET_INFO( )
    {
string className = path + ". SASSET_INFO" ;
return
(IASSET_INFO) Assembly. Load( path). CreateInstance( className) ;
    }
```

20）在“kingdomtravel. BLL”项目里添加“BASSET_ INFO”业务逻辑类：

```
using System;
using System. Data;
using kingdomtravel. IDAL;
using kingdomtravel. DALFactory;

namespace kingdomtravel. BLL
{
public class BASSET_INFO
    {
private IASSET_INFO dalf = CreateInstance. CreateASSET_INFO( ) ;
public DataSet GetRows( string condition)
        {
return dalf. GetRows( condition) ;
        }
    }
}
```

21）在“kingdomtravel. IDAL”项目里添加“ICON_ INFO”接口：

```
using System;
using System. Data;
using kingdomtravel. Model;
```

```
namespace kingdomtravel.IDAL
{
public interface ICON_INFO
    {
DataSet GetRows(string condition);
    }
}
```

22）在“kingdomtravel.SqlServerDAL”项目里添加继承“ICON_ INFO”接口的“SCON_ INFO”类：

```
using System;
using System.Data;
using System.Data.SqlClient;

using kingdomtravel.IDAL;
using kingdomtravel.Model;

namespace kingdomtravel.SqlServerDAL
{
public class SCON_INFO:ICON_INFO
    {
public DataSet GetRows(string condition)
        {
DataSet data = newDataSet();
string tmpSQL = "SELECT CON_ID,TEM_ID,MENU_UID,CON_TITLE,SOURCE_ID,KEYWORDS,STATUS,IS_HOTSPOT,PRIOR_LEVEL,META,CON_DESC,CON_CONTENT,TITLE_IMAGE,IS_FIRST,CREATE_DATE,ISDEL,HOTSPOT_ID,CON_REMARK,CON_CONTENT2,CON_CONTENT3,CON_CONTENT4,CON_CONTENT5,CON_CONTENT6,CON_TYPE,LINK_URL,START_DATE,END_DATE,CON_STRING1,LINK_TARGET FROM CON_INFO " + condition;

using(SqlDataAdapter dsCommand = newSqlDataAdapter())
            {
try
                {
                        dsCommand.SelectCommand = newSqlCommand();
                        dsCommand.SelectCommand.CommandText = tmpSQL;
```

```
                        dsCommand. SelectCommand. Connection = newSqlConnection
                        ( SQLHelper. CONN_STRING_NON_DTC) ;
                        dsCommand. Fill( data) ;
                    }
    catch( SqlException err)
                    {
                        System. Console. WriteLine( err. Message) ;
                    }
                }
    return data;
            }
        }
    }
```

23）在“kingdomtravel. DALFactory. CreateInstance”类里添加“SCON_ INFO”的类实例：

```
    public static ICON_INFO CreateCON_INFO( )
        {
    string className = path + ". SCON_INFO" ;
    return( ICON_INFO) Assembly. Load( path). CreateInstance( className) ;
        }
```

24）在“kingdomtravel. BLL”项目里添加“BCON_ INFO”业务逻辑类：

```
    using System;
    using System. Data;

    using kingdomtravel. Model;
    using kingdomtravel. DALFactory;
    using kingdomtravel. IDAL;

    namespace kingdomtravel. BLL
    {
    public class BCON_INFO
        {
    private ICON_INFO dalf = CreateInstance. CreateCON_INFO( ) ;
    public DataSet GetRows( string condition)
            {
```

```
return dalf. GetRows( condition) ;
        }
    }
}
```

老 C 提醒：

“CommonContent”类里的“getNavigation_cn”方法调用“BSysMenu. GetRows ()”来获取系统栏目，处理后获得首页横向导航菜单。

“CommonContent”类里的“getSidebar_cn”方法调用“BSysMenu. GetRows ()”来获取系统栏目，处理后获得首页左侧导航菜单。

“CommonContent”类里的“getBanners_cn”方法调用“BASSET_INFO. GetRows ()”来获取图片信息，处理后获得首页轮播图片。

“CommonContent”类里的“getHome_cn”方法调用“BCON_INFO. GetRows ()”来获取内容表（CON_INFO）里“CON_CONTENT3”字段值为“homepage”的所有数据，取出 6 条内容显示在首页里，并根据内容 ID（CON_ID）从“ASSET_INFO”表里获取相应的图片信息。

25）在“kingdomtravel. IDAL”项目里添加“ICmsList”接口：

```
using System;
using System. Data;
using kingdomtravel. Model;

namespace kingdomtravel. IDAL
{
public interface ICmsList
    {
CmsInfo getMenuTempInfo( string menuId) ;
    }
}
```

26）在“kingdomtravel. SqlServerDAL”项目里添加“CmsList”类：

```
using System;
using System. Data;
using System. Data. SqlClient;
using kingdomtravel. Model;
```

```
using kingdomtravel. IDAL;

namespace kingdomtravel. SqlServerDAL
{
public class CmsList:ICmsList
    {
public CmsInfo getMenuTempInfo( string MenuId)
        {
string sql = " select a. tem_id, a. menuno, a. menutitle, a. menudesc, a. menucontent,
b. tem_type, b. tem_content, a. menuimage, a. MENUFLASH from sysmenu a, tem_in-
fo b where a. tem_id = b. tem_id and a. menuno = '" + MenuId + "'";
CmsInfo cmsInfo = newCmsInfo( );
SqlParameter[ ] parms = newSqlParameter[ ] { };
using( SqlDataReader sdr = SQLHelper. ExecuteReader ( SQLHelper. CONN_STRING_
NON_DTC,
CommandType. Text, sql, parms) )
            {
if( sdr. Read( ) )
                {
                    cmsInfo. TEM_ID = sdr. GetInt32(0);
                    cmsInfo. MENU_UID = sdr. GetString(1);
                    cmsInfo. CON_TITLE = sdr. GetString(2);
                    cmsInfo. CON_DESC = sdr. GetString(3);
                    cmsInfo. CON_CONTENT = sdr. GetString(4);
                    cmsInfo. Temptype = sdr. GetInt32(5);
                    cmsInfo. TempContent = sdr. GetString(6);
                    cmsInfo. AssetPath = sdr. GetString(7);
                    cmsInfo. FlashImg = sdr. GetString(8);
                }
return cmsInfo;
            }
        }
    }
}
```

老C提醒：

方法“getmenuTempInfo”可以通过联合查询的SQL语句selecta. tem_id, a. menuno, a. menutitle, a. menudesc, a. menucontent, b. tem _ type, b. tem _ content, a. menuimage, a. MENUFLASHfromsysmenua, tem _ infob-wherea. tem_ id = b. tem_ idanda. menuno = ' 0101 '

从数据表“SYSMENU”和“TEM_ INFO”里获取信息。

27）在“kingdomtravel. DALFactory. CreateInstance”类里添加“CmsList”的类实例：

```
public static ICmsList CreateCmsList( )
 {
      string className = path + ". CmsList" ;
      return
( ICmsList) Assembly. Load( path). CreateInstance( className) ;
}
```

至此，首页代码创建完成。

（3）修改web. config文件。接下来修改web. config文件，添加数据库连接字符串设置、数据访问层反射设置、网站根URL设置、页面提交验证设置。

找到<appSettings>节点，在节点里添加：

```
        < addkey = " LocalConnectionString" value = " Data
Source = ( local) ;Initial Catalog = kingdomtravel;user
id = sa;password = ;"/ >
        < addkey = " WebDAL" value = " kingdomtravel. SqlServerDAL"/ >
        < addkey = " VirtualRoot" value = " http://localhost:2605/"/ >
```

以上三个key在正式应用的时候，需要设置为相应于部署机器上的信息。

找到<pages>节点，设置“validateRequest”属性为“false”：

```
        < pagesvalidateRequest = " false" >
```

（4）测试。在Visual Studio. net里按F5键进行调试，运行结果如图1—1—8所示。

（5）首页模板内容。在本示例中，首页的模板类型为13，menu _ uid为“0101”，使用的模板内容如下：

```
<! DOCTYPE html PUBLIC " -//W3C//DTD XHTML 1. 0 Transitional//EN"
" http://www. w3. org/TR/xhtml1/DTD/xhtml1 - transitional. dtd" >
      < html xmlns = " http://www. w3. org/1999/xhtml" xml:lang = " zh - cn" >
```

图 1—1—8 测试首页

```
<head>
<title>#####title#####</title>
#####meta#####
<link rel="stylesheet" href="style/indexCn.css" type="text/css"
media="all" />
<script type="text/javascript" src="script/tabs.js"></script>
<script type="text/javascript" src="script/scrollL.js"></script>
<script type="text/javascript" src="script/jq.js"></script>
</head>
<body>
<div class="main">
#####header_cn#####
#####navigation_cn#####
<script type="text/javascript">
        var navtabs = $('#subnav li'),
            withsub = navtabs.filter('.withsub'),
            cons = $('#subnav > div');
        withsub.each(function(i){
            this.con = cons.eq(i);
```

```
        })
        navtabs.bind('mouseover',function(){
    $(this).siblings().removeClass('current').end().addClass('current');
            cons.hide();
            if($(this).hasClass('withsub')){
                this.con.show();
            }
        })
    </script>
    <div class="maincon">
    <div class="mccona">
    #####sidebar_cn#####
    #####banners_cn#####
    </div>
    <div class="mcconb">
    <div class="sidebar">
    <ul class="flinks">
    <li class="fl1"><a href="#"><img src="images/l1b.gif" alt=""
/></a></li>
    <li class="fl2"><a href="#"><img src="images/l2b.gif" alt=""
/></a><a
    href="#"><img src="images/l3b.gif" alt="" /></a></li>
    <li class=""><a href="#"><img src="images/l4b.gif" alt=""
/></a></li>
    </ul>
    </div>
    <div class="picshow">
    #####home_cn#####
    </div>
    </div>
    </div>
    #####footer_cn#####
    </div>
    #####copyright_cn#####
    </body>
```

```
</html>
```

2.2 子栏目“港龙国泰假期”代码编写

根据CMS系统可灵活更换模板的特性，在此子栏目里会构建新的模板来显示“港龙国泰假期”栏目里的内容。

由于在2.1里，已经构建完成了CMS显示内容的代码引擎，所以在这里首先给出模板的内容，根据模板内容来构建相应的代码并放置在模板类（PageHomeModel）里。

（1）“港龙国泰假期”模板内容

1）模板标记。在此模板内容里，要用到与首页不一样的模板标记：

“#####header_hk#####”—显示网站的logo
“#####navigation_hk#####”—横向导航菜单
“#####banner_hk#####”—显示文章的大图片
“#####sidebar_hk#####”—显示左侧的文章列表
“#####content_hk#####”—显示文章内容
“#####footer_hk#####”—显示网站的页脚
“#####copyright_hk#####”—显示网站的版权

2）完整的模板内容如下：

```
<! DOCTYPE html PUBLIC " -//W3C//DTD XHTML 1.0 Transitional//EN"
"http://www.w3.org/TR/xhtml1/DTD/xhtml1-transitional.dtd">
<html xmlns="http://www.w3.org/1999/xhtml" xml:lang="zh-cn">
<head>
<title>#####title#####</title>
#####meta#####
<link rel="stylesheet" href="style/enSub.css" type="text/css" media="all" />
<link rel="stylesheet" href="style/cnHk.css" type="text/css" media="all" />
<script type="text/javascript" src="script/scrollL.js"></script>
<script type="text/javascript" src="script/jq.js"></script>
<style type="text/css">
<!--
.STYLE1 {color:#FFFFFF}
-->
</style>
</head>
<body>
#####header_hk#####
#####navigation_hk#####
```

```
<script type="text/javascript">
    var navtabs = $('#subnav li'),
        withsub = navtabs.filter('.withsub'),
        cons = $('#subnav > div');
    withsub.each(function(i){
    this.con = cons.eq(i);
  })
  navtabs.bind('mouseover',function(){

$(this).siblings().removeClass('current').end().addClass('current');
      cons.hide();
      if($(this).hasClass('withsub')){
          this.con.show();
      }
  })
 </script>
</div>
<div class="main">
 <div class="sidebar">
    #####sidebar_hk#####
    <script type="text/javascript">
    var tabon = $('#sidenav li.on');
    if(tabon.length){
      var tabs = tabon.siblings().not('.enquiry,.on,.no');
      tabs.mouseover(function(){
          tabs.removeClass('on');
          $(this).addClass('on');
      });
       $('#sidenav').mouseout(function(){

$(this).find('li').not(tabon).removeClass('on');
            })
         }else{
$('#sidenav').find('li').mouseover(function(){

$(this).not('.enquiry').siblings().removeClass('on').end().addClass('on');
```

```
                }).end().mouseout(function(){
                    $(this).find('li').removeClass('on');
                })
            }
            </script>
            <ul class="flinks">
              <li class="fl1"><a href="#"><img src="images/l1.gif" alt
              ="" /></a></li>
              <li class="fl2"><a href="#"><img src="images/l2.gif" alt
              ="" /></a><a href="#"><img src="images/l3.gif" alt=""
              /></a></li>
              <li class=""><a href="#"><img src="images/l4.gif" alt=""
              /></a></li>
            </ul>
          </div>
          <div class="maincon">
            <div class="bigpic">
                #####banner_hk#####
            </div>
            <div class="subcon">

            <div class="mmod" style="margin-top:25px;">
            #####content_hk#####
                </div>
            </div>
            </div>
        </div>
    </div>
    #####footer_hk#####
    #####copyright_hk#####
    </body>
    </html>
```

（2）“港龙国泰假期”代码编写过程

1）在“kingdomtravel.BLL.CmsConstants”类里添加“港龙国泰假期”的模板标记：

```
//港龙国泰假期标记
```

```
public const string NAVIGATION_HK = "#####navigation_hk#####";
public const string HEADER_HK = "#####header_hk#####";
public const string FOOTER_HK = "#####footer_hk#####";
public const string COPYRIGHT_HK = "#####copyright_hk#####";
public const string SIDEBAR_HK = "#####sidebar_hk#####";
public const string CONTENT_HK = "#####content_hk#####";
public const string BANNER_HK = "#####banner_hk#####";
```

2）在“kingdomtravel. BLL. CmsConstants”类里添加方法：

```
public string getNavigation_hk(string menuid)
        {
            tmenuid = menuid;
BSysMenu bsm = newBSysMenu();
DataSet data = bsm.GetRows("WHERE MENUCOMMANDNAME ='1' AND MENUSTATE ='1' AND ISHOT = 1 ORDER BY MENULAYER,FATHERMENUNO,MENUORDER");
if(data! =null)
         {
              thref = "<div class = \"subnavs\" id = \"subnav\" > <ul class = \"subnav\" >";
DataTable dt = data.Tables[0];
DataRow[] rows = dt.Select("FATHERMENUNO ='01'");
foreach(DataRow row in rows)
              {
string tmpstr = getLink(row["MENUNO"].ToString());
if(row["ISOTHERSITE"].ToString().ToUpper() = = "TRUE")
                              tmpstr = row["MENUURL"].ToString();
if(tmenuid.IndexOf(row["MENUNO"].ToString())! =0)
                    {
if(row["MENUNO"].ToString() = = "0102" || row["MENUNO"].ToString() = = "0103" || row["MENUNO"].ToString() = = "0104" || row["MENUNO"].ToString() = = "0105" || row["MENUNO"].ToString() = = "0106")
                          {
                              thref + = "<li class = \"withsub\" > <a href = \"" + tmpstr + "\" > <span >" + row["MENUOTHERNAME"].ToString() + "</span > </a > </li >";
```

```
                    }
else
                    {
                            thref += " <li class=\"\"> <a href=
                            \"" + tmpstr + "\"> <span>" + row["
                            MENUOTHERNAME"].ToString() +
                            " </span> </a> </li>";
                    }
            }
else
            {
                        thref += " <li class=\"withsub current seton
                        \"> <a href=\"" + tmpstr + "\"> <span
                        >" + row["MENUOTHERNAME"].ToString
                        () + " </span> </a> </li>";
            }
        }
        thref += " </ul>";
        BuildSubNav(dt, "01");
        thref += " </div>";
        data.Dispose();
    }
return thref;
        }

public string getSidebar_hk(string cid)
        {
string ret = "";
BCON_INFO bi = newBCON_INFO();
DataSet data = bi.GetRows("WHERE MENU_UID ='01030101' AND STATUS = 1
ORDER BY PRIOR_LEVEL DESC");
if(data != null)
        {
                ret = " <ul class=\"sidenav\" id=\"sidenav\">";
DataTable dt = data.Tables[0];
for(int i = 0;i < dt.Rows.Count;i++)
```

```
{
string tmpstr = dt. Rows[ i] [ "LINK_TARGET" ]. ToString( ). Trim( ) ;
if( tmpstr! = "" )
                    tmpstr = "  target = \"" + tmpstr + " \"" ;

string tempstr = dt. Rows[ i] [ "LINK_URL" ]. ToString( ). Trim( ) ;
if( tempstr = = "" )
                    tempstr =
" default. aspx?  menu_uid = 0103&con_id = " +
dt. Rows[ i] [ "CON_ID" ]. ToString( ) ;
string abc = "" ;
if( dt. Rows[ i] [ "CON_ID" ]. ToString( ) = = cid)
                        abc = " on" ;
                    ret + = " <li class = \"" + abc + " \" > <a href = \"" +
                    tempstr + " \"" + tmpstr + " > " + dt. Rows[ i] [ "CON_TI-
                    TLE" ]. ToString( ) + " </a > </li > " ;
                }
            ret + = " <li class = \" no jqy\" > </li > " ;
            data. Dispose( ) ;
        }
return ret;
    }

public string getFooter_hk( )
    {
BSysMenu bsm = newBSysMenu( ) ;
DataSet data = bsm. GetRows ( " WHERE FATHERMENUNO = '01 ' AND MENU-
COMMANDNAME = '1 ' AND MENUSTATE = '1 ' ORDER BY MENULAYER, MEN-
UORDER" ) ;
if( data! = null)
        {
            thref = " <div class = \" footer\" > <div class = \" con\" > <a href
            = \"/\" > <img src = \"/images/logo2. gif\"  alt = \" \"  class =
            \" logo\" / > </a > <div class = \" links\" > " ;
DataTable dt = data. Tables[ 0] ;
string tmpstr = "" ;
```

```
for(int i=0;i<dt.Rows.Count;i++)
            {
                tmpstr += "|<a href=\"" + getLink(dt.Rows[i]["MENU-
                NO"].ToString()) + "\">" + dt.Rows[i]["MENUOTHER-
                NAME"].ToString() + "</a>";
            }
            thref += tmpstr.Substring(1) + "</div>";
            thref += "<div class=\"logoes\" id=\"scroll\">"
                    + "<div class=\"logoescon\" id=\"scrollcon\">"
                    + "<a href=\"#\"><img
src=\"/images/l5.gif\" alt=\"\" /></a><a href=\"#\"><img
src=\"/images/l6.gif\" alt=\"\" /></a><a href=\"#\"><img
src=\"/images/l7.gif\" alt=\"\" /></a><a href=\"#\"><img
src=\"/images/l8.gif\" alt=\"\" /></a><a href=\"#\"><img
src=\"/images/l9.gif\" alt=\"\" /></a>"
                      + "</div>"
                      + "</div>"
                      + "<script
type=\"text/javascript\">setTimeout(function(){new
ScrollL({wrap:'scroll',innerWrap:'scrollcon'})},10)</script>";
//thref += "</div></div>";
            data.Dispose();
        }
return thref;
    }

public string getCopyRight_hk()
    {
return"<div class=\"copyright\">"
            + "<p>Copyright &copy;2000 - 2010 Kingdom Travel Services,All
            Rights Reserved</p>"
            + "<p>公司地址    邮编:100000    Tel:010 00000000</p>"
            + "<p>Email:webadmin@kingdomtravel.com.cn
<a href=\"http://www.miibeian.gov.cn\">京ICP备#######号</a></p>"
            + "</div></div></div>";
    }
```

老 C 提醒：

1. “getNavigation_hk” 显示横向导航菜单。
2. “getSidebar_hk” 显示左侧导航菜单。
3. “getCopyRight_hk” 显示版权信息。
4. “getFooter_hk” 显示其他的页脚信息。

3）在“kingdomtravel. BLL. PageHomeModel”类里添加“港龙国泰假期”的模板标记替换方法：

```
using System;
using kingdomtravel. Model;
using kingdomtravel. Utility;

namespace kingdomtravel. BLL
{
public class PageHomeModel:ContentModel
    {
public PageHomeModel(CmsVo cmsVo):base(cmsVo)
        {
        }
publi coverride string getHtml()
        {
string html = this. CmsInfo. TempContent;

// 首页
if(html. IndexOf(HEADER_CN) > -1)
            {
string tmpstr = " <div class = \"header\" >"
                                    +" <a href = \"/\" > <img
src = \"images/logo1. gif\" alt = \"\" class = \"logo\" /> </a>"
                                    +" </div >";
                html = StringUtil. ReplaceStr(html,HEADER_CN,tmpstr);
            }
if(html. IndexOf(NAVIGATION_CN) > -1)
            {
```

```
                html = StringUtil.ReplaceStr(html, NAVIGATION_CN, con-
                tent.getNavigation_cn(CmsInfo.MENU_UID));
            }
if(html.IndexOf(FOOTER_CN) > -1)
            {
                html = StringUtil.ReplaceStr(html,FOOTER_CN,content.
                getFooter_cn());
            }
if(html.IndexOf(COPYRIGHT_CN) > -1)
            {
                html = StringUtil.ReplaceStr(html,COPYRIGHT_CN,
                content.getCopyRight_cn());
            }
if(html.IndexOf(SIDEBAR_CN) > -1)
            {
                html = StringUtil.ReplaceStr(html,SIDEBAR_CN,content.
                getSidebar_cn());
            }
if(html.IndexOf(BANNERS_CN) > -1)
            {
            html = StringUtil.ReplaceStr(html,BANNERS_CN,content.getBanners_
            cn());
            }
if(html.IndexOf(HOME_CN) > -1)
            {
                html = StringUtil.ReplaceStr(html,HOME_CN,content.getHome_
                cn());
            }
            #region 港龙国泰假期
if(html.IndexOf(HEADER_HK) > -1)
            {
string tmpstr = "<div class=\"header\">"
                        +"<a href=\"/\"><img
src=\"images/logo1.gif\" alt=\"\" class=\"logo\" /></a>";
                html = StringUtil.ReplaceStr(html,HEADER_HK,tmpstr);
            }
```

```
if(html.IndexOf(NAVIGATION_HK) > -1)
    {
        html = StringUtil.ReplaceStr(html,NAVIGATION_HK,content.getNavigation_hk(CmsInfo.MENU_UID));
    }
if(html.IndexOf(FOOTER_HK) > -1)
    {
        html = StringUtil.ReplaceStr(html,FOOTER_HK,content.getFooter_hk());
    }
if(html.IndexOf(COPYRIGHT_HK) > -1)
    {
        html = StringUtil.ReplaceStr(html,COPYRIGHT_HK,content.getCopyRight_hk());
    }
if(html.IndexOf(SIDEBAR_HK) > -1)
    {
        html = StringUtil.ReplaceStr(html,SIDEBAR_HK,content.getSidebar_hk(CmsInfo.CON_ID.ToString()));
    }
if(html.IndexOf(CONTENT_HK) > -1)
    {
        html = StringUtil.ReplaceStr(html,CONTENT_HK,CmsInfo.CON_CONTENT);
    }
if(html.IndexOf(BANNER_HK) > -1)
    {
        html = StringUtil.ReplaceStr(html, BANNER_HK," <img src = \"/uploadfiles/" + CmsInfo.BigAssetpath + " \" alt = \" \" width = \"772\" height = \"252\" /> ");
    }
    #endregion
return html;
        }
    }
}
```

> **老 C 提醒：**
>
> “#region” 内的代码即为新加入的代码。

4）打开“kingdomtravel. IDAL. ICmsList”接口文件，添加根据内容 id 从“CON_ INFO”表里获取文章内容的接口方法：

```
CmsInfo getConTempInfo (int conId);
```

5）打开“kingdomtravel. SqlServerDAL. CmsList”类，添加“ICmsList. getConTempInfo (int conId)”的实现方法：

```
public CmsInfo getConTempInfo(int conId)
        {
string sql = " select c.
con_id, c. tem_id, c. menu_uid, c. con_title, c. keywords,
c. con_desc, c. con_content, c. title_image, c. create_date, c. l
ink_url, t. tem_type, t. tem_content, c. prior_level, asset_pa
th, b. BIGASSET_PATH, c. is_first " +
" from tem_info t, con_info c left join(select
con_id, asset_path, BIGASSET_PATH from asset_info where
is_view = '1') b on c. con_id = b. con_id where c. con_id = " +
conId + " and c. tem_id = t. tem_id" ;//and c. status = 1
CmsInfo cmsInfo = newCmsInfo();
SqlParameter[] parms = newSqlParameter[] { };
using(SqlDataReader sdr =
SQLHelper. ExecuteReader(SQLHelper. CONN_STRING_NON_DTC,
CommandType. Text, sql, parms))
            {
if(sdr. Read())
            {
                    cmsInfo. CON_ID = sdr. GetInt32(0);
                    cmsInfo. TEM_ID = sdr. GetInt32(1);
                    cmsInfo. MENU_UID = sdr. GetString(2);
                    cmsInfo. CON_TITLE = sdr. GetString(3);
                    cmsInfo. KEYWORDS = sdr. GetString(4);
                    cmsInfo. CON_DESC = sdr. GetString(5);
                    cmsInfo. CON_CONTENT = sdr. GetString(6);
                    cmsInfo. TITLE_IMAGE = sdr. GetInt32(7);
```

```
                    cmsInfo. CREATE_DATE = sdr. GetDateTime(8). ToShortDat-
                    eString();
                    cmsInfo. Link_Url = sdr. GetString(9);
                    cmsInfo. Temptype = sdr. GetInt32(10);
                    cmsInfo. TempContent = sdr. GetString(11);
                    cmsInfo. PRIOR_LEVEL = sdr. GetInt32(12);
if(! sdr. IsDBNull(13))
                {
                    cmsInfo. AssetPath = sdr. GetString(13);
                }
if(! sdr. IsDBNull(14))
                {
                    cmsInfo. BigAssetpath = sdr. GetString(14);
                }
                    cmsInfo. IS_FIRST = sdr. GetBoolean(15);
              }
return cmsInfo;
         }
      }
```

至此，“港龙国泰假期”栏目的代码编写工作已经完成。

（3）测试。在 Visual Studio. net 里按 F5 键运行项目，在首页上点击“港龙国泰假期”，显示默认的第一个 con_id -1 的文章，运行结果如图 1—1—9 所示。

图 1—1—9　测试“港龙国泰假期”栏目

2.3 后台管理代码编写

（1）管理员登录页面。用户登录流程图如图 1—1—10 所示。

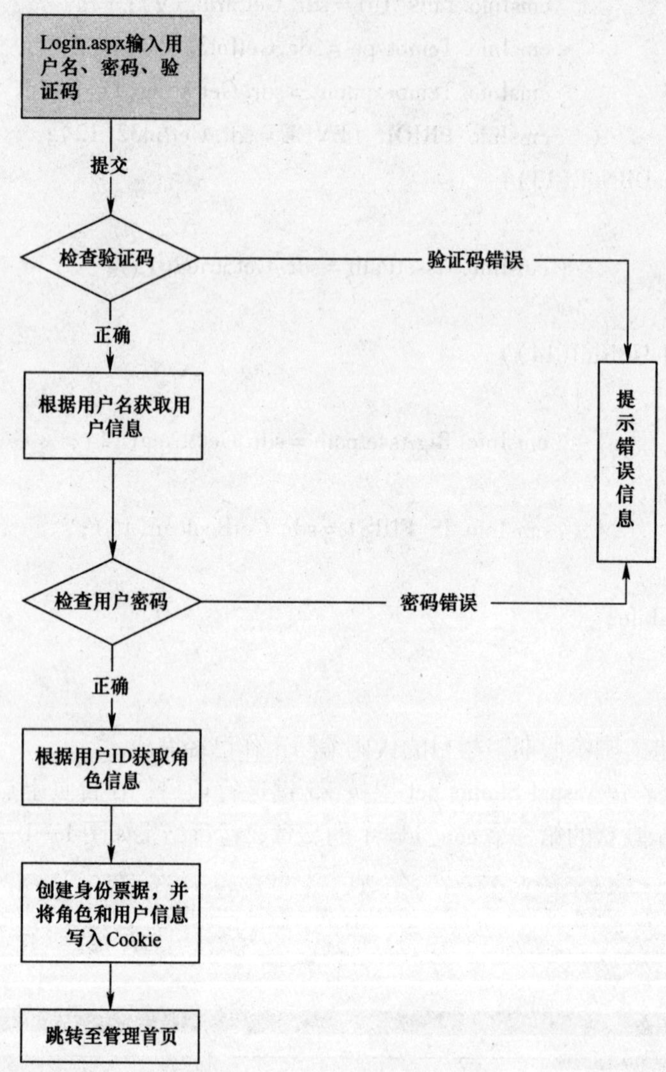

图 1—1—10　用户登录流程图

1）界面设计。登录界面如图 1—1—11 所示。

①在“Management”文件夹里添加一个 Web 窗体，命名为“Login. aspx”（见图 1—1—12）。

图 1—1—11　登录界面

添加新项 - kingdomtravel

类别(C):

Visual C#
Web
Windows Forms
WPF
常规
代码
数据
Expression Blend
Reporting
Silverlight
Workflow

模板(T):

Visual Studio 已安装的模板
Web 窗体
Web 用户控件
Silverlight 应用程序
ADO.NET Entity Data Mode
AJAX Web 窗体
AJAX 客户端控件
AJAX 母版页
HTML 页
LINQ to SQL 类
WCF 服务
Web 配置文件
XML 架构
XSLT 文件
报表

Web 应用程序的窗体

名称(N): Login.aspx

图 1—1—12　添加 Web 窗体

②使用以下代码替换 Login. aspx 里的内容：

```
< %@ PageLanguage = " C#" AutoEventWireup = " true" CodeBehind = " Login. aspx.
cs" Inherits = " kingdomtravel. Management. Login" % >
```

```
<! DOCTYPEhtmlPUBLIC" -//W3C//DTD XHTML 1.0 Transitional//EN" "ht-
tp://www.w3.org/TR/xhtml1/DTD/xhtml1 - transitional.dtd" >

<htmlxmlns = "http://www.w3.org/1999/xhtml" >
<headid = "Head1" runat = "server" >
<title > Kingdom Travel 网站后台管理系统 </title >
<linkhref = "../css/css.css" rel = "stylesheet" type = "text/css" / >
<linkhref = "../css/login.css" rel = "stylesheet" type = "text/css" / >
<scriptlanguage = "javascript" type = "text/javascript" >
    function Init()
    {
      var objUser = document.getElementById('txtUserName');
      objUser.focus();
    }

    function inventorysubmit()
    {
      if(event.keyCode = =13)
      {
        var btn = document.getElementById('ImageButton1');
        btn.click();
        event.cancelBubble = true;
        event.returnValue = false;
        btn.focus();
      }
    }
    if(window.location! =window.top.location)
      window.top.location.href = "login.aspx";
  </script >
</head >
<bodyonload = "Init();" background = "../images/bg.jpg" >
<formid = "form1" runat = "server" method = "post" action = "" >
<divid = "main" >
    <tableborder = "0" cellpadding = "0" cellspacing = "0" width = "100%" >
    <tr >
    <tdstyle = "height:100px;" > </td >
```

```
</tr>
<tr>
<tdalign = "center" >
<divid = "login_2" >
    <tableborder = "0" cellpadding = "0" cellspacing = "0" >
        <tr>

<tdcolspan = "2" > <imgsrc = "../images/login_01.jpg" alt = "" style = "
border:0px;"/> </td>
        </tr>
        <tr>

<tdcolspan = "2" > <imgsrc = "../images/login_02.jpg" alt = "" style = "
border:0px;"/> </td>
        </tr>
        <tr>

<tdcolspan = "2" > <imgsrc = "../images/login_03.jpg" alt = "" style = "
border:0px;"/> </td>
        </tr>
        <tr>

<tdcolspan = "2" > <imgsrc = "../images/login_04.jpg" alt = "" style = "
border:0px;"/> </td>
        </tr>
        <tr> <tdheight = "25" colspan = "2" >  </td> </tr>
        <tr>
            <tdwidth = "330" align = "right" >用户名: </td>

<tdalign = "left" > <asp:TextBoxid = "txtUserName" runat = "server" max-
length = "30" CssClass = "text1" Width = "184px" > </asp:TextBox>

<asp:requiredfieldvalidatorid = "RequiredFieldValidator1" runat = "server" Er-
rorMessage = "请输入用户名!" ControlToValidate = "txtUserName"

Font-Size = "10pt" Font-Names = "Verdana" > * </asp:requiredfieldvali-
```

```
dator >
                </td >
            </tr >
            <tr >
            <tdwidth = "330" align = "right" >密   码: </td >

 < tdalign = " left"  > < asp:TextBoxid = " txtPassword" runat = " server" Width
 = "184px" CssClass = " text1" maxlength = "30"

onkeydown = " inventorysubmit( ) ;" TextMode = " Password" > </asp:TextBox >

 < asp:requiredfieldvalidatorid = " RequiredFieldValidator2" runat = " server" Er-
rorMessage = " 请输入密码! " ControlToValidate = " txtPassword"

Font - Size = " 10pt" Font - Names = " Verdana"  > * </asp:requiredfieldvali-
dator >
                </td >
            </tr >
            <tr >
            <tdwidth = "330" align = " right" >验证码: </td >

 < tdalign = " left" > < asp:TextBoxid = " ValidCode" onkeydown = " inventory-
submit( ) ;" runat = " server" Width = " 120px" CssClass = " text1"
                            maxlength = "30" > </asp:TextBox >

 < asp:requiredfieldvalidatorid = " Requiredfieldvalidator3" runat = " server" Font -
Names = " Verdana" Font - Size = " 10pt"
                            ControlToValidate = " ValidCode" ErrorMessage = " 请
                            输入验证码!" > * </asp:requiredfieldvalidator >

        < asp:imageid = " ImageCheck" ImageUrl = " ValidateCode. aspx" Runat = "
server" ImageAlign = " AbsMiddle" > </asp:image >
                </td >
            </tr >
            <trheight = "35" >
                <tdwidth = "330" align = "right" >  </td >
```

```
                <tdalign = "left" >
        <asp:ImageButtonid = " ImageButton1 " runat = " server" ImageUrl = " . . /images/btn_login. gif" ImageAlign = " AbsMiddle" OnClick = " ImageButton1_Click" > </asp:ImageButton >
                </td >
            </tr >
          </table >
        </div >
        </td >
        </tr >
        </table >
    </div >
    </form >
    </body >
    </html >
```

Login. aspx 里使用到的两个样式文件“css. css”“login. css”读者可以自己建立，这里不再给出代码。

老 C 提醒：

JavaScript 方法“Init（）”可以使页面打开后，焦点自动进入填写用户名的文本框里，“inventorysubmit（）”可以使用户在 Login. aspx 上按 Enter 键后自动切换焦点。

2）添加验证码文件。验证码的作用是为了防止黑客得到后台管理页面的 URL 后，使用黑客程序重复提交从而暴力破解网站的管理员用户名和密码。当然，简单的验证功能并不能保证杜绝黑客的攻击，其他的防止黑客攻击的手段也可以起到一定作用，如在某一时间段内限制登录次数，超过登录次数后锁定访问 IP 或者账号。

在“Management”文件夹里添加一个 Web 窗体，命名为“ValidateCode. aspx”。然后在“ValidateCode. aspx. cs”里加入以下代码：

```
using System;
using System. Web. UI;
using System. Web. UI. WebControls;
using System. Drawing;

namespace kingdomtravel. Management
```

```
{
public partial class ValidateCode:System. Web. UI. Page
    {
protected void Page_Load( object sender,EventArgs e)
        {
string checkCode = CreateRandomCode(4);
                Session["CheckCode"] = checkCode;
                CreateImage( checkCode);
        }

private string CreateRandomCode( int codeCount)
        {
string allChar = "0,1,2,3,4,5,6,7,8,9";
string[] allCharArray = allChar. Split(',');
string randomCode = "";
int temp = -1;

Random rand = newRandom();
for( int i =0;i < codeCount;i + + )
            {
if( temp !  = -1)
                {
                    rand = newRandom(i * temp * ((int)DateTime. Now. Ticks));
                }
int t = rand. Next( allCharArray. Length);
if( temp = =t)
                {
return CreateRandomCode( codeCount);
                }
                temp = t;
                randomCode + = allCharArray[t];
            }
return randomCode;
        }

private void CreateImage( string checkCode)
```

```
        {
    int iwidth = (int)(checkCode.Length * 11.5);
                    System.Drawing.Bitmap image = new System.Drawing.Bitmap
                    (iwidth,20);
    Graphics g = Graphics.FromImage(image);
    Font f = new System.Drawing.Font("Arial",10,System.Drawing.FontStyle.Bold);
    Brush b = new System.Drawing.SolidBrush(Color.Gray);
              g.Clear(Color.LightGray);
    Brush b2 = new System.Drawing.SolidBrush(Color.Gray);
    Random rand = newRandom();
                g.DrawString(checkCode,f,b,3,3);
                System.IO.MemoryStream ms = new System.IO.MemoryStream();
                image.Save(ms,System.Drawing.Imaging.ImageFormat.Jpeg);
                Response.ClearContent();
                Response.ContentType = "image/Jpeg";
                Response.BinaryWrite(ms.ToArray());
                g.Dispose();
                image.Dispose();
        }
      }
    }
```

验证码的原理是在服务器端创建一个验证字符串，将此字符串记录到 Session 里（见下面代码），并将此字符串生成图像，以二进制流的形式输出到页面上，供用户查看并输入进行验证。

```
Session["CheckCode"] = checkCode;
Response.BinaryWrite(ms.ToArray());
```

"CreateRandomCode（int codeCount）"方法返回一组随机字符串，随机字符串从"0，1，2，3，4，5，6，7，8，9"里获取。字符串长度可以通过参数"codeCount"进行设定。

"CreateImage（string checkCode）"方法是将由"CreateRandomCode（int codeCount）"得到的字符串以图像的形式显示出来。

ValidateCode.aspx 的作用是向客户端输出一张图片，并被 Login.aspx 里的图像控件引用：

```
<asp:imageid = "ImageCheck" ImageUrl = "ValidateCode.aspx" Runat = "server"
ImageAlign = "AbsMiddle" > </asp:image >
```

3）编写登录代码

①在“kingdomtravel. Model”项目里添加“MEmployee”类：

```
using System;
namespace kingdomtravel. Model
{
public class MEmployee
	{
private int employeeid = 0;
private string loginname = string. Empty;
private string employeenm = string. Empty;
private string pw = string. Empty;
private string isrdt = string. Empty;
private string upddt = string. Empty;

public int EmployeeID
	{
get
		{
return this. employeeid;
		}
set
		{
this. employeeid = value;
		}
	}


public string UpdDT
	{
get
		{
return this. upddt;
		}
set
		{
this. upddt = value;
		}
	}
```

```
public string LoginName
        {
get
            {
return this. loginname;
            }
set
            {
this. loginname = value;
            }
        }
public string IsrDT
        {
get
            {
return this. isrdt;
            }
set
            {
this. isrdt = value;
            }
        }

public string Pw
        {
get
            {
return this. pw;
            }
set
            {
this. pw = value;
            }
        }

public string EmployeeNM
```

```
            {
    get
                {
    return this. employeenm;
                }
    set
                {
    this. employeenm = value;
                }
            }
        }
    }
```

②在“kingdomtravel. IDAL”项目里添加“IEmployee”接口:

```
using System;
using System. Data;
using kingdomtravel. Model;

namespace kingdomtravel. IDAL
{
public interfaceI Employee
    {
MEmployee GetRowByEmployeeName( string employeeNm);
    }
}
```

③在“kingdomtravel. SqlServerDAL”项目里添加继承“IEmployee”接口的“SEmployee”类:

```
using System;
using System. Data;
using System. Data. SqlClient;
using kingdomtravel. IDAL;
using kingdomtravel. Model;

namespace kingdomtravel. SqlServerDAL
{
public classS Employee:IEmployee
    {
```

```
public MEmployee GetRowByEmployeeName(string employeeNm)
        {
MEmployee data = null;
string tmpSQL = "";
            tmpSQL = "SELECT employeeID, loginName, employeeNM, pw, isrDT,
            updDT FROM Employee WHERE loginName = @loginName";
SqlParameter[] cellParms = {

  newSqlParameter("@loginName", SqlDbType.NVarChar, 100)
              };
              cellParms[0].Value = employeeNm;

using(SqlDataReader rdr = SQLHelper.ExecuteReader(SQLHelper.CONN_STRING_
NON_DTC, CommandType.Text, tmpSQL, cellParms))
              {
while(rdr.Read())
                  {
try
                    {
                              data = newMEmployee();
                              data.EmployeeID = Convert.ToInt32(rdr[0]);
                              data.LoginName = Convert.ToString(rdr[1]);
                              data.EmployeeNM = Convert.ToString(rdr[2]);
                              data.Pw = Convert.ToString(rdr[3]);
                              data.IsrDT = Convert.ToString(rdr[4]);
                              data.UpdDT = Convert.ToString(rdr[5]);
                    }
catch(SqlException err)
                    {
System.Console.WriteLine(err.Message);
                    }
                  }
              }
return data;
          }
    }
```

```
}
```

④在“kingdomtravel. DALFactory. CreateInstance”类里添加“SEmployee”的类实例:

```
public static IEmployee CreateEmployee( )
    {
string className = path + ". SEmployee" ;
return( IEmployee) Assembly. Load( path). CreateInstance( className) ;
    }
```

⑤在“kingdomtravel. BLL”项目里添加“BEmployee”类:

```
using System;
using System. Data;

using kingdomtravel. Model;
using kingdomtravel. DALFactory;
using kingdomtravel. IDAL;

namespace kingdomtravel. BLL
{
public class BEmployee
    {
public MEmployee GetRowByEmployeeName( string employeeNm)
        {
IEmployee dalf = CreateInstance. CreateEmployee( ) ;
return dalf. GetRowByEmployeeName( employeeNm) ;
        }
    }
}
```

老 C 提醒:

上面的“GetRowByEmployeeName (string employeeNm)”方法是为了在用户登录的时候根据用户输入的用户名从数据库中获取完整的用户信息,如果能够获取到,则表明用户名输入正确,然后将用户输入的密码与从数据库中获取到的密码进行比较,如果完全匹配,则表示用户名与密码均输入正确,用户可以登录到网站后台管理系统里。

下面在项目里添加获取用户角色的代码。

⑥在“kingdomtravel. IDAL”项目里添加“IURR”接口：

```
using System;
using System.Data;
using kingdomtravel.Model;

namespace kingdomtravel.IDAL
{
public interface IURR
    {
string GetRoles(int employeeID);
    }
}
```

老C提醒：

“GetRoles (int employeeID)”方法是根据用户的ID从“URR”表里获取对应的RoleID。

⑦在“kingdomtravel. SqlServerDAL”项目里添加继承“IEmployee”接口的“IURR”类：

```
using System;
using System.Data;
using System.Data.SqlClient;
using kingdomtravel.IDAL;
using kingdomtravel.Model;

namespace kingdomtravel.SqlServerDAL
{
public class SURR:IURR
    {
public string GetRoles(int employeeID)
        {
string ret = "";
string tmpSQL = "";
            tmpSQL = "SELECT RoleID FROM URR WHERE EmployeeID = " +
            employeeID.ToString();
```

```
DataSet data = newDataSet( );
using( SqlDataAdapter dsCommand = newSqlDataAdapter( ) )
        {
try
            {
                    dsCommand. SelectCommand = newSqlCommand( );
                    dsCommand. SelectCommand. CommandText = tmpSQL;
                    dsCommand. SelectCommand. Connection = newSqlConnection
                    (SQLHelper. CONN_STRING_NON_DTC);
                    dsCommand. Fill( data);
            }
catch( SqlException err)
            {
                    System. Console. WriteLine( err. Message);
            }
        }
foreach( DataRow row in data. Tables[0]. Rows)
        {
                ret + = "," + Convert. ToString( row[ "RoleID" ] );
        }
        data. Dispose( );
if( ret! = string. Empty)
                ret = ret. Substring(1);
return ret;
        }
    }
}
```

⑧在“kingdomtravel. DALFactory. CreateInstance”类里添加“SURR”的类实例：

```
public static IURR CreateURR( )
{
string className = path + ". SURR";
return( IURR) Assembly. Load( path). CreateInstance( className);
}
```

⑨在“kingdomtravel. BLL”项目里添加“BURR”类：

```
using System;
```

```
using System. Data;
using kingdomtravel. Model;
using kingdomtravel. DALFactory;
using kingdomtravel. IDAL;
namespace kingdomtravel. BLL
{
public class BURR
    {
private IURR dalf = CreateInstance. CreateURR( );
public string GetRoles( int employeeID)
        {
return dalf. GetRoles( employeeID) ;
        }
    }
}
```

⑩打开 Login. aspx. cs 文件，加入以下代码：

```
using System;
using System. Web;
using System. Web. UI;
using System. Web. UI. WebControls;
using System. Web. Security;
using kingdomtravel. Utility;
using kingdomtravel. BLL;
using kingdomtravel. Model;

namespace kingdomtravel. Management
{
public partial classLogin:System. Web. UI. Page
    {
protected void Page_Load( object sender,EventArgs e)
        {
            txtUserName. Attributes[ "onkeydown" ] = "if( event. keyCode = =
            13) event. keyCode =9;" ;
if( ! IsPostBack)
            {
                Session. Clear( ) ;
```

```
FormsAuthentication. SignOut( );
            }
        }
protected void ImageButton1_Click( object sender,ImageClickEventArgs e)
        {
if( ! Page. IsValid)
            {
return;
            }
//检测验证码
if( ValidCode. Text. ToUpper( )!  = (String)Session[ "CheckCode" ])
            {
Javascript. Alert( this,"验证码输入错误,请重新输入。");
return;
            }
else
            {
int userId = -1;
try
                {
                    userId = this. IsAuthenticated( txtUserName. Text. Trim( ).
                    Replace ( " < ","" ). Replace ( " ' ","" ) , txtPassword.
                    Text. Trim( ). Replace( " < ","" ). Replace( " ' ","" ) );
if( userId !  = -1)
                    {
// 创建身份验证票
FormsAuthenticationTicket authTicket = new
FormsAuthenticationTicket( 1,// 版本号
                        txtUserName. Text. Trim( ) ,
// 与身份验证票关联的用户名
DateTime. Now,                    // Cookie 的发出时间
DateTime. Now. AddMinutes(90) ,  // Cookie 的到期时间
false,                            // Cookie 是否持久
this. GetRoles( userId) + "," + userId. ToString( ) );// 存储在 Cookie 中的用户定
  义数据
```

```
// 身份验证票加密
string encryptedTicket = FormsAuthentication. Encrypt( authTicket) ;

// 把加密的身份验证票放到 Cookie 中
HttpCookie authCookie =
newHttpCookie( FormsAuthentication. FormsCookieName,
                    encryptedTicket) ;
Response. Cookies. Add( authCookie) ;
                    Session. Add( "logintime" ,System. DateTime. Now. To-
                    String( "yyyy - MM - dd" ) ) ;
                    Response. Redirect( "Index. aspx" ,true) ;
                }
            }
catch( System. Exception ex)
            {
Javascript. Alert( this,ex. Message. Replace( " ' " ," " ) ) ;
            }
        }
    }

private string GetRoles( int employeeID)
    {
BURR burr = newBURR( ) ;
return burr. GetRoles( employeeID) ;
    }

private int IsAuthenticated( string username,string password)
    {
int ret = -1;
BEmployee be = newBEmployee( ) ;
MEmployee me = be. GetRowByEmployeeName( username) ;
if( me ! = null)
        {
if( password = = me. Pw)
            {
                ret = me. EmployeeID;
```

```
            }
else
            {
thrownewException("您输入的密码有误!");
            }
        }
else
        {
thrownewException("系统中没有您的账号!");
        }
return ret;
    }
  }
}
```

上面的代码工作过程可以参考图 1—1—10。

在 ImageButton1_ Click 事件里，使用了一个 JavaScript. Alert () 方法，这是一个使用 JavaScript 函数在客户端显示错误信息的方法。

在"kingdomtravel. Utility"项目里添加"JavaScript"类:

```
using System;
using System. Web. UI. WebControls;
using System. Web. UI;

namespace kingdomtravel. Utility
{
public class Javascript
  {
private const string MSG_ALERT = " <script>alert('{0}')</script>";
public static void Alert(Page p,string message)
      {
Guid tmpid = Guid. NewGuid();
p. ClientScript. RegisterStartupScript(p. GetType(), tmpid. ToString(), string. Format(MSG_ALERT,message));
      }
  }
}
```

（2）后台页面框架。网站的后台管理页面使用框架（frame）来实现。框架图如图 1—1—13 所示。

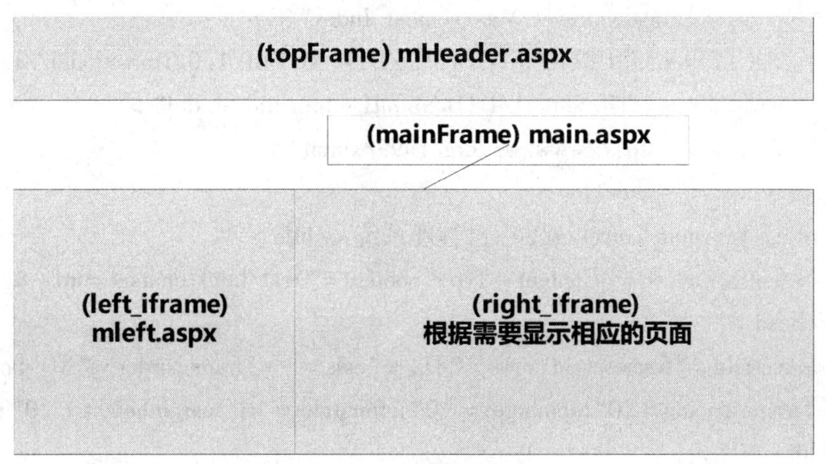

图 1—1—13　后台管理页面框架

1）框架设计。在“kingdomtravel”项目里添加一个文件夹，命名为“Management”，在“Management”文件夹里添加一个 Web 窗体，命名为“Index. aspx”。

“Index. aspx”页由两个框架“topFrame”和“mainFrame”组成（上下结构），“mainFrame”由两个“iframe”组成（左右结构）。

“topFrame”使用“mHeader. aspx”来显示当前的登录用户名、登录时间和“退出系统”按钮。

“left_ iframe”使用“mleft. aspx”显示左侧的目录树菜单，“right_ iframe”显示相应于左侧目录树菜单的内容页面。

效果图如图 1—1—14 所示。

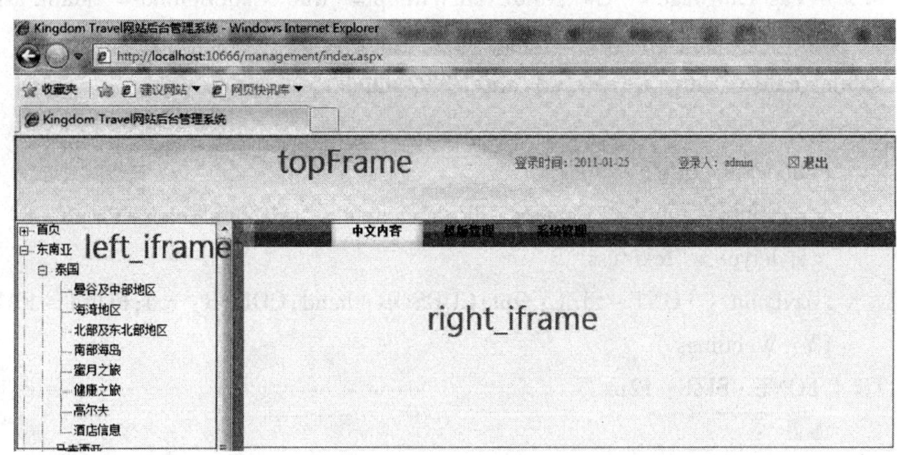

图 1—1—14　框架效果图

①打开“Index. aspx”的“源”视图，加入以下 html 代码：

```
<%@ PageLanguage = "C#" AutoEventWireup = "true" CodeBehind = "Index. aspx.
cs" Inherits = "kingdomtravel. Management. Index" % >
<! DOCTYPEhtmlPUBLIC" -//W3C//DTD XHTML 1. 0 Transitional//EN" "ht-
tp://www. w3. org/TR/xhtml1/DTD/xhtml1 - transitional. dtd" >
<htmlxmlns = "http://www. w3. org/1999/xhtml" >
<headrunat = "server" >
<title>Kingdom Travel 网站后台管理系统</title>
<metahttp - equiv = "Content - Type" content = "text/html;charset = utf - 8"/>
</head>
<framesetid = "frameset_id" rows = "81, * " cols = " * " frameborder = "NO" border =
"0" framespacing = "0" topmargin = "0" leftmargin = "0" marginheight = "0" margin-
width = "0" >
<framesrc = " mheader. aspx" name = " topFrame" scrolling = " NO" border = " 0"
frameborder = "NO" topmargin = "0" leftmargin = "0" marginheight = "0" marginwidth =
"0" noresize = "noresize" >
<framesrc = " Main. aspx" name = " mainFrame" topmargin = " 0" leftmargin = " 0"
marginheight = "0" marginwidth = "0" frameborder = "0" border = "0" >
</frameset>
<noframes> </noframes>
</html>
```

②在“Management”文件夹里添加一个 Web 窗体，命名为“Main. aspx”，并在“源”视图里加入以下代码：

```
<%@ PageLanguage = "C#" AutoEventWireup = "true" CodeBehind = "Main. aspx.
cs" Inherits = "kingdomtravel. Management. Main" % >
<htmlxmlns = "http://www. w3. org/1999/xhtml" >
<head>
    <title> </title>
    <metahttp - equiv = "Content - Type" content = "text/html;charset = utf - 8" >
    <styletype = "text/css" >
    . navPoint { FONT - SIZE: 9pt;CURSOR: hand;COLOR: red;FONT - FAMI-
    LY: Webdings }
TD { FONT - SIZE: 12px }
    body {
  margin - left: 0px;
  margin - top: 0px;
```

```
margin - right: 0px;
margin - bottom: 0px;
        }
</style >
    < scripttype = " text/javascript" language = " javascript" >
    function h( obj ,url) { obj. style. behavior = url( #default#homepage) ; obj. setH-
    omePage( url) ; }
    function switchSysBar( ) {
    if( switchPointL. innerText = = 3) {
      switchPointL. innerText = 4
      document. all( " ClassLeft" ) . style. display = " none"
      }
    else if( switchPointL. innerText = = 4)
      {
      switchPointL. innerText = 3
      document. all( " ClassLeft" ) . style. display = " "
      }
    }
    function switchSysBarLogo( ) {
    if( switchPointT. innerText = = 5) {
      switchPointT. innerText = 6
      parent. frameset_id. rows = "0, * "
      }
    else if( switchPointT. innerText = = 6)
      {
      switchPointT. innerText = 5
      parent. frameset_id. rows = "86, * "
      }
    }
    </script >
</head >
<bodystyle =' overflow: scroll; overflow - y: hidden; overflow - x: hidden '>
    < formname = " Form1 " method = " post" action = " " >
< tableheight = " 100% " cellSpacing = " 0" cellPadding = " 0" width = " 100% " bor-
der = " 0" style = " BORDER - TOP: 1pxsolid; BORDER - RIGHT: 1pxsolid" >
            < tbody >
```

```
<tr>
<tdid = "ClassLeft" vAlign = "middle" noWrapWIDTH = "222" height =
"100%" >

<tableheight = "100%" cellspacing = "0" cellpadding = "0" border = "0" >
<tr>
<td>
<iframename = "left_iframe" src = "mleft. aspx? menuno = 01" width = "100%"
style = "Z - INDEX: 2; VISIBILITY: inherit; HEIGHT: 100%" frameborder =
0scrolling = yes > </iframe>
</td>
</tr>
</table> </td>
<tdbgColor = "#999999" height = "90%" >

<tableheight = "90%" cellSpacing = "0" cellPadding = "0" border = "0" >
<tbody>
<tr>

<tdonclick = "switchSysBarLogo( )" height = "50%" >

<spanclass = "navPoint" id = "switchPointT" title = "点击隐藏 Logo" >5 </
span>

<br>
<br>
<br>
<br>
<br>
<br>
<br>
<br>
<br>
<br>
<br>
<br>
<br>
```

```
<br>
<br>
<br>
<br>
</td>
</tr>
<tr>

<tdonclick = "switchSysBar()"height = "50%" >

<spanclass = "navPoint" id = "switchPointL" title = "点击隐藏左边页面" >3 </
span > <br>
<br>
<br>
<br>
<br>
<br>
<br>
<br>
<br>
<br>
<br>
<br>
<br>
<br>
<br>
</td>
</tr>
</tbody>
</table>
</td>

<tdWIDTH = "100%" noWrapid = "ClassRight" height = "90%" >

<tableheight = "100%" WIDTH = "100%" cellSpacing = "0" cellPadding = "0"
border = "0" >
```

```
                    <tr>
                    <td>
<iframename="right_iframe" src="right_content.aspx" style="Z-INDEX:1;
VISIBILITY:inherit;WIDTH:100%;HEIGHT:100%" name=mainframeBorder=
0scrolling=yes> </iframe>
                  </td>
                  </tr>
                  </table>
                </td>
              </tr>
            </tbody>
        </table>
        </form>
    </body>
</html>
```

③在“Management”文件夹里添加一个 Web 窗体，命名为“mHeader. aspx”。

④在“Management”文件夹里添加一个 Web 窗体，命名为“mLeft. aspx”。

⑤在“Management”文件夹里添加一个 Web 窗体，命名为“Right_Content. aspx”。

> **老 C 提醒：**
>
> 至此，后台页面的框架已经搭建完成，接下来实现框架页面“mHeader. aspx”“mLeft. aspx”和“Right_Content. aspx”。

2）框架实现。在后台管理里，每个页面在初始化时都需要验证用户是否已经登录，同时可能经常使用到管理员的用户名、角色名等，为了减少重复劳动，需要编写一个基类来进行用户登录状态判断和获取用户名、角色名等工作，后台管理的页面均需继承此基类。

①在“Management”文件夹里添加一个类文件，命名为“PageBase. cs”，将它作为基类。

②由于在 PageBase 类里需要获取用户的角色信息，所以现在需要添加相应于角色的操作类。

- 在“kingdomtravel. Model”项目里添加“MRole”类：

```
using System;
```

```
namespace kingdomtravel. Model
{
public class MRole
    {
private int roleid =0;
private bool issys = false;
private string description = string. Empty;
private int parentroleid =0;
private string rolename = string. Empty;
public int RoleID
        {
get
            {
return this. roleid;
            }
set
            {
this. roleid = value;
            }
        }

public bool IsSys
        {
get
            {
return this. issys;
            }
set
            {
this. issys = value;
            }
        }

public string Description
        {
get
```

```
{
return this. description;
}
set
{
this. description = value;
}
}

public int ParentRoleID
{
get
{
return this. parentroleid;
}
set
{
this. parentroleid = value;
}
}

public string RoleName
{
get
{
return this. rolename;
}
set
{
this. rolename = value;
}
}
}
}
```

● 在“kingdomtravel. IDAL”项目里添加“IRole”接口：

```
public interface IRole
```

```
{
MRole GetRowByIdentity(int RoleID);
  }
```

• 在“kingdomtravel. SqlServerDAL”项目里添加继承“IRole”接口的“SRole”类并实现接口方法：

```
public class SRole:IRole
    {
public MRole GetRowByIdentity(int RoleID)
          {
MRole data = null;
string tmpSQL = "";
              tmpSQL = " SELECT RoleID, ParentRoleID, RoleName, Description, Is-
              Sys FROM SRole WHERE RoleID = @ RoleID";

SqlParameter[ ] cellParms = {
                  newSqlParameter("@ RoleID",SqlDbType. Int,10)
                };
                cellParms[0]. Value = RoleID;

using(SqlDataReader rdr = SQLHelper. ExecuteReader(SQLHelper. CONN_STRING_
NON DTC,CommandType. Text,tmpSQL,cellParms))
                {
while(rdr. Read())
                    {
try
                          {
                              data = newMRole();
                              data. RoleID = rdr. GetInt32(0);
                              data. ParentRoleID = rdr. GetInt32(1);
                              data. RoleName = rdr. GetString(2);
                              data. Description = Convert. ToString(rdr[3]);
                              data. IsSys = rdr. GetBoolean(4);
                          }
catch(SqlException err)
                          {
```

```
System. Console. WriteLine( err. Message) ;
                    }
                }
            }
return data;
        }
    }
```

● 在“kingdomtravel. DALFactory. CreateInstance”类里添加“SRole”的类实例：

```
public static IRole CreateRole( )
{
string className = path + ". SRole" ;
return( IRole) Assembly. Load( path). CreateInstance( className) ;
}
```

● 在“kingdomtravel. BLL”项目里添加“BRole”类：

```
    public class BRole
    {
public MRole GetRowByIdentity( int RoleID)
        {
IRole dalf = CreateInstance. CreateRole( ) ;
return dalf. GetRowByIdentity( RoleID) ;
        }
    }
```

③实现 PageBase 类的代码：

```
using System;
using System. Configuration;
using System. Web;
using System. Web. Security;
using kingdomtravel. BLL;
using kingdomtravel. Model;
namespace kingdomtravel. Management
{
public class PageBase:System. Web. UI. Page
    {
private int userId = 0;
private bool popUpSubmit = false;
protected int errId = -1;
```

```
//0:没有登录;1:页面验证失败,没有权限或该页面未设置;2:页面验证失败,同一页面设置多次;3:权限已过期。
private string userName = "";
private string roleId = "";
private string roleName = "";
private bool issys = false;
/// <summary>
/// 当前登录用户 ID
/// </summary>
public int UserId
    {
get
        {
return this.userId;
        }
    }

/// <summary>
/// 当前登录名称
/// </summary>
public string UserName
    {
get
        {
return this.userName;
        }
    }

/// <summary>
/// 当前登录用户角色 Id(逗号分隔)
/// </summary>
public string RoleId
    {
get
        {
return this.roleId;
```

```
            }
        }

/// <summary>
/// 当前用户角色名称(逗号分隔)
/// </summary>
public string RoleName
        {
get
            {
return this.roleName;
            }
        }

/// <summary>
/// 是否为系统管理员
/// </summary>
public bool Issys
        {
get
            {
return this.issys;
            }
        }

public bool PopUpSubmit
        {
get
            {
return this.popUpSubmit;
            }
set
            {
this.popUpSubmit = value;
            }
        }
```

```
public string RootUrl
        {
get
            {
string rootUrl = ConfigurationManager. AppSettings[ "VirtualRoot" ];
if( ! rootUrl. StartsWith( "http" ) )
                {
if( rootUrl. StartsWith( "/" ) )
                        rootUrl = "http://rootUrl" + rootUrl;
else
                        rootUrl = "http://rootUrl/" + rootUrl;
                }
return rootUrl;
            }
        }

protected virtual bool ValidateLogin( )
        {
bool isLogin = false;
string cookieName = FormsAuthentication. FormsCookieName;
HttpCookie authCookie = Context. Request. Cookies[ cookieName ];

if( authCookie ! = null)
            {
FormsAuthenticationTicket authTicket = null;
try
                {
                    authTicket = FormsAuthentication. Decrypt( authCookie. Value);
                }
catch { }

if( authTicket ! = null)
                {
if( DateTime. Now > authTicket. Expiration)
                    {
this. errId = 3;
return false;
```

```
                }

string userData = authTicket. UserData;
int pos = userData. LastIndexOf( " , " ) ;
string userid = userData. Substring( pos + 1) ;
this. userId = Convert. ToInt32( userData. Substring( pos + 1) ) ;

this. userName = authTicket. Name;
this. roleId = userData. Substring(0,pos) ;
this. roleName = " " ;
BRole br = newBRole( ) ;
MRole mr = br. GetRowByIdentity( Convert. ToInt32( roleId) ) ;
this. roleName = mr. RoleName;
this. issys = mr. IsSys;
                        isLogin = true;
                }
else
                {
this. errId = 0;
                }
            }
else
            {
this. errId = 0;
            }
return isLogin;
    }

protected override void OnInit( EventArgs e)
    {
base. OnInit( e) ;
this. ClientScript. RegisterHiddenField( "__PopUpSubmit" , "false" ) ;
this. PopUpSubmit = Convert. ToBoolean( this. Request. Form[ "__PopUpSubmit" ] ) ;
this. ValidateLogin( ) ;
        }
    }
```

```
}
```

3）打开“mHeader. aspx”添加登录时间、登录人控件。

登录时间：

```
<asp:LabelID = "logintime" runat = "server" > </asp:Label >
```

登录人：

```
<asp:LabelID = "userNm" runat = "server" > </asp:Label >
```

4）打开“mHeader. aspx. cs”添加显示登录时间和登录人的代码：

```
public partial classMHeader:PageBase
    {
protected void Page_Load(object sender,EventArgs e)
        {
if(! IsPostBack)
            {
try
                {
                    logintime. Text = Session[ "logintime" ]. ToString( );
                    userNm. Text = UserName;
                }
catch{ }
            }
        }
    }
```

老C提醒：

这里注意 mHeader 类继承了“PageBase”类。

5）打开“mleft. aspx”添加已经准备好的“RadTreeView. dll”控件：

```
<radt:radtreeviewid = " TreeView1 " runat = " server" AfterClientCheck = " After-
Check" ShowLineImages = "True" > </radt:radtreeview >
```

6）打开“mleft. aspx. cs”，添加生成树菜单的代码：

```
public partial class MLeft:PageBase
    {
private string paperId
        {
get
```

```
{
object obj = this. ViewState[ "_paperId" ];
return obj = = null ? "0" : Convert. ToString( obj);
}
set
{
this. ViewState[ "_paperId" ] = value;
}
}
protected void Page_Load( object sender, EventArgs e)
{
if( ! this. IsPostBack)
{
if( ValidateLogin( ) )
{
try
{
paperId = Request[ "menuno" ];
}
catch{ }
BSysMenu bsm = newBSysMenu( );
string tmpstr = " ";
tmpstr = " WHERE( FATHERMENUNO LIKE '" + paperId
+ "%' OR MENUNO = '" + paperId + "') AND MenuCom-
mandName < > '0 ' AND menuNo IN ( SELECT menuNo
FROM RolePower WHERE roleId = " + RoleId. ToString( )
+ ") ORDER BY menuLayer, menuOrder";
DataSet data = bsm. GetRows( tmpstr);
if( data ! = null)
{
InitTree( data, TreeView1. Nodes, paperId);
data. Dispose( );
}
}
else
```

```
                {
                    Response. Redirect( " login. aspx" ,true) ;
                }
            }
        }

private void InitTree( DataSet ds, RadTreeNodeCollection Nds, string parentId)
        {
DataRow[ ] rows = ds. Tables[ 0 ]. Select( " FatherMenuNo = ' " + parentId + "' " ) ;

foreach( DataRow row in rows)
            {
RadTreeNode tmpNd = newRadTreeNode( ) ;
                    tmpNd. ID = row[ " MENUNO" ]. ToString( ) ;
                    tmpNd. Text = row[ " MENUNAME" ]. ToString( ) ;

if( row[ " MENUURL" ]. ToString( ) !  = " " )
                {
string pageUrl = " " ;

if( row[ " URLTARGET" ]. ToString( ). Trim( ) = = " " )
                        {
                            pageUrl = RootUrl + row[ " MENUURL" ]. ToString( ) ;
                            tmpNd. Target = " right_iframe" ;
                        }
else
                        {
                            pageUrl = row[ " MENUURL" ]. ToString( ) ;
                            tmpNd. Target = row[ " URLTARGET" ]. ToString( ) ;
                        }

if( pageUrl. IndexOf(' ? ') = = -1)
                            tmpNd. Href = pageUrl + " ? mid = " + row[ " MENUNO" ].
                            ToString( ) + " &fid = " + parentId;
else
                            tmpNd. Href = pageUrl + " &mid = " + row[ " MENUNO" ].
```

```
                    ToString( ) + "&fid = " + parentId;
                }
                tmpNd. Expanded = Convert. ToBoolean( row[ "MenuExpanded" ].
                ToString( ) );
                Nds. Add( tmpNd) ;
                InitTree( ds, tmpNd. Nodes, row[ "MENUNO" ]. ToString( ) );
            }
        }
    }
```

上面的代码里，取出数据表“SYSMENU”里所有 MENUNO 或者父节点为“01”的菜单，并添加了角色条件筛选，这样登录的用户，只能显示对自身有权限的菜单，从而完成权限的控制。

（3）用户与权限管理。这里使用到了 5 个数据表“管理员信息（EMPLOYEE）”“角色表（SROLE）”“系统栏目（SYSMENU）”“用户-角色关系表（URR）”“角色-栏目关系表（ROLEPOWER）”。这 5 个数据表的关系图如下：

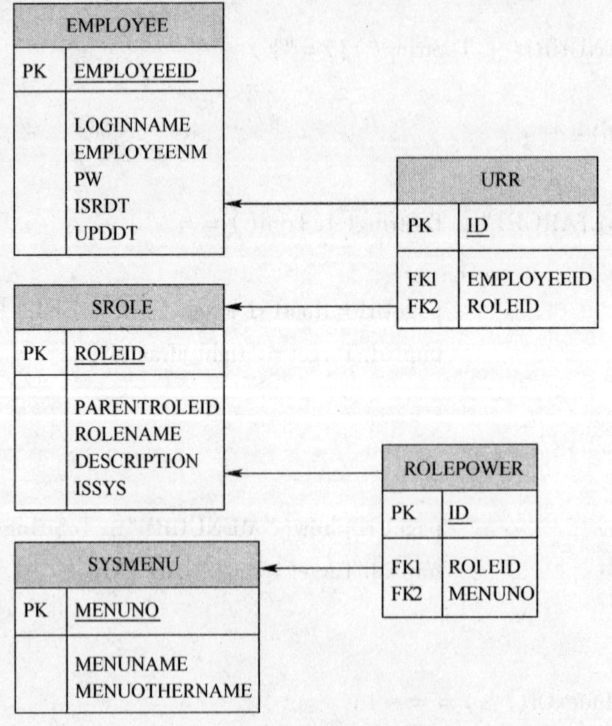

图 1—1—15　5 个数据表的关系

从图中可看出，三个父表“EMPLOYEE”“SROLE”“SYSMENU”通过子表“URR”和“ROLEPOWER”建立了关系。

用户登录到系统后，根据“EMPLOYEEID”从“URR”表里获取用户所拥有的“ROLEID”，再根据“ROLEID”从“ROLEPOWER”表里获取用户所拥有的“MENUNO”，把所有该用户拥有的权限显示到后台页面左侧的 TreeView 里。

1）用户管理。用户管理里的功能有：添加用户、修改用户、删除用户、显示用户列表和给用户分配角色。

①在“kingdomtravel”项目里添加“SysmtemManage”文件夹，再在“SystemManage”文件夹里添加“User”文件夹。在“User”文件夹里添加四个 Web 窗体，分别命名为“EmployeeDel. aspx”“EmployeeEdit. aspx”“EmployeeList. aspx”“PUserRole. aspx”，其功能分别为：

EmployeeDel. aspx：删除用户。

EmployeeEdit. aspx：修改用户。

EmployeeList. aspx：显示用户列表。

PUserRole. aspx：给用户分配角色。

②在“EmployeeList. aspx”里注册“DMCWebControlLibrary. dll”，并添加“<dmcbuttons>”和“<DMCDataGrid >”控件。

```
<%@ Register TagPrefix = "cc1" Namespace = "DMC. Web. UI. WebControls" Assembly = "DMCWebControlLibrary" %>
    <cc1:dmcbuttons id = "DMCButtons1" runat = "server" Width = "100%" Height = "25" ImagePath = "../../images/button/" RepeatDirection = "Horizontal" > </cc1:dmcbuttons>
    <cc1:DMCDataGrid id = "DMCDataGrid1" runat = "server" Width = "100%" Height = "100%" AutoGenerateColumns = "False"
    PageSize = "15" BorderColor = "LightGray" BorderWidth = "1px" CellPadding = "3" HeaderStyle - Wrap = "False"
    BorderStyle = "Solid" >
    <Columns>
        <cc1:DMCRowSelectorColumn AllowSelectAll = "True" SelectionMode = "Single" > </cc1:DMCRowSelectorColumn>
    </Columns>
    <HeaderStyle Wrap = "False" HorizontalAlign = "Center" BorderWidth = "1px" ForeColor = "Black" BorderStyle = "Solid"
    VerticalAlign = "Middle"
BackColor = "#C6E7F8" > </HeaderStyle>
    </cc1:DMCDataGrid>
```

由于这里使用了第三方控件“DMCWebControlLibrary. dll”，所以在这里需要借“EmployeeList. aspx”来简单说明一下这个控件的工作机制，所有的列表页均与这里类同（在读者自己的实际开发中，可以完全抛弃这个控件，并使用 .NET 自带的控件来完成相应的功能）。

● “EmployeeList. aspx” 承载的类 “EmployeeList” 继承了 “PageBaseList” 类，“PageBaseList” 类继承了 “PageBaseValidate” 类，“PageBaseValidate” 类继承了 “PageBase” 类。

● 在 “EmployeeList” 类里重写了基方法 “OnInit”，将在 “EmployeeList. aspx” 里声明的 “DMCButtons1” 和 “DMCDataGrid1” 实例传入 “PageBaseList” 类。

```
override protected void OnInit( EventArgs e)
        {
            InitializeComponent( ) ;
base. OnInit( e) ;
        }

private void InitializeComponent( )
        {
this. Load + = new System. EventHandler( this. Page_Load) ;
            DataGridHandle = this. DMCDataGrid1 ;
            Buttons = this. DMCButtons1 ;
        }
```

● 在 “PageBaseValidate” 类的 “ValidatePage （）” 里，捕获当前的 URL（如 EmployeeList. aspx 的路径为 “SystemManage/User/EmployeeList. aspx”），利用当前 URL 从 “SYSMENU” 表里获取 “MENONO”，从而获得相应权限（在本例中，EmployeeList. aspx 的 MENUNO 为 6601）。

```
protected virtual void ValidatePage( )
        {
if( this. errId! = -1) return;

string filePath = this. validatePageUrl;
if( filePath = = string. Empty)
            filePath = this. GetValidatePageUrl ( this. Request. CurrentExecutionFile-
            Path) ;

if( filePath ! = " " )
            filePath = filePath. Substring( 1 ) ;

BSysMenu bsm = newBSysMenu( ) ;
string tmpstr = " WHERE menuUrl = " + filePath + " AND menuNo IN( " +
```

```
"SELECT menuNo FROM RolePower WHERE roleId IN(" +
"SELECT roleId FROM URR WHERE EmployeeID =" + UserId.ToString() + "))
ORDER BY menuLayer,menuOrder";
DataSet data = newDataSet();
            data = bsm.GetRows(tmpstr);

int rowCount = data.Tables[0].Rows.Count;
if(rowCount == 1)
            {
DataRow row = data.Tables[0].Rows[0];
this.menuNo = Convert.ToString(row["MENUNO"]);
this.titleName = Convert.ToString(row["MENUOTHERNAME"]);
            }
elseif(rowCount == 0)
           {
this.errId = 1;
           }
else
            {
this.errId = 2;
            }
    }
```

●在“PageBaseList”类里重写了基方法“OnLoad”，在“OnLoad”调用“kingdomtravel. BLL. SysListDataFacade”类的“GetInitData”方法来获取数据源，再调用“kingdomtravel. Management. ListDataBinder”类的“BindDMCButtons”来绑定“DMCButtons1”，调用“InitDataGrid”“BindDataGridColumns”“BindDataGridData”来绑定“DMCDataGrid1”。

```
protected override void OnLoad(EventArgs e)
          {
base.OnLoad(e);
if(this.errId != -1)return;
this.listData = newSysListDataFacade();

this.listData.UserId = this.UserId;
this.listData.ItemNo = this.MenuNo;
if(dataGridHandle != null)
```

```
{
listData. SourceFilter = this. dataGridHandle. SourceFilter;
}
if( ! this. IsPostBack)
{
this. buttons. Title = this. TitleName;
if( dataGridHandle ! = null)
{
this. data = listData. GetInitData( this. dataGridHandle. PageSize) ;
}
else
{
BSysMenu bsm = newBSysMenu( ) ;
data = newDataSet( ) ;
bsm. GetFunctionMenuRows( data,this. UserId,this. MenuNo) ;
}
this. listDataBinder. RootUrl = this. RootUrl;
this. listDataBinder. DataSource = this. data;
this. listDataBinder. BindDMCButtons( this. buttons) ;
if( dataGridHandle ! = null)
{
this. listDataBinder. InitDataGrid( this. dataGridHandle) ;
this. listDataBinder. BindDataGridColumns( this. dataGridHandle) ;
this. listDataBinder. BindDataGridData( this. dataGridHandle) ;
}
}
else
{
this. data = newDataSet( ) ;
this. listData. FillFunctionData( this. data) ;
if( dataGridHandle ! = null)
{
this. listData. FillGridColumns( this. data) ;
}
this. listDataBinder. RootUrl = this. RootUrl;
this. listDataBinder. DataSource = this. data;
```

```
this. listDataBinder. BindDMCButtons( this. buttons) ;
if( dataGridHandle ! = null)
                {
this. listDataBinder. BindDataGridColumns( this. dataGridHandle) ;
                }
if( this. PopUpSubmit)
                {
this. BindDMCGrid( ) ;
                }
            }
        }
```

老C提醒：

在上面的处理过程中，使用了三个数据表“SYSMENU”“SYSGRIDCOLUMN”和“SYSGRIDSOURCE”。

“SYSMENU”表里存储了“EmployeeList. aspx”所在的树节点信息和“DMCButtons1”的绑定内容（操作按钮）。进入“EmployeeList. aspx”后，在OnLoad事件里获取URL参数mid，得到“EmployeeList. aspx”的mid为“6601”，从“SYSMENU”表里获取FATHERMENUNO为“6601”的数据（如图1—1—16的“添加、修改、删除、分配角色、返回”），将这些数据绑定到“DMCButtons1”上。

	MENUNO	MENUNAME	MENUOTHERNAME	MENULAYER	MENUURL
1	6601	用户管理	用户管理	3	systemmanage/user/EmployeeList.aspx
2	660101	添加	添加	4	systemmanage/user/EmployeeEdit.aspx?state=1
3	660102	修改	修改	4	systemmanage/user/EmployeeEdit.aspx?state=2
4	660103	删除	删除	4	systemmanage/user/EmployeeDel.aspx
5	660104	分配角色	分配角色	4	systemmanage/user/PUserRole.aspx
6	660105	返回	返回	4	NULL

图1—1—16　SYSMENU数据表

“SYSGRIDCOLUMN”表存储了“EMPLOYEE”表的字段信息，也就是显示在“DMCDataGrid1”里的绑定内容，如图1—1—17所示。

	ID	MENUNO	COLUMNNAME	COLUMNCAPTION	COLUMNDATATYPE	COLUMNORDER	COLUMNFORMAT
1	1	6601	employeeID	用户编号	NULL	0	NULL
2	2	6601	loginName	登录名	NULL	1	NULL
3	3	6601	employeeNm	用户名	NULL	2	NULL
4	4	6601	isrdt	添加时间	NULL	3	{0:yyyy-MM-dd}
5	5	6601	upddt	修改时间	NULL	4	{0:yyyy-MM-dd}

图1—1—17　SYSGRIDCOLUMN数据表

“SYSGRIDSOURCE”表存储了“SYSMENU”表里“MENUNO”为“6601”的数据表信息，如图 1—1—18 所示。

	MENUNO	SOURCENAME	PRIMARYKEY	SOURCEFILTER	DESCRIPTION
1	6601	Employee	employeeID	NULL	用户管理

图 1—1—18　SYSGRIDSOURCE 数据表

图 1—1—19 所示是“EmployeeList. aspx”运行后的效果图。

用户管理　添加　修改　删除　分配角色　返回

用户编号	▲登录名	用户名	添加时间	修改时间
1	admin	系统管理员	2007-07-24	2007-07-25
2	yh	樱花	2010-04-06	

图 1—1—19　EmployeeList. aspx 运行效果

● “DMCWebControlLibrary. dll”使用的这种通过数据库配置形成页面的方式，能大大减少开发的重复劳动。当需要在表格里多加一列时，只需在“SYSGRIDCOLUMN”表里添加一行记录；当需要添加一个操作按钮时，只需要在“SYSMENU”表里添加一行相应的按钮记录；当需要创建一个新的列表页时，只需要如添加“EmployeeList. aspx”的过程一样，在数据表“SYSMENU”“SYSGRIDCOLUMN”和“SYSGRIDSOURCE”里添加相应的记录就可以了，并不需要进行繁重的代码开发。

如图 1—1—19 所示，“DMCButtons1”生成了“添加”“修改”“删除”“分配角色”“返回”五个按钮。

③现在开始实现“添加”和“修改”用户的功能。打开“EmployeeEdit. aspx”，添加相应的控件，完成后的截图如图 1—1—20 所示。

添加新用户　保存　关闭

登录名：　*
登录密码：　*
确认密码：　*
姓名：

图 1—1—20　添加控件后截图

这是一个弹出窗口，在“EmployeeList. aspx”页点击“添加”或者“修改”后弹出“EmployeeEdit. aspx”页。在这一页里仍然使用了“DMCButtons”作为操作按钮工具条。此工具条是在“EmployeeEdit”的“Page_Load”事件里使用代码生成：

```
if( this. PageState = = "1" )
this. DMCButtons1. Title = "添加新用户";
```

```
elseif( this. PageState = = "2" )
this. DMCButtons1. Title = "用户信息修改";
this. DMCButtons1. AddLinkButton( "保存", "save", ValidateMode. Validate);
this. DMCButtons1. AddHyperLinkButton( "关闭", "javascript:window. close( );");
```

添加“DMCButtons1”的 Click 事件：

```
protected void DMCButtons1_Click( object source, DMC. Web. UI. WebControls. DM-
CButtonClickEventArgs e)
        {
try
            {
if( e. CommandName = = "save" )
                {
if( SaveData( ) )
PageOperator. CloseSubmit( this, "form1" );
                }
            }
catch( Exception ex)
            {
Javascript. Alert( this, ex. Message. Replace( " ' ", "" ) );
            }
        }
```

从上面代码可以看出，在“Page_Load”里代码添加的“关闭”按钮，点击后会发出一个 CommandName 为“save”的消息，在“DMCButtons1_Click”事件里捕获到这个“save”消息后，可进行相应的消息处理。这里添加了“SaveData”的动作代码：

```
private bool SaveData( )
        {
bool ret = false;
BEmployee be = newBEmployee( );
MEmployee me = newMEmployee( );
if( this. PageState = = "2" )
            {
if( password. Text. Trim( )!  = this. oldpw. Value)
thrownewExoeption( "您输入的旧密码不正确,请重新输入!" );
                me = be. GetRowByIdentity( paperId);
                me. LoginName = this. loginNm. Text. Trim( );
                me. Pw = rePassword. Text. Trim( );
```

```
                        me. EmployeeNM = this. employeeNm. Text. Trim( );
                        me. UpdDT = System. DateTime. Now. ToString( );
                        ret = be. ModifyByIdentity( me);
                }
        elseif( this. PageState = = "1")
                {
                    me. LoginName = this. loginNm. Text. Trim( );
                    me. Pw = password. Text. Trim( );
                    me. EmployeeNM = this. employeeNm. Text. Trim( );
        if( be. Insert( me) > 0)
                        ret = true;
                }
        return ret;
            }
```

如上代码添加完成后，“添加/修改用户”的功能就开发就完成了。

④现在开始实现“删除”用户的功能。打开“EmployeeDel. aspx. cs”，在“Page_ Load”里添加删除用户的代码：

```
        public partialclassEmployeeDel:PageBaseValidate
            {
        protected void Page_Load( object sender,EventArgs e)
                {
        if( ! this. IsPostBack)
                {
        BEmployee be = newBEmployee( );
        try
                        {
        be. DeleteByIdentity( Convert. ToInt32( this. Request. QueryString[ "id" ] ) );
        PageOperator. CloseSubmit( this, "form1" );
                        }
        catch( System. Exception err)
                        {
        this. Label1. Text = err. Message;
                        }
                }
            }
        }
```

在“Page_Load”里获取URL传递过来的id参数，根据id参数删除“Employee”表里的数据，删除后关闭弹出的删除窗口。

⑤现在开始实现给用户“分配角色”的功能

• 打开“PUserRole. aspx”，添加“DMCButtons”和一个“RadioButtonList”。“RadioButtonList”将会绑定“SROLE”表里的所有数据，以供管理员选择角色，将角色赋予用户。

```
<cc1:DMCButtonsid = "DMCButtons1" runat = "server" Width = "100%"
Height = "25" ImagePath = "../../images/button/" RepeatDirection = "Horizontal" OnClick = "DMCButtons1_Click" > </cc1:DMCButtons>
<asp:RadioButtonListid = "chb_Roles" runat = "server" RepeatColumns = "5"
RepeatDirection = "Horizontal" > </asp:RadioButtonList>
```

• 打开“PUserRole. aspx. cs”，在“Page_Load”事件里绑定“DMCButtons1”和“chb_Roles”并将选择的用户的角色信息进行默认显示。

```
protected void Page_Load(object sender,EventArgs e)
        {
if(! this.IsPostBack)
        {
this.BindRoles();
this.InitUserRoles();
        }
this.DMCButtons1.Title = "分配角色";
this.DMCButtons1.AddLinkButton("保存","save",ValidateMode.Validate);
this.DMCButtons1.AddHyperLinkButton("返回","javascript:history.go(-1);");
        }
```

• 添加“DMCButtons1”的点击事件“DMCButtons1_Click”，以便在管理员选择角色后保存分配结果。

```
protected void DMCButtons1_Click(object source,DMCButtonClickEventArgs e)
        {
int userId = Int32.Parse(Request["EmployeeID"]);
BURR uRRRules = newBURR();
MURR murr = newMURR();
//删除该用户的所有角色
            uRRRules.DeleteByIdentity(userId);
//分配角色
            murr.EmployeeID = userId;
try
```

```
        {
            murr.RoleID = Convert.ToInt32(chb_Roles.SelectedValue);
                                uRRRules.Insert(murr);
        }
catch { }
        Response.Redirect("EmployeeList.aspx",true);
    }
```

> **老 C 提醒：**
>
> 这里注意在给用户分配新角色之前，需要从“URR”表里将原来的角色分配关系删除掉。
>
> //删除该用户的所有角色
>
> uRRRules. DeleteByIdentity (userId);

“EmployeeList. aspx”页面上的“返回”按钮的超链接，在“SYSMENU”表的“MENUSRC”字段中已经做好了定义，在绑定“DMCButtons”时已经将点击动作赋予到了此按钮上。

2）角色定义。角色定义里的功能有添加角色、修改角色、删除角色、显示角色列表和给角色授予权限。

①在“SystemManage”文件夹里添加“Role”文件夹。在“Role”文件夹里添加 2 个 Web 窗体，分别命名为“RolePowerEdit. aspx”“Roles. aspx”。其中：

RolePowerEdit. aspx：给角色授予权限；

Roles. aspx：显示角色列表，并可以在此页面里添加、修改、删除用户。

● 打开“Roles. aspx”，加入以下控件：

● →工具条

```
<cc1:DMCButtonsid="DMCButtons1"runat="server"Width="100%"Height=
"25"ImagePath="../../images/button/"RepeatDirection="Horizontal"/>
```

● →可分页的 DataGrid

```
<ASP:DATAGRIDid="MyDataGrid"runat="server"AllowPaging="True"Auto-
GenerateColumns="False"HeaderStyle-BackColor="darkred"Font-Size="9pt"
CellPadding="3"BorderColor="#C6E7F8"Width="100%"PageSize="7"On-
CancelCommand="MyDataGrid_CancelCommand"OnEditCommand="MyDataGrid_
EditCommand"OnPageIndexChanged="MyDataGrid_PageIndexChanged">
    <HeaderStyleBackColor="#C6E7F8"></HeaderStyle>
        <Columns>
```

```
<asp:TemplateColumn >
<HeaderStyleWidth = "20px" > </HeaderStyle >
<HeaderTemplate >

<asp:CheckBoxID = " CheckAll" OnClick = " javascript: return RowSelectorColumn_SelectAll(this. checked,this. id);" runat = " server"/ >
</HeaderTemplate >
<ItemTemplate >

<asp:CheckBoxID = " DeleteThis" OnClick = " javascript: return RowSelectorColumn_CheckChildren();" runat = " server" ToolTip = '<%# DataBinder. Eval(Container," DataItem. RoleID")% >'/ >
</ItemTemplate >
</asp:TemplateColumn >

<asp:BoundColumnDataField = " RoleName" ReadOnly = " True" HeaderText = " 角色名称" >
<HeaderStyleWidth = " 150px" > </HeaderStyle >
</asp:BoundColumn >

<asp:BoundColumnDataField = " ParentRoleName" ReadOnly = " True" HeaderText = " 父角色" >
<HeaderStyleWidth = " 150px" > </HeaderStyle >
</asp:BoundColumn >

<asp:BoundColumnDataField = " Description" ReadOnly = " True" HeaderText = " 角色描述" > </asp:BoundColumn >
<asp:EditCommandColumnButtonType = " LinkButton" UpdateText = " " HeaderText = " 修改" CancelText = " 取消" EditText = " 修改" >

<HeaderStyleWidth = " 30px" > </HeaderStyle >
</asp:EditCommandColumn >
<asp:HyperLinkColumnText = " 角色授权" DataNavigateUrlField = " RoleID" DataNavigateUrlFormatString = " RolePowerEdit. aspx? id = {0}" HeaderText = " 角色授权" >
<HeaderStyleWidth = " 60px" > </HeaderStyle >
```

```
        </asp:HyperLinkColumn>
    </Columns>
        <PagerStyleMode = "NumericPages" > </PagerStyle>
</ASP:DATAGRID>
```

- →删除角色按钮

```
<asp:buttonid = "btn_del" runat = "server" Text = "删除选中的角色" CssClass =
"textbox1" OnClick = "btn_del_Click" > </asp:button>
```

- →父角色选择器

```
<asp:DropDownListid = "parentRole" runat = "server" > </asp:DropDownList>
```

- →角色名称文本框

```
<asp:textboxid = "RoleName_txt" runat = "server" Width = "300px" MaxLength =
"50" CssClass = "textbox1" > </asp:textbox>
```

角色描述文本框

```
<asp:textboxid = "Description" runat = "server" Width = "350px" MaxLength =
"200" CssClass = "textbox1" TextMode = "MultiLine" Height = "80px" > </asp:
textbox>
```

- →保存角色信息按钮

```
<asp:buttonid = "btn_sub" runat = "server" Text = "保存" CssClass = "textbox1"
OnClick = "btn_sub_Click" > </asp:button>
```

添加完成后的效果图如图 1—1—21 所示。

角色名称	父角色	角色描述	修改	角色授权
系统管理员			修改	角色授权
员工1	系统管理员		修改	角色授权

角色管理

1

删除选中的角色　共：2个角色。

父角色：系统管理员
角色名称：
角色描述：
保 存

图 1—1—21　加入角色控件后效果图

- 打开 “Roles. aspx. cs”，在 Page_ Load 事件里绑定父角色选择器，并绑定 DataGrid：

```
protected void Page_Load(object sender, EventArgs e)
        {
```

```
if( ! this. IsPostBack)
        {
this. btn_sub. Attributes. Add( "onclick" ," return CheckFormValue( )" ) ;
this. btn_del. Attributes. Add( "onclick" ," return ConfirmDelete( this. form)" ) ;

BRole br = new BRole( ) ;
DataSet data = br.GetRows( "" ) ;
this. parentRole. DataSource = data;
this. parentRole. DataTextField = " ROLENAME" ;
this. parentRole. DataValueField = " ROLEID" ;
this. parentRole. DataBind( ) ;
            data. Dispose( ) ;
this. DataBindDataGrid( ) ;
        }
this. DMCButtons1. Title = " 角色管理" ;
    }
private void DataBindDataGrid( )
    {
BRole br = newBRole( ) ;
DataSet data = br. GetRows( "" ) ;
        MyDataGrid. DataSource = null;
if( data !  = null)
        {
this. Label1. Text = " 共:" + data. Tables[0]. Rows. Count. ToString( ) + " 个角色。" ;
this. MyDataGrid. DataSource = data;
this. MyDataGrid. DataKeyField = " ROLEID" ;
            data. Dispose( ) ;
        }
this. MyDataGrid. DataBind( ) ;
    }
```

• 添加“保存”按钮的点击事件，在点击事件里，进行添加角色或修改角色的功能处理：

```
protected void btn_sub_Click( object sender, EventArgs e)
    {
BRole br = new BRole( ) ;
MRole roleRules = new MRole( ) ;
```

```
bool ret = false;
if(this. Hidden1. Value ! ="0")
        {
            roleRules = br. GetRowByIdentity ( Convert. ToInt32 ( this. Hidden1.
            Value) );
try
        {
                roleRules. ParentRoleID = Convert. ToInt32 ( this. parentRole. Se-
                lectedValue) ;
        }
catch { roleRules. ParentRoleID =0; }
            roleRules. RoleName = this. RoleName_txt. Text. Trim( ) ;
            roleRules. Description = this. Description. Text. Trim( ) ;
            ret = br. ModifyByIdentity( roleRules) ;
this. Hidden1. Value = "0" ;
        }
else
        {
try
            {
                roleRules. ParentRoleID = Convert. ToInt32 ( this. parentRole.
                SelectedValue) ;
            }
catch { roleRules. ParentRoleID =0; }
                roleRules. RoleName = this. RoleName_txt. Text. Trim( ) ;
                roleRules. Description = this. Description. Text. Trim( ) ;
if( br. Insert( roleRules) > 0)
                    ret = true;
this. Hidden1. Value = "0" ;
        }
if( ret)
        {
if( this. MyDataGrid. EditItemIndex > -1)
this. MyDataGrid. EditItemIndex = -1;
this. DataBindDataGrid( ) ;
Javascript. ClearTextBox( this) ;
```

```
Javascript. Alert(this,"保存成功!");
            }
        }
```

● 添加删除角色的事件处理代码，管理员在选择了待删除项前的复选框后，点击“删除选中的角色”按钮则可删除数据：

```
protected void btn_del_Click(object sender,EventArgs e)
        {
string dgIDs = "";
bool BxsChkd = false;
foreach(DataGridItem i in MyDataGrid. Items)
            {
CheckBox deleteChkBxItem = (CheckBox)i. FindControl("DeleteThis");
if(deleteChkBxItem. Checked)
                {
                    BxsChkd = true;
                    dgIDs + = "," + this. MyDataGrid. DataKeys[i. ItemIndex]. ToS-
                    tring();
                }
            }
if(BxsChkd)
            {
if(dgIDs ! = "")
                    dgIDs = dgIDs. Substring(1);
try
                {
BRole br = new BRole();
string[] tmpid = dgIDs. Split(,);
for(int i =0;i < tmpid. Length;i + +)
                    {
br. DeleteByIdentity(Convert. ToInt32(tmpid. GetValue(i)));
                    }
this. DataBindDataGrid();
this. Hidden1. Value = "0";
Javascript. Alert(this,"删除成功!");
```

```
}
catch(System. Exception ex)
{
Javascript. Alert(this," 删除失败," + ex. Message. Replace("'",""));
}
}
}
```

②显示角色

• 添加 DataGrid 的修改事件。在事件里，将待修改的数据显示到文本框里：

```
protected void MyDataGrid_EditCommand(object source,DataGridCommandEventArgs e)
{
this. MyDataGrid. EditItemIndex = e. Item. ItemIndex;
this. DataBindDataGrid();
this. Hidden1. Value = this. MyDataGrid. DataKeys[e. Item. ItemIndex]. ToString();
BRole br = newBRole();
MRole mr = br. GetRowByIdentity(Convert. ToInt32(this. Hidden1. Value));
if(mr ! =null)
{
this. RoleName_txt. Text = mr. RoleName;
this. Description. Text = mr. Description;
try
{
this. parentRole. SelectedValue = mr. ParentRoleID. ToString();
}
catch { }
}
}
```

• 添加 DataGrid 的分页事件：

```
protected void MyDataGrid_PageIndexChanged(object source, DataGridPageChangedEventArgs e)
{
this. MyDataGrid. CurrentPageIndex = e. NewPageIndex;
this. DataBindDataGrid();
}
```

③角色授权。现在开始添加给角色授权的页面代码。

• 打开“RolePowerEdit. aspx”，加入以下控件：

● →工具条：

```
<cc1:DMCButtonsid = "DMCButtons1" runat = "server" Width = "100%" Height = "25" ImagePath = "../../images/button/" RepeatDirection = "Horizontal" OnClick = "DMCButtons1_Click"/>
```

● →角色选择器（在下拉框里选择角色，以便给不同的角色授权）：

```
<asp:dropdownlistid = "roles" runat = "server" AutoPostBack = "True" CssClass = "textbox" OnSelectedIndexChanged = "roles_SelectedIndexChanged" > </asp:dropdownlist >
```

● →树控件（树控件从“SYSMENU”表里获取数据，绑定后管理员可以使用复选框勾选权限）：

```
<radt:radtreeviewid = "RadTreeView1" runat = "server" CheckBoxes = "true" AutoPostBack = "false" AfterClientCheck = "AfterCheck" ImagesBaseDir = "../../RadControls/TreeView/Skins/Office2007/" > </radt:radtreeview >
```

添加完成后的效果图如图 1—1—22 所示。

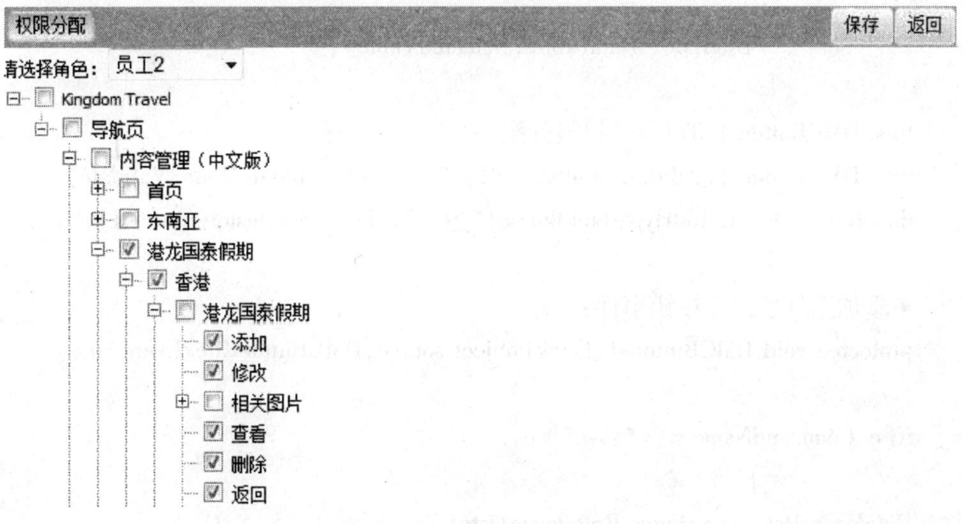

图 1—1—22　角色授权效果图

● 打开“RolePowerEdit. aspx. cs”，在 Page_Load 事件里添加绑定工具条、角色选择器和树菜单的代码：

```
protected void Page_Load(object sender,EventArgs e)
        {
if(! this.IsPostBack)
                {
                    BindRolesData();
if(Request["id"] ! =null)
```

```
                }
    try
                    {
    this. roles. SelectedValue = Request[ "id" ];
                    }
    catch { }
                }
    else
                {
    try
                    {
    this. roles. SelectedValue = RoleId;
                    }
    catch { }
                }
                BindPowerData( roles. SelectedValue);
            }
    this. DMCButtons1. Title = "权限分配";
    this. DMCButtons1. AddLinkButton( "保存", "save", ValidateMode. Validate);
    this. DMCButtons1. AddHyperLinkButton( "返回", "javascript:history. go( -1);");
        }
```

● 添加工具条保存按钮事件:

```
protected void DMCButtons1_Click( object source, DMCButtonClickEventArgs e)
        {
    if( e. CommandName = = "save")
            {
    RolePowerData data = new RolePowerData( );
    foreach( RadTreeNode node in RadTreeView1. CheckedNodes)
                {
    DataRow row = data. Tables[0]. NewRow( );
                    row[ RolePowerData. ROLEID_FIELD] = roles. SelectedValue;
                    row[ RolePowerData. MENUNO_FIELD] = node. Value;
                    data. Tables[0]. Rows. Add( row);
                }
    BRolePower brp = new BRolePower( );
```

```
brp.UpdateRolePower(Convert.ToInt32(roles.SelectedValue),data);
Javascript.Alert(this,"保存成功!");
            }
        }
```

● 添加角色选择器事件：

```
protected void roles_SelectedIndexChanged(object sender,EventArgs e)
{
    BindPowerData(roles.SelectedValue);
}
```

至此，用户与权限管理功能添加完成。

（4）功能管理。功能管理其实就是系统栏目（SYSMENU 表）的管理。有了这个功能，管理员可以轻松添加、修改和删除系统里的栏目。

在“SystemManage”文件夹里添加“Menu”文件夹。在“Menu”文件夹里添加 3 个 Web 窗体，分别命名为“MenuDel. aspx”“MenuEdit. aspx”“SysMenuTree. aspx”。其中：

“MenuDel. aspx”表示删除栏目；

“MenuEdit. aspx”表示添加或者修改栏目；

“SysMenuTree. aspx”表示显示栏目树结构。

1）打开“SysMenuTree. aspx”，加入树控件：

```
<radt:radtreeviewid = "RadTreeView1" runat = "server" ShowLineImages = "True"
></radt:radtreeview>
```

2）打开“SysMenuTree. aspx. cs”，在 Page_Load 事件里添加树控件的绑定代码：

```
protected void Page_Load(object sender,EventArgs e)
        {
if(! this.IsPostBack)
            {
BSysMenu bsm = newBSysMenu();
string tmpstr = "";
DataSet data = bsm.GetRows(tmpstr);
if(data ! =null)
                {
                    InitTree(data,RadTreeView1.Nodes,"0");
                    data.Dispose();
                }
            }
        }
```

运行后的效果图如图 1—1—23 所示。

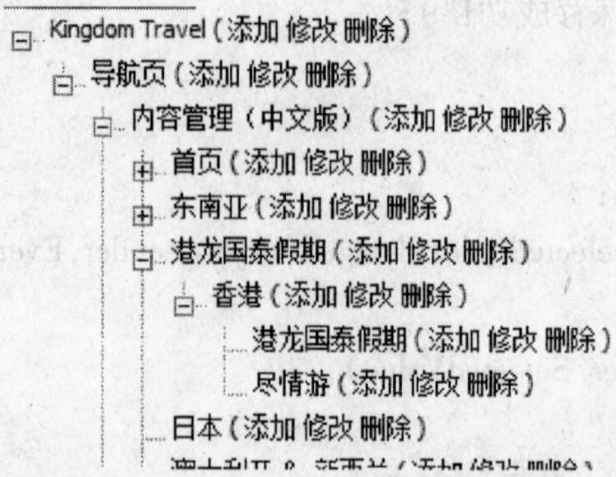

图 1—1—23　树控件的绑定效果图

3）打开“MenuEdit. aspx”，添加完成必需的控件，效果图如图 1—1—24 所示。

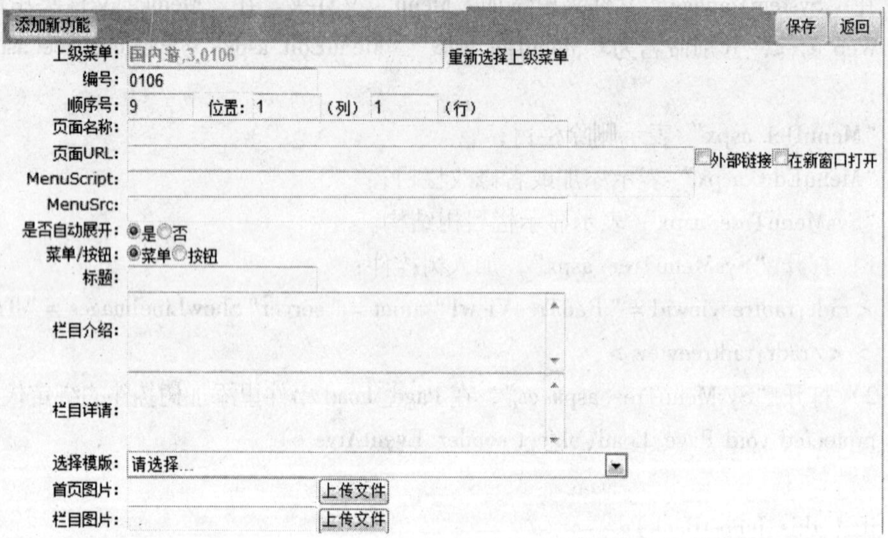

图 1—1—24　添加新功能页面

4）打开“MenuEdit. aspx. cs”，在 Page_Load 里添加页面初始化的代码：

```
protected void Page_Load(object sender,EventArgs e)
        {
if(!this.IsPostBack)
            {
                paperId = Request["id"];
BTEM_INFO be = new BTEM_INFO();
DataSet ds = be.GetRows("WHERE ISDEL ='0' ORDER BY TEM_NAME");
if(ds != null)
```

```
{
    select_tem. DataSource = ds;
    select_tem. DataTextField = "TEM_NAME";
    select_tem. DataValueField = "TEM_ID";
    select_tem. DataBind( );
    select_tem. Items. Insert(0,"请选择...");
    ds. Dispose( );
}
if(this. PageState = ="2")
{
BSysMenu bsm = new BSysMenu( );
MSysMenu msm = new MSysMenu( );
        msm = bsm. GetRowByIdentity(paperId);
        menuNo. Text = msm. MenuNo;
        menuName. Text = msm. MenuName;
MSysMenu msm0 = bsm. GetRowByIdentity(msm. FatherMenuNo);
    fatherMenuNm. Text = msm0. MenuName + "," + msm0. Menu-
    Layer. ToString( ) + "," + msm. FatherMenuNo;
    fatherMenu. Value = (msm. MenuLayer - 1). ToString( ) + "," +
    msm. FatherMenuNo;
    menuUrl. Text = msm. MenuURL;
    menuOrder. Text = msm. MenuOrder. ToString( );
    menuScript. Text = msm. MenuScript;
    menuSrc. Text = msm. MenuSrc;
    menuExpanded. SelectedValue = msm. MenuExpanded. ToString( ).
    ToLower( );
if(msm. MenuCommandName = ="1")
            isMenu. SelectedValue = "1";
else
            isMenu. SelectedValue = "0";
      MENUTITLE. Text = msm. MENUTITLE;
      MENUDESC. Text = msm. MENUDESC;
      MENUCONTENT. Text = msm. MENUCONTENT;
      select_tem. SelectedValue = msm. TEM_ID. ToString( );
      MENUTITLEIMAGE. Text = msm. MENUTITLEIMAGE;
      MENUIMAGE. Text = msm. MENUIMAGE;
```

```
for(int j =0;j < specialshow. Items. Count;j + + )
                    {
if(msm. MENUICO. IndexOf(specialshow. Items[j]. Value) > =0)
                              specialshow. Items[j]. Selected = true;
                    }
                    MENUFLASH. Text = msm. MENUFLASH;
                    MENUSTATE. SelectedValue = msm. MENUSTATE. ToString();
                    ISHOT. SelectedValue = msm. ISHOT. ToString(). ToLower();
                    menuX. Text = msm. MENUX. ToString();
                    menuY. Text = msm. MENUY. ToString();
                    isotherurl. Checked = msm. ISOTHERSITE;
if(msm. URLTARGET = = "_blank")
                         isblank. Checked = true;
               }
else
               {
try
                    {
                         fatherMenuNm. Text = HttpUtility. UrlDecode
                         (Request["f"]);
                         fatherMenu. Value = fatherMenuNm. Text. Substring
                         (fatherMenuNm. Text. IndexOf(",") +1);
                         menuNo. Text = fatherMenuNm. Text. Substring
                         (fatherMenuNm. Text. LastIndexOf(",") +1);
BSysMenu bsm = new BSysMenu();
DataSet dps = bsm. GetRows("WHERE FATHERMENUNO ='" + menuNo. Text. Re-
move(2) +"' ORDER BY MENUORDER DESC");
if(dps !  =null)
                         {
DataTable dt = dps. Tables[0];
                              menuOrder. Text = (Convert. ToInt32(dt. Rows[0]
                              ["MENUORDER"]. ToString()) +1). ToString();
                         dps. Dispose();
                         }
                    }
catch { }
```

```
            }
        }
    if(this.PageState = ="1")
    this.DMCButtons1.Title ="添加新功能";
    elseif(this.PageState = ="2")
    this.DMCButtons1.Title ="功能修改";
    this.DMCButtons1.AddLinkButton("保存","save",ValidateMode.Validate);
    this.DMCButtons1.AddHyperLinkButton("返回","javascript:history.go(-1);");
        }
```

在 Page_Load 里绑定了选择模板下拉菜单，当“修改”状态时，将从数据库查询出来的待修改的数据绑定在相应的控件上。最后绑定了“DMCButtons”工具条。

添加“DMCButtons1”的保存按钮单击事件，当管理员输入信息完毕后，将数据存入数据库。

```
    protected void DMCButtons1_Click(object source,DMCButtonClickEventArgs e)
        {
    try
            {
    if(e.CommandName = ="save")
                {
    if(SaveData())
                    {
                        Response.Redirect("SysMenuTree.aspx",true);
                    }
                }
            }
    catch(Exception ex)
            {
    Javascript.Alert(this,ex.Message.Replace("'",""));
            }
        }
```

5）打开“MenuDel.aspx.cs”，在 Page_Load 事件里加入删除数据的代码：

```
    protected void Page_Load(object sender,EventArgs e)
        {
    if(! this.IsPostBack)
            {
```

```
BSysMenu bsm = new BSysMenu();
try
            {
                bsm.DeleteByIdentity(Request["id"]);
                Response.Redirect("SysMenuTree.aspx");
            }
catch(System.Exception err)
            {
this.Label1.Text = err.Message;
            }
        }
    }
```

至此，系统栏目管理功能开发完成。

（5）模板管理。模板管理功能有添加模板、修改模板、删除模板、显示模板列表。

对于模板使用，可参考前文的相关内容。

1）在“kingdomtravel”项目里添加“CMS”文件夹，再在“CMS”文件夹里添加“Template”文件夹。在“Template”文件夹里添加 3 个 Web 窗体，分别命名为“TemplateDel. aspx”（删除模板）、“TemplateEdit. aspx”（修改模板）、“TemplateList. aspx”（显示模板列表）。

①打开“TemplateList. aspx”，加入“DMCButtons”和“DMCDataGrid”：

```
<cc1:dmcbuttonsid="DMCButtons1" runat="server" Width="100%" Height=
"25" ImagePath="../../images/button/" RepeatDirection="Horizontal"/>
<cc1:DMCDataGridid="DMCDataGrid1" runat="server" Width="100%" Height=
"100%" AutoGenerateColumns="False" PageSize="100" BorderColor="Light-
Gray" BorderWidth="1px" CellPadding="3" HeaderStyle-Wrap="False" Border-
Style="Solid">
   <Columns>
   <cc1:DMCRowSelectorColumnAllowSelectAll="True" SelectionMode="Single">
   </cc1:DMCRowSelectorColumn>
   </Columns>
   <HeaderStyleWrap="False" HorizontalAlign="Center" BorderWidth="1px"
   ForeColor="Black" BorderStyle="Solid" VerticalAlign="Middle" BackColor=
   "#C6E7F8"></HeaderStyle>
</cc1:DMCDataGrid>
```

②打开“TemplateList. aspx. cs”，加入绑定“DMCButtons1”和“DMCDataGrid1”

的代码（“TemplateList”类继承于“PageBaseList”类）：

```
overrideprotectedvoid OnInit(EventArgs e)
{
    InitializeComponent();
base.OnInit(e);
}
private void InitializeComponent()
{
this.Load += new System.EventHandler(this.Page_Load);
    DataGridHandle = this.DMCDataGrid1;
    Buttons = this.DMCButtons1;
}
```

③分别在数据表“SYSMENU”“SYSGRIDCOLUMN”和“SYSGRIDSOURCE”里加入相应的数据，如图1—1—25～图1—1—27所示。

	MENUNO	MENUNAME	MENUOTHERNAME	MENULAYER	MENUURL
1	0201	模版列表	模版列表	3	cms/template/templateList.aspx
2	020101	添加	添加	4	cms/template/templateEdit.aspx?state=1
3	020102	修改	修改	4	cms/template/templateEdit.aspx?state=2
4	020103	删除	删除	4	cms/template/templateDel.aspx
5	020104	返回	返回	4	NULL

图1—1—25　模版管理SYSMENU数据表

	ID	MENUNO	COLUMNNAME	COLUMNCAPTION
1	14	0201	TEM_ID	编号
2	15	0201	TEM_NAME	模版名称
3	21	0201	CREATE_DATE	创建时间

图1—1—26　模版管理SYSGRIDCOLUMN数据表

	MENUNO	SOURCENAME	PRIMARYKEY	SOURCEFILTER	DESCRIPTION
1	0201	TEM_INFO	TEM_ID	NULL	模版列表

图1—1—27　模版管理SYSGRIDSOURCE数据表

运行后的效果图如图1—1—28所示。

模版列表　　添加　修改　删除　返回

编号	▲模版名称	创建时间
1	0-导航页	2010-02-21
2	1-中文首页	2007-08-10

图1—1—28　模版管理效果图

④打开“TemplateEdit. aspx”，加入“DMCButtons”工具条和用于显示“模板名称”“模板类型”“模板内容”的 asp. net 控件。

```
<cc1:DMCButtonsid = "DMCButtons1" runat = "server" Width = "100%" Height =
"25" ImagePath = "../../images/button/" RepeatDirection = "Horizontal" OnClick =
"DMCButtons1_Click" />
<asp:textboxid = "templateNm" runat = "server" MaxLength = "100" CssClass =
"input - text" > </asp:textbox >
<asp:DropDownListID = "select_tem" runat = "server" class = "myDropdown2"
Width = "300px" >
<asp:textboxid = "templatecontent" runat = "server" CssClass = "input - text"
Columns = "100" Rows = "30" TextMode = "MultiLine" > </asp:textbox >
```

⑤打开“TemplateEdit. aspx. cs”，在 Page_ Load 事件里添加绑定工具条、模板类型的代码：

```
protected void Page_Load(object sender,EventArgs e)
    {
if(! this. IsPostBack)
        {
            paperId = Convert. ToInt32(Request["id"]);
BITEM_TBL bt = new BITEM_TBL();
DataSet ds = bt. GetRows("WHERE ISDEL = '0'  and parent_item_id = '2' ");
if(ds ! = null)
            {
                select_tem. DataSource = ds;
                select_tem. DataTextField = "ITEM_NAME";
                select_tem. DataValueField = "ITEM_ID";
                select_tem. DataBind();
                select_tem. Items. Insert(0,"请选择...");
                ds. Dispose();
            }

if(this. PageState = = "2")
        {
BTEM_INFO be = new BTEM_INFO();
MTEM_INFO me = new MTEM_INFO();
                me = be. GetRowByIdentity(paperId);
                select_tem. Text = me. TEM_TYPE. ToString();
```

```
                    templateNm. Text = me. TEM_NAME;
                    templatecontent. Text = me. TEM_CONTENT;
            }
        }
if(this. PageState = = "1")
this. DMCButtons1. Title = "添加新模版";
elseif(this. PageState = = "2")
        {
this. DMCButtons1. Title = "模版信息修改";
        }
this. DMCButtons1. AddLinkButton("保存","save",ValidateMode. Validate);
this. DMCButtons1. AddHyperLinkButton("关闭","javascript:window. close();");
    }
```

2）添加工具条保存按钮事件

```
protected void DMCButtons1_Click(object source, DMC. Web. UI. WebControls. DM-
CButtonClickEventArgs e)
    {
try
        {
if(e. CommandName = = "save")
            {
if(SaveData())
PageOperator. CloseSubmit(this,"form1");
            }
        }
catch(Exception ex)
        {
Javascript. Alert(this,ex. Message. Replace(" ' ",""));
        }
    }
```

3）打开“TemplateDel. aspx. cs”在 Page_Load 事件里加入删除数据的代码

```
protected void Page_Load(object sender,EventArgs e)
    {
if(! this. IsPostBack)
        {
BTEM_INFO delc = new BTEM_INFO();
```

```
try                    {

delc. DeleteByIdentity( Convert. ToInt32( Request[ "id" ] ) ) ;
PageOperator. CloseSubmit( this, "form1" ) ;
                       }
catch( System. Exception err)
                       {
this. Label1. Text = err. Message;
                       }
            }
    }
```

至此，系统模板管理功能开发完成。

（6）内容管理。内容管理是 CMS 系统里最为主体的部分，在网站的前台部分从数据表 CON_INFO 中获取数据后，根据模板展示文章内容。

内容管理的功能有添加内容、修改内容、删除内容、显示内容列表、管理相关图片（添加、修改、删除相关图片）。

1）在“CMS”文件夹里添加“Content”文件夹。在“Content”文件夹里添加 3 个 Web 窗体，分别命名为“ContentDel. aspx”（删除内容）、“ContentEdit. aspx”（修改内容）、“ContentList. aspx”（显示内容列表）。

①打开“ContentList. aspx”，加入“DMCButtons”和“DMCDataGrid”：

```
< cc1 : dmcbuttonsid = " DMCButtons1" runat = " server" Width = " 100% " Height =
"25" ImagePath = ". . / . . /images/button/" RepeatDirection = " Horizontal" / >
< cc1 : DMCDataGridid = " DMCDataGrid1" runat = " server" Width = " 100% " Height =
" 100% " AutoGenerateColumns = " False" PageSize = " 100" BorderColor = " Light-
Gray" BorderWidth = " 1px" CellPadding = " 3" HeaderStyle - Wrap = " False" Border-
Style = " Solid" >
    < Columns >
    < cc1 : DMCRowSelectorColumnAllowSelectAll = " True" SelectionMode = " Single"
 > < /cc1 : DMCRowSelectorColumn >
    < /Columns >
    < HeaderStyleWrap = " False" HorizontalAlign = " Center" BorderWidth = " 1px"
ForeColor = " Black" BorderStyle = " Solid" VerticalAlign = " Middle" BackColor = " #
C6E7F8" > < /HeaderStyle >
< /cc1 : DMCDataGrid >
```

②打开“ContentList. aspx. cs”，加入绑定“DMCButtons1”和“DMCDataGrid1”

的代码（“ContentList”类继承于“PageBaseList”类）：

```
protected void Page_Load(object sender,EventArgs e)
        {
if(! IsPostBack)
                {
                        paperId = Request["mid"];
                        Label1. Value = paperId;
                        DMCDataGrid1. SourceFilter = "MENU_UID ='" + paperId + "'";
                }
        }
          override protected void OnInit(EventArgs e)
          {
                InitializeComponent();
base. OnInit(e);
          }
private void InitializeComponent()
          {
this. Load + = new System. EventHandler(this. Page_Load);
              DataGridHandle = this. DMCDataGrid1;
              Buttons = this. DMCButtons1;
        }
```

在 Page_Load 里根据 MENU_UID 进行条件过滤，以显示大类里的文章。

DMCDataGrid1. SourceFilter = "MENU_UID ='" + paperId + "'";

接下来分别在数据表“SYSMENU”“SYSGRIDCOLUMN”和“SYSGRIDSOURCE”里加入相应的数据，如图 1—1—29 ~ 图 1—1—31 所示。

	MENUNO	MENUNAME	MENUOTHERNAME	MENULAYER	MENUURL
1	01030101	港龙国泰假期	港龙国泰假期	5	cms/content/contentList.aspx?state=1030101
2	0103010191	添加	添加	5	cms/content/contentEdit.aspx?state=0103010191
3	0103010192	修改	修改	5	cms/content/contentEdit.aspx?state=0103010192
4	0103010193	相关图片	相关图片	5	cms/asset/assetList.aspx?state=0103010191
5	0103010194	查看	查看	5	default.aspx?state=0103010194
6	0103010195	删除	删除	5	cms/content/contentDel.aspx?state=0103010191
7	0103010196	返回	返回	5	

图 1—1—29　内容管理 SYSMENU 数据表

	ID	MENUNO	COLUMNNAME	COLUMNCAPTION
1	1508	01030101	CON_ID	编号
2	1509	01030101	CON_TITLE	标题
3	1510	01030101	PRIOR_LEVEL	优先级
4	1511	01030101	CREATE_DATE	时间

图 1—1—30　内容管理 SYSGRIDCOLUMN 数据表

	MENUNO	SOURCENAME	PRIMARYKEY	SOURCEFILTER	DESCRIPTION
1	01030101	CON_INFO	CON_ID	NULL	NULL

图 1—1—31　内容管理 SYSGRIDSOURCE 数据表

运行后的效果图如图 1—1—32 所示。

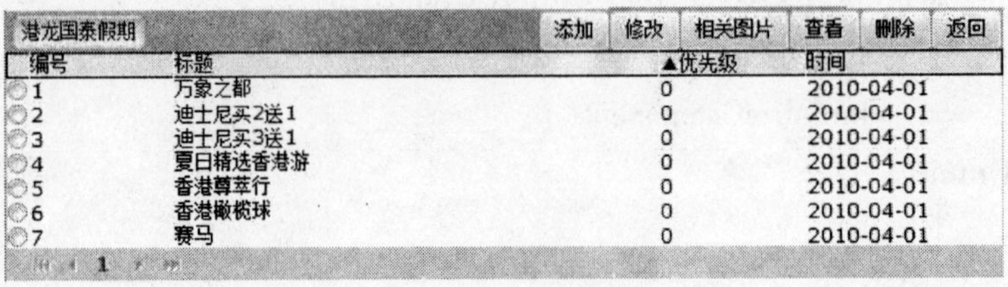

港龙国泰假期　添加　修改　相关图片　查看　删除　返回

编号	标题	▲优先级	时间
1	万象之都	0	2010-04-01
2	迪士尼买2送1	0	2010-04-01
3	迪士尼买3送1	0	2010-04-01
4	夏日精选香港游	0	2010-04-01
5	香港尊荣行	0	2010-04-01
6	香港橄榄球	0	2010-04-01
7	赛马	0	2010-04-01

1

图 1—1—32　内容管理效果图

③打开“ContentEdit. aspx”，加入“DMCButtons”工具条和以下用于内容字段的控件：

● 标题

```
<asp:textboxid = "subjectNm" runat = "server" MaxLength = "500" CssClass =
"input - text"/>
```

● 描述

```
<asp:textboxid = "content2" runat = "server" CssClass = "input - text" Columns =
"100" Rows = "3" TextMode = "MultiLine"/>
```

● 关键字

```
<asp:textboxid = "keywords" runat = "server" CssClass = "input - text" Columns =
"100" Rows = "3" TextMode = "MultiLine"/>
```

● 状态，在这里可以控制文章是否发布。

```
<asp:RadioButtonListID = "status" runat = "server" RepeatDirection = "Hori-
zontal">
<asp:ListItemValue = "0">待发布</asp:ListItem>
<asp:ListItemValue = "1">审批发布</asp:ListItem>
<asp:ListItemValue = "2">不发布</asp:ListItem>
</asp:RadioButtonList>
```

● 是否热点，指示文章是否为热点文章。

```
<asp:RadioButtonListID = "is_hotspot" runat = "server" RepeatDirection = "Horizontal" >
<asp:ListItemValue = "false" >否 </asp:ListItem >
<asp:ListItemValue = "true" Selected = "True" >是 </asp:ListItem >
</asp:RadioButtonList >
```

● 特殊显示

```
<asp:CheckBoxListID = "specialshow" runat = "server" RepeatDirection = "Horizontal" >
<asp:ListItemValue = "homepage" >显示在首页 </asp:ListItem >
<asp:ListItemValue = "thailand" >显示在泰国页 </asp:ListItem >
</asp:CheckBoxList >
```

● 外部链接，可链接至其他网站。

```
<asp:textboxid = "txtLinkUrl" runat = "server" MaxLength = "100" CssClass = "input - text"/ >
```

● 简介

```
<asp:textboxid = "con_desc" runat = "server" CssClass = "input - text" Columns = "100" Rows = "5" TextMode = "MultiLine"/ >
```

● 内容。使用 FCKeditor 富文本编辑器，这里录入的信息将替换模板中的“## content_hk”标记。

```
<FCKeditorV2:FCKeditorID = "con_content" runat = "server" BasePath = " ~/fckeditor/" Height = "550px" Width = "100% "/ >
```

● 发布时间。设置了发布时间后，当服务器时间大于此时间时，文章将会出现在网站里。

```
<asp:TextBoxid = "create_time" runat = "server" onFocus = "this. blur( ) "/ >
```

● 结束时间。与发布时间相反，设置了结束时间后，当服务器时间大于此时间，文章将不会再出现在网站里。

```
<asp:TextBoxid = "end_time" runat = "server" onFocus = "this. blur( ) "/ >
```

● 选择模板。在这里指定文章所使用的模板，文章内容根据模板的样式显示。

```
<asp:DropDownListID = "select_tem" runat = "server" class = "myDropdown2" Width = "300px" > </asp:DropDownList >
```

④打开“ContentEdit. aspx. cs”，在 Page_Load 事件里加入绑定“DMCButtons1”“模板选择器”和修改内容时绑定相应控件的代码：

```
protected void Page_Load( object sender,EventArgs e)
        {
if( ! this. IsPostBack)
```

```
{
try
        {
            paperId = Convert. ToInt32( Request[ " id" ] ) ;
        }
catch { }
try
        {
            menuNo = Request[ " pid" ] ;
        }
catch { }
BTEM_INFO be = new BTEM_INFO( ) ;
DataSet ds = be. GetRows( " WHERE ISDEL = '0' ORDER BY TEM_NAME" ) ;
if( ds ! = null)
        {
            select_tem. DataSource = ds;
            select_tem. DataTextField = " TEM_NAME" ;
            select_tem. DataValueField = " TEM_ID" ;
            select_tem. DataBind( ) ;
            select_tem. Items. Insert(0, " 请选择. . . " ) ;
            ds. Dispose( ) ;
            create_time. Text = System. DateTime. Now. ToString( ) ;
        }
if( ( Convert. ToInt64( this. PageState) + 1) % 2 = = 0)
        {
BCON_INFO bci = new BCON_INFO( ) ;
DataSet data1 = bci. GetRows( " where MENU_UID = '" + Request[ " pid" ]. ToString
( ) + "'" ) ;
if( ds !  = null)
            {
DataTable dt1 = data1. Tables[ 0 ] ;
if( dt1. Rows. Count  > 0)
```

```
                        {
                            select_tem. SelectedValue = dt1. Rows[0]["TEM_
                            ID"]. ToString();
                        }
                    }
                    status. SelectedValue = "0";
                }
if(Convert. ToInt64(this. PageState)% 2 = =0)
                {
BCON_INFO bci = new BCON_INFO();
MCON_INFO mci = new MCON_INFO();
                    mci = bci. GetRowByIdentity(paperId);
                    select_tem. SelectedValue = mci. TEM_ID. ToString();
                    subjectNm. Text = mci. CON_TITLE;
                    keywords. Text = mci. KEYWORDS;
                    status. SelectedValue = mci. STATUS. ToString();
                    is_hotspot. SelectedValue = mci. IS_HOTSPOT. ToString().
                    ToLower();
                    prior_level. Text = mci. PRIOR_LEVEL. ToString();
                    con_desc. Text = mci. CON_DESC;
                    con_content. Value = mci. CON_CONTENT;
                    content2. Text = mci. CON_CONTENT2;
for(int j =0;j < specialshow. Items. Count;j + +)
                    {
if(mci. CON_CONTENT3. IndexOf(specialshow. Items[j]. Value) > =0)
                            specialshow. Items[j]. Selected = true;
                    }
                    txtLinkUrl. Text = mci. Link_Url;
                    begin_time. Text = mci. Start_date;
                    end_time. Text = mci. End_date;
                    create_time. Text = mci. CREATE_DATE;
                    isblank. Checked = mci. Link_target = = "_blank";
                }
            }
if((Convert. ToInt64(this. PageState) +1)% 2 = =0)
this. DMCButtons1. Title = "添加内容";
```

```
elseif(Convert. ToInt64(this. PageState)% 2 = =0)
this. DMCButtons1. Title = "内容修改";
this. DMCButtons1. AddLinkButton ("保 存"," save "," return CheckFormValue
();", ValidateMode. Validate);
this. DMCButtons1. AddHyperLinkButton ( "关 闭"," javascript: window. close
();");
        }
```

⑤加入“DMCButtons1”的单击事件，以保存数据：

```
protected void DMCButtons1_Click(object source, DMCButtonClickEventArgs e)
        {
try
            {
if(e. CommandName = = "save")
                {
if(SaveData())
PageOperator. CloseSubmit(this, "form1");
                }
            }
catch(Exception ex)
            {
Javascript. Alert(this, ex. Message. Replace("'",""));
            }
        }
```

⑥打开“ContentDel. aspx. cs”，在 Page_Load 事件里加入删除内容功能的代码：

```
protected void Page_Load(object sender, EventArgs e)
        {
if(! this. IsPostBack)
            {
BCON_INFO delc = new BCON_INFO();
try
                {

delc. DeleteByIdentity(Convert. ToInt32(Request["id"]));
PageOperator. CloseSubmit(this, "form1");
                }
catch(System. Exception err)
```

```
                }
this.Label1.Text = err.Message;
                }
            }
        }
```

2）“管理相关图片”功能的开发

①在“CMS”文件夹里添加“Asset”文件夹。在“Asset”文件夹里添加5个Web窗体，分别命名为“Asset_Add.aspx”（添加相关图片）、“Asset_Del.aspx”（删除相关图片）、“Asset_Edit.aspx”（修改相关图片）、“AssetList.aspx”（显示相关图片列表）、“Upload_Asset.aspx”（上传图片）。

● 打开“AssetList.aspx”，加入“DMCButtons”和“DMCDataGrid”：

```
<cc1:DMCDataGridid = "DMCDataGrid1" runat = "server" Width = "100%" Height =
"100%" AutoGenerateColumns = "False" PageSize = "15" BorderColor = "LightGray"
BorderWidth = "1px" CellPadding = "3" HeaderStyle - Wrap = "False" BorderStyle
= "Solid" >
   <Columns>
   <cc1:DMCRowSelectorColumnAllowSelectAll = "True" SelectionMode = "Single"
   > </cc1:DMCRowSelectorColumn>
   </Columns>
   <HeaderStyleWrap = "False" HorizontalAlign = "Center" BorderWidth = "1px"
  ForeColor = "Black" BorderStyle = "Solid" VerticalAlign = "Middle" BackColor =
  "#C6E7F8" > </HeaderStyle>
</cc1:DMCDataGrid>
```

● 打开“AssetList.aspx.cs”，加入绑定“DMCButtons1”和“DMCDataGrid1”的代码（“AssetList”类继承于“PageBaseList”类）：

```
protected void Page_Load(object sender,EventArgs e)
        {
if(!IsPostBack)
            {
                paperId = Convert.ToInt32(Request["id"]);
                Label1.Value = paperId.ToString();
                DMCDataGrid1.SourceFilter = " con_id = " + paperId;
            }
        }
override protected void OnInit(EventArgs e)
        {
```

```
            InitializeComponent( ) ;
base. OnInit( e) ;
        }
private void InitializeComponent( )
        {
this. Load + = new System. EventHandler( this. Page_Load) ;
            DataGridHandle = this. DMCDataGrid1 ;
            Buttons = this. DMCButtons1 ;
        }
```

● 在 Page_ Load 里根据 CON_ ID 进行条件过滤，CON_ ID 字段保存的内容是"CON_INFO"表的主键字段，是文章内容的唯一标识。

```
DMCDataGrid1. SourceFilter = " con_id = " + paperId ;
```

● 接下来分别在数据表"SYSMENU""SYSGRIDCOLUMN"和"SYSGRIDSOURCE"里加入相应的数据，分别如图 1—1—33 ~ 图 1—1—35 所示。

	MENUNO	MENUNAME	MENUOTHERNAME	MENULAYER	MENUURL
1	0103010193	相关图片	相关图片	5	cms/asset/assetList.aspx?state=0103010191
2	010301019301	添加	添加	7	cms/asset/asset_add.aspx?state=010301019301
3	010301019302	修改	修改	7	cms/asset/asset_edit.aspx?state=010301019302
4	010301019303	查看	查看	7	cms/asset/asset_view.aspx?state=010301019303
5	010301019304	删除	删除	7	cms/asset/asset_del.aspx?state=010301019304
6	010301019305	关闭	关闭	7	

图 1—1—33　图片管理 SYSMENU 数据表

	ID	MENUNO	COLUMNNAME	COLUMNCAPTION
1	751	0103010193	ASSET_ID	图片ID
2	752	0103010193	ASSET_NAME	图片名称
3	753	0103010193	CREATE_DATE	创建日期

图 1—1—34　图片管理 SYSGRIDCOLUMN 数据表

	MENUNO	SOURCENAME	PRIMARYKEY	SOURCEFILTER	DESCRIPTION
1	0103010193	ASSET_INFO	ASSET_ID	NULL	

图 1—1—35　图片管理 SYSGRIDSOURCE 数据表

运行后的效果图如图 1—1—36 所示。

相关图片		添加
▲图片ID	图片名称	创建日期
1	banner_万象之都	2010/4/5 12:2
1		

图 1—1—36　图片管理效果图

②打开"Asset_Add. aspx",加入以下用于图片信息字段的控件:

• 保存按钮

```
<asp:ButtonID = " Button2" runat = " server" OnClick = " Button2 _Click" class =
"btn" Text = "保存"/>
```

• 重置按钮

```
<inputid = "Reset1" type = "reset" class = "btn" value = "重置"/>
```

• 关闭按钮。"Asset_ Add. aspx" 是使用 window. open ( ) 方式弹出来的窗口,所以关闭按钮使用 JavaScript 的 window. close ( ) 方式关闭。

```
<inputid = "Button3" type = "button" value = "关闭" class = "btn" onclick = "javas-
cript:window. close( );"/>
```

• 种类。即文件类型,分为"图片""Flash""视频文件",图片种类在数据表"ITEM_ TBL" 里的 PARENT_ ITEM_ ID 为 9。图片的 ITEM_ ID 为 10,相关图片只显示 ITEM_ ID 为 10 的数据。

```
<asp:DropDownListID = "select_type" runat = "server" class = "myDropdown2" On-
SelectedIndexChanged = "select_type_SelectedIndexChanged" AutoPostBack = "true"
> </asp:DropDownList >
```

• 名称。即图片名称。

```
<asp:TextBoxID = "asset_name" runat = "server" class = "input - text" MaxLength =
"100"/>
```

• 小图路径

```
<inputid = "Asset_Path" class = "input - search" type = "text" runat = "server" size =
"30"/>
```

• 上传小图按钮

```
<inputtype = "button" value = "上传文件" class = "myBtn" onclick = "window. open
('upload_asset. aspx? select = Asset_Path','Upload','width =400,height =50,toolbar =
no,resizable = no,menubar = no,status = no');" id = "Button1"/>
```

• 大图路径

```
<inputid = "bigAsset_Path" class = "input - search" type = "text" runat = "server"
size = "30"/>
```

• 上传大图按钮

```
<inputtype = "button" value = "上传文件" class = "myBtn" onclick = "window. open
('upload_asset. aspx? select = bigAsset_Path','Upload','width =400,height =50,tool-
bar = no,resizable = no,menubar = no,status = no');" id = "Button4"/>
```

• 图片的宽度

```
<asp:TextBoxID = " img_width" runat = " server" class = " input - date" MaxLength =
"9"/>
```

● 图片的高度

<asp:TextBoxID = "img_hight" runat = "server" class = "input - date" MaxLength = "9"/>

● 简介

<asp:TextBoxID = "Asset_Desc" runat = "server" TextMode = "MultiLine" Rows = "5" Columns = "40" class = "input - text" MaxLength = "100"/>

● 是否显示在列表页面

<asp:CheckBoxID = "is_view" runat = "server"/>

③打开“Asset_ Add. aspx. cs”，在 Page_ Load 事件里加入绑定“种类”的代码（这里只绑定了“图片”）：

```
protected void Page_Load(object sender,EventArgs e)
    {
if(! Page. IsPostBack)
        {
BITEM_TBL bt = new BITEM_TBL();
DataSet ds = bt. GetRows("WHERE ISDEL ='0' and parent_item_id ='9' and item_id
=10");
if(ds ! =null)
            {
                select_type. DataSource = ds;
                select_type. DataTextField = "ITEM_NAME";
                select_type. DataValueField = "ITEM_ID";
                select_type. DataBind();
                select_type. SelectedIndex =0;
                Session. Add("type",select_type. SelectedValue);
                ds. Dispose();
            }
int con_id = Int32. Parse(Request. Params["pid"]);
            hidden_con_id. Value = Request. Params["pid"];
        }
    }
```

④添加“保存”按钮的单击事件，将新增加的图片信息保存入表“ASSET_INFO”中：

```
protected void Button2_Click(object sender,EventArgs e){
        BASSET_INFO bi = newBASSET_INFO();
        MASSET_INFO mi = newMASSET_INFO();
```

```
        mi. ASSET_NAME = asset_name. Text;
        con_id = Int32. Parse(hidden_con_id. Value);
        mi. CON_ID = con_id;
        mi. ASSET_TYPE = Int32. Parse(select_type. SelectedValue);
        mi. ASSET_DESC = Asset_Desc. Text;
        mi. ASSET_PATH = Asset_Path. Value;
        mi. BIGASSET_PATH = bigAsset_Path. Value;
        mi. ASSET_WIDTH =0;
        mi. ASSET_HEIGHT =0;
        mi. IS_VIEW = is_view. Checked;
        bi. Insert(mi);
        PageOperator. CloseSubmit(this,"form1");
}
```

⑤打开“Asset_ Edit. aspx”，添加与“Asset_ Add. aspx”一样的控件。再打开“Asset_ Edit. aspx. cs”，在 Page_ Load 里加入绑定“种类”的代码和把将要修改的数据显示到相应的控件的代码：

```
protected void Page_Load(object sender,EventArgs e){
    if(! IsPostBack){
        hidden_asset_id. Value = Request["id"];
        BASSET_INFO bi = new BASSET_INFO();
        MASSET_INFO mi = new MASSET_INFO();
        mi = bi. GetRowByIdentity(Convert. ToInt32(Request["id"]));
        hidden_asset_id. Value = mi. ASSET_ID. ToString();
        hidden_con_id. Value = mi. CON_ID. ToString();
        asset_name. Text = mi. ASSET_NAME;
        Asset_Desc. Text = mi. ASSET_DESC;
        Asset_Path. Value = mi. ASSET_PATH;
        bigAsset_Path. Value = mi. BIGASSET_PATH;
        is_view. Checked = mi. IS_VIEW;
        BITEM_TBL bt = new BITEM_TBL();
        DataSet ds = bt. GetRows("WHERE ISDEL ='0' and parent_item_id ='9' and
        item_id ='10'");
        if(ds ! = null){
            select_type. DataSource = ds;
            select_type. DataTextField = "ITEM_NAME";
            select_type. DataValueField = "ITEM_ID";
```

```
                select_type. DataBind( ) ;
                select_type. SelectedIndex = 0;
                ds. Dispose( ) ;
            }
        select_type. SelectedValue = mi. ASSET_TYPE. ToString( ) ;
    }}
```

• 添加“保存”按钮的单击事件，将修改完毕的图片信息保存入表“ASSET_INFO”：

```
protectedvoid Button2_Click( object sender, EventArgs e) {
BASSET_INFO bi = new BASSET_INFO( ) ;
MASSET_INFO mi = new MASSET_INFO( ) ;
mi. ASSET_NAME = asset_name. Text;
mi. ASSET_ID = Int32. Parse( hidden_asset_id. Value) ;
mi. CON_ID = Int32. Parse( hidden_con_id. Value) ;
mi. ASSET_TYPE = Int32. Parse( select_type. SelectedValue) ;
mi. ASSET_DESC = Asset_Desc. Text;
mi. ASSET_PATH = Asset_Path. Value;
mi. BIGASSET_PATH = bigAsset_Path. Value;
mi. ASSET_WIDTH = 0;
mi. ASSET_HEIGHT = 0;
mi. IS_VIEW = is_view. Checked;
bi. ModifyByIdentity( mi) ;
PageOperator. CloseSubmit( this, " form1" ) ;
}
```

⑥打开“Asset_ Del. aspx. cs”，在 Page_ Load 事件里加入删除相关图片的代码：

```
protected void Page_Load( object sender, EventArgs e) {
if( ! this. IsPostBack) {
BASSET_INFO bi = new BASSET_INFO( ) ;
try{
    bi. DeleteByIdentity( Convert. ToInt32( Request[ " id" ] ) ) ;
    PageOperator. CloseSubmit( this, " form1" ) ;
}
catch( System. Exception err) {
    this. Label1. Text = err. Message;
}}}
```

至此，本例所有的后台管理功能添加完毕。上文的“管理相关图片”作为一个内容的资源模块，给软件提供了图片的功能。使用添加“管理相关图片”类似的方式，还可以添加“酒店列表”“旅游套餐”“酒店套餐”“接送服务”“观光服务”这些模块，以使软件中文章内容更为丰富。鉴于篇幅有限，在这里不再进行一一说明。

3. 添加文章测试

3.1 从网站后台添加文章

（1）在解决方案资源管理器里将“Management \ Login. aspx”设为起始页，按F5 键运行项目。

（2）使用管理员账号登录系统（用户名：admin，密码：w）。

（3）在左侧的树菜单里点击“港龙国泰假期”，待中间的 ContentList. aspx 页加载完成后，点击右上角的“添加”按钮。在弹出的 ContentEdit. aspx 页添加一个标题为“我的香港之行”的文章，并加入相关图片。

3.2 在网站前台浏览文章

将“ \ Default. aspx”设为起始页，按 F5 键运行项目，点击“港龙国泰假期”进入栏目，再点击左侧的文章列表里的“我的香港之行”可以查看到新添加的文章。如图 1—1—37 所示。

图 1—1—37　浏览文章

第六步　系统测试

系统测试是将已经确认的软件、计算机硬件、外设、网络等其他元素结合在一起，进行信息系统的各种组装测试和确认测试，其目的是通过实际系统运行，发现所开发的系统与用户需求不符或矛盾的地方，从而提出更加完善的方案。

系统测试的工作流程如下：

（1）制订系统测试计划。

（2）设计系统测试用例。

（3）执行系统测试。

（4）缺陷管理与改错。

第七步　安装与部署

安装与部署的工作流程如下：

（1）编译整个解决方案。

（2）建立安装项目。

（3）进行安装测试。

（4）正式发布。

实操演练

1. 实操要求

在以上 CMS 项目的基础上，开发一个模板。在后台添加一个栏目，添加一条内容应用新的模板，在前台可以正常显示。

2. 环境设置

Web 应用程序。

3. 模拟时间

1 个课时。

4. 效果要求

学员巩固本任务所学知识，主要是让学员动手实验，通过实际操作，熟悉 CMS 模板的应用。

工作任务二　CRM 系统开发

老 C：下面我们来讲解一个 CRM 系统的开发。

小 C：什么是 CRM 系统呢？

老 C：CRM 是客户关系管理的简称，顾名思义，它是客户关系管理的一种工具。我们在这里主要讲一些 CRM 通用的功能和比较重要的功能。

小 C：好的。

基础知识

CRM 是 Customer Relationship Management 的缩写，即客户关系管理。从字义上看，是指企业用 CRM 来管理与客户之间的关系。CRM 是选择和管理有价值客户及其关系的一种商业策略，它要求以客户为中心的商业哲学和企业文化来支持有效的市场营销、销售与服务流程。如果企业拥有正确的领导、策略和企业文化，CRM 应用将为企业实现有效的客户关系管理。

CRM 是一个获取、保持和增加可获利客户的方法和过程，既是一种崭新的、国际领先的、以客户为中心的企业管理理论、商业理念和商业运作模式，也是一种以信息技术为手段、有效提高企业收益、客户满意度、雇员生产力的具体软件和实现方法。

工作步骤

第一步　需求分析

1. 系统概要

知名婴儿纸尿裤品牌“好奇”，随着客户的大量增长、企业信息化的更高需求，急需一套全新的、功能强大的客户管理系统来支撑。

“好奇”品牌客户众多，需要一个强大的数据库，选择 Oracle 10g 作为后台数据库系统。考虑到企业目前的需求，选用微软 .NET 作为开发平台，打造一个集安全性、稳定性、实用性、易用性、先进性于一体的客户关系管理系统。

2. 系统功能

根据实际需求调研，现阶段需要开发如下功能，如图 1—2—1 所示。

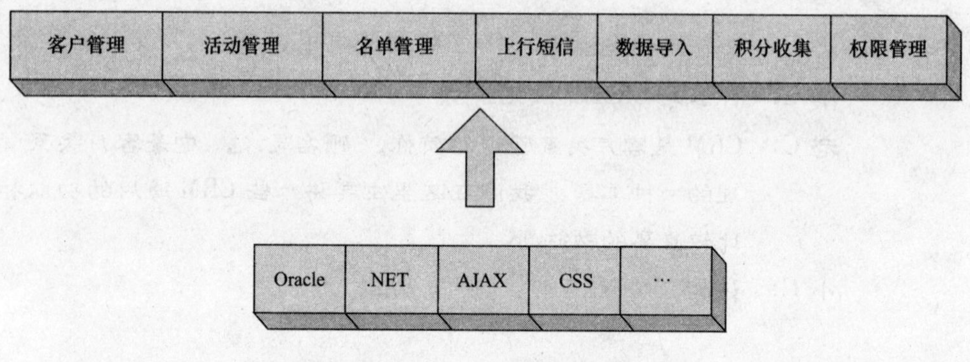

图 1—2—1　CRM 系统功能

当然一个 CRM 系统功能不止这些，根据此项目当前需求，现开发以上功能。

(1) 客户管理。包括客户资料的添加、查询、修改、删除功能。客户管理数据流图如图 1—2—2 所示。

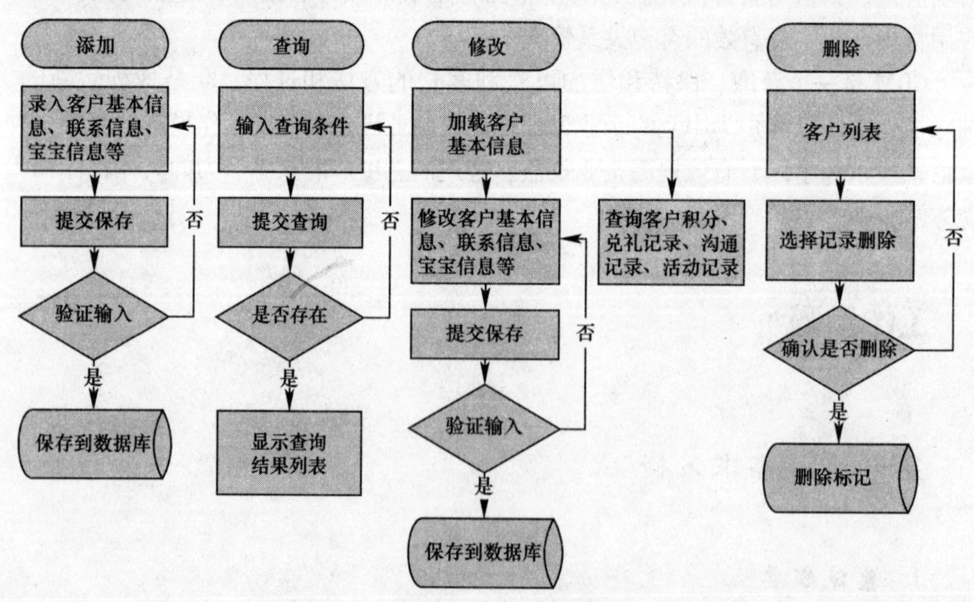

图 1—2—2　客户管理数据流图

客户信息表见表1—2—1。

表1—2—1　　　　　　客户信息表

列名	类型/长度	主键	允许为空	默认值	备注
CUSTOMER_ID	NUMBER（10，0）	Y	NOT NULL	系统自增	客户编号
LBR_ID	NUMBER（10，0）				批次编号
LOGINNAME	VARCHAR2（100）				用户名
PASSWORD	VARCHAR2（200）				密码
DATASOURCE	VARCHAR2（2）				数据来源
CUSTOMER_NAME	VARCHAR2（60）				客户姓名
MEMBER_FLAG	CHAR（1）				Y. 会员 N. 非会员
MEMBERSHIP_GRADE	NUMBER（2，0）				会员级别
GRADE_EXPIREDDATE	DATETIME				到期时间
GENDER	CHAR（1）				性别
BIRTHDAY	DATETIME				生日
EMAIL	VARCHAR2（255）				邮箱地址
MOBILENUMBER	VARCHAR2（11）				移动电话号码
OTHERPHONENUMBER1	VARCHAR2（60）				其他电话
OTHERPHONENUMBER2	VARCHAR2（60）				
COUNTRY	VARCHAR2（30）				国籍
PROVINCE	VARCHAR2（60）				省份
CITY	VARCHAR2（60）				城市
DETAILADDRESS	VARCHAR2（240）				详细地址
POSTCODE	VARCHAR2（6）				邮编
CONSUMPTION_POINTS	NUMBER（10，0）				消费积分
ACTIVITY_POINTS	NUMBER（10，0）				活动积分
WEB_REGISTER_DATE	DATETIME				注册时间
FIRST_PURCHASE_DATE	DATETIME				购买时间
LAST_PURCHASE_CATEGORY	NUMBER（2，0）				交易类型
LAST_PURCHASE_DATE	DATETIME				交易时间
NOTES	VARCHAR2（500）				说明
CONTACT_CHANNELS	VARCHAR2（50）				沟通渠道
BABYNAME	VARCHAR2（20）				宝宝姓名
BABYGENDER	CHAR（1）				宝宝性别
BABYBIRTHDAY	DATETIME				宝宝生日
BABYSTEP	NUMBER（10，0）				阶段

续表

列名	类型/长度	主键	允许为空	默认值	备注
RELATIONSHIP	NUMBER（10，0）				与宝宝关系
CREATOR	VARCHAR2（30）				创建人
CREATE_DATE	DATETIME				创建时间
UPDATOR	VARCHAR2（30）				修改人
UPDATE_DATE	DATETIME				修改时间
ISDEL	CHAR（1）				删除标记
other_field1	VARCHAR2（300）				扩展字段

（2）活动管理。内容包括活动的添加、查询、修改、删除，执行方案的添加、修改、删除，名单下载。活动管理数据流图如图 1—2—3 所示。

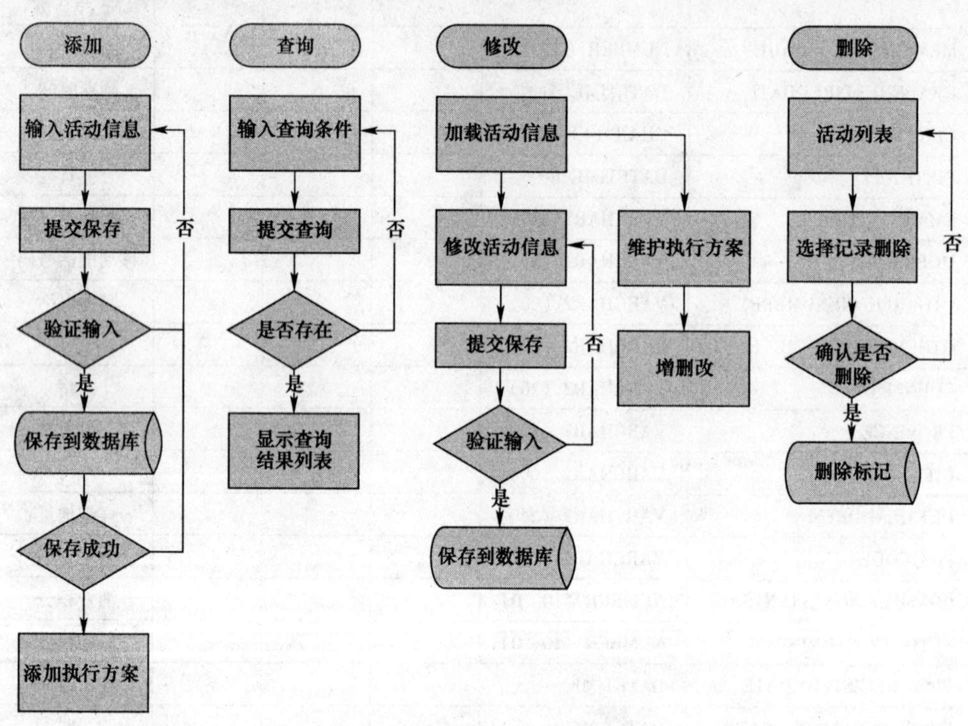

图 1—2—3　活动管理数据流图

相关表分别见表 1—2—2 和表 1—2—3。

表 1—2—2　　CAMPAIGN

列名	类型/长度	主键	允许为空	默认值	备注
CAM_ID	NUMBER（10，0）	Y	NOT NULL		系统编号
CAM_NODE	NUMBER（10，0）		NOT NULL		活动编号
CAM_NAME	VARCHAR2（100）		NOT NULL		活动名称
CAM_TYPE1	NUMBER（10，0）		NOT NULL		活动类别

续表

列名	类型/长度	主键	允许为空	默认值	备注
CAM_TYPE2	NUMBER（10，0）		NOT NULL		活动类别二
CAM_OBJECTIVIES	NUMBER（10，0）		NOT NULL		活动目标
CAM_DESCRIPTION	VARCHAR2（200）				活动描述
CAM_REMARKS	VARCHAR2（300）				备注
CAM_START_DATE	DATETIME				开始时间
CAM_END_DATE	DATETIME				结束时间
CAM_PERSON_RESPONSILBLE	NUMBER（10，0）				联系人
CAM_OWNER	VARCHAR2（50）				活动所有者
CAM_ARCHITECT	VARCHAR2（50）				设计者
CAM_LGS_CAMPAIGNER	VARCHAR2（50）				
CAM_CDATE	DATETIME				创建时间
CAM_MDATE	DATETIME				修改时间
CAM_COID	VARCHAR2（10）				创建人
CAM_MOID	VARCHAR2（10）				修改人
CAM_ISVALID	NUMBER（10，0）				是否有效

表 1—2—3　　　　TACTIC

列名	类型/长度	主键	允许为空	默认值	备注
TAC_ID	NUMBER（10，0）	Y	NOT NULL		
CAM_ID	NUMBER（10，0）		NOT NULL		
TAC_OBJECTIVIES	NUMBER（10，0）		NOT NULL		
TAC_NAME	VARCHAR2（100）				
TAC_KEY_MESSAGE	VARCHAR2（100）				
TAC_DESCRIPTION	VARCHAR2（200）				
TAC_REMARKS	VARCHAR2（200）				
TAC_START_DATE	DATETIME				
TAC_END_DATE	DATETIME				
TAC_ATTENDS	NUMBER（10，0）			0	
TAC_LEADS	NUMBER（10，0）			0	
TAC_HOT	NUMBER（10，0）			0	
TAC_WARN	NUMBER（10，0）			0	
TAC_COLD	NUMBER（10，0）			0	
TAC_OTHERS	VARCHAR2（50）			0	
TAC_TARGET_AUDIENCE_FUNCTION	NUMBER（10，0）			0	
TAC_TARGET_AUDIENCE_TYPE	NUMBER（10，0）			0	
TAC_PERSON_RESPONSIBLE	NUMBER（10，0）		NOT NUL	0	
QUE_ID	NUMBER（10，0）			0	

续表

列名	类型/长度	主键	允许为空	默认值	备注
TAC_ISVALID	NUMBER（10，0）		NOT NULL		
TAC_CDATE	DATETIME				
TAC_MDATE	DATETIME				
TAC_OBJ_DESC	VARCHAR2（100）				
MEDIATYPE	NUMBER（10，0）				
FILENAME	VARCHAR2（1000）				
TAC_COUNT	NUMBER（10，0）				
TAC_COID	VARCHAR2（10）				
TAC_MOID	VARCHAR2（10）				

（3）上行短信。系统接收客户的上行短信，在后台可以查询、回复。上行短信数据流图如图 1—2—4 所示。

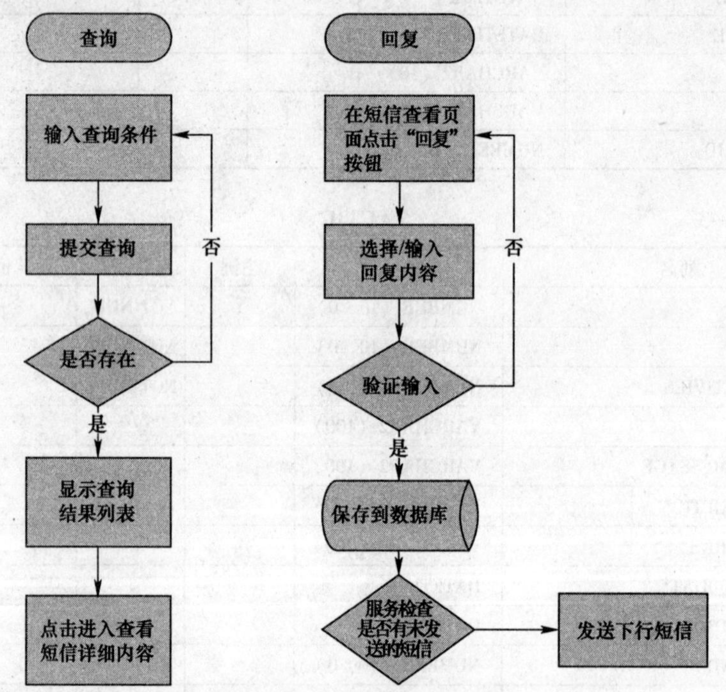

图 1—2—4　上行短信数据流图

相关表分别见表 1—2—4、表 1—2—5。

表 1—2—4　　SMS _ RECEIVE

列名	类型/长度	主键	允许为空	默认值
RECEIVE_ID	NUMBER（38，0）	Y	NOT NULL	
MOBILE_NUMBER	VARCHAR2（20）		NOT NULL	
SMS_CONTENT	VARCHAR2（500）			
RECEIVE_TIME	DATETIME		NOT NULL	SYSDATE
SMS_STATE	NUMBER（38，0）		NOT NULL	

表 1—2—5　　SMS _ SEND

列名	类型/长度	主键	允许为空	默认值
SEND_ ID	NUMBER（38，0）	Y	NOT NULL	
MOBILE_ NUMBER	VARCHAR2（20）		NOT NULL	
SMS_ CONTENT	VARCHAR2（500）			
CREATE_ TIME	DATETIME		NOT NULL	SYSDATE
SEND_ TIME	DATETIME		NOT NULL	
SMS_ STATE	NUMBER（38，0）		NOT NULL	

（4）积分收集。本 CRM 系统收集客户购买产品后寄送过来的条形码，并录入系统给客户添加相应的积分。根据客户名或手机号、电子邮箱先查询到此客户，然后点击录入进行积分收集。如果查询到的用户资料跟最新资料有不一样的地方，以本次收集的数据为准进行修改，并在提交积分时一同更新。积分收集数据流图如图 1—2—5 所示。

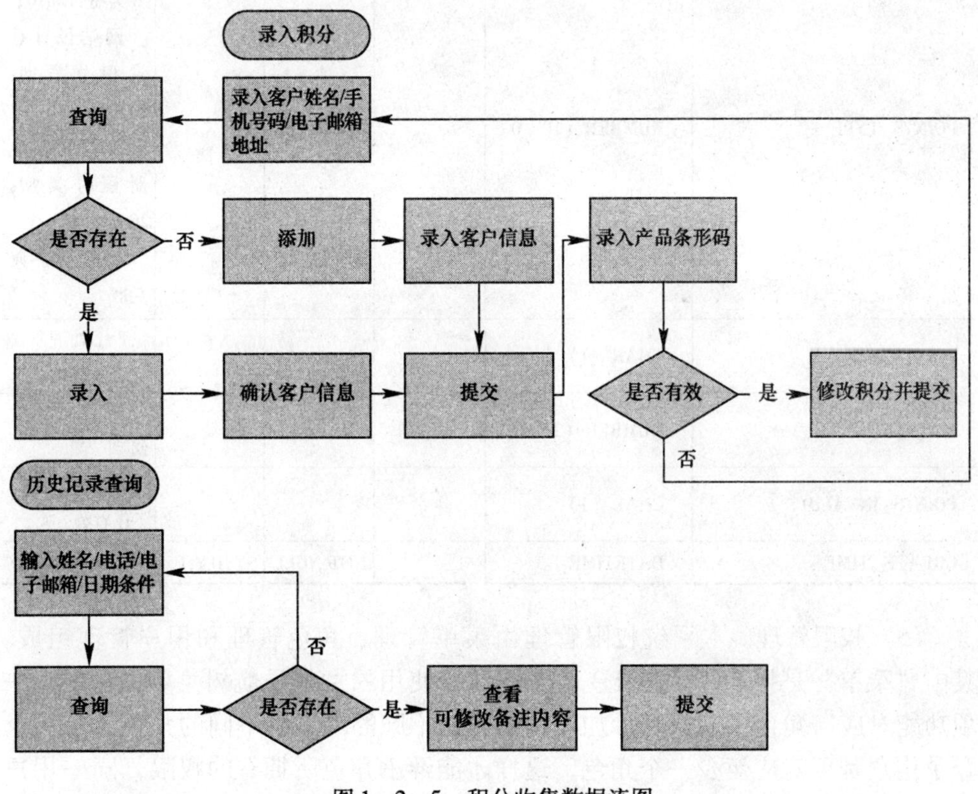

图 1—2—5　积分收集数据流图

相关表见表 1—2—6。

表 1—2—6　　POINTS_LOG

列名	类型/长度	主键	允许为空	默认值	备注
LOGID	NUMBER (38, 0)	Y	NOT NULL		
LOGIN_NAME	VARCHAR2 (100)		NOT NULL		
OTHER_CUSTOMER_ID	NUMBER (10, 0)				= CUSTOMERINFO. OTHERCUSTOMER_ID = 网站 CUSTOMER_ID
POINTS	NUMBER (10, 0)		NOT NULL		
POINTS_CATEGORY	NUMBER (10, 0)		NOT NULL		10 代表行为积分，20 代表消费积分
POINTS_TYPE	NUMBER (10, 0)		NOT NULL		网站注册积分类型：2010；网站每日登录积分类型：2020；推荐朋友注册积分类型：2030；跟数据字典关联
POINTS_STATUS	CHAR (1)				1 已处理 0 未处理
BABY_STEP	NUMBER (2, 0)				记分时会员级别
POINTS_INVALID	CHAR (1)				1 无效 0 有效
CREATE_TIME	DATETIME		NOT NULL	SYSDATE	

（5）权限管理。本系统权限管理由菜单管理、角色管理和用户管理组成。其中“菜单”是指系统管理员登录后看到和使用的左侧导航树菜单，它跟每一项功能对应。角色可以任意添加，可以分配不同的功能给不同的角色。每一个登录用户都要对应至少一个角色，这样才能继承角色所拥有的权限，同一用户可以对应多个角色。可以设置用户状态为有效或无效。极限管理数据流图如图1—2—6 所示。

相关表见表 1—2—7 ~ 表 1—2—9。

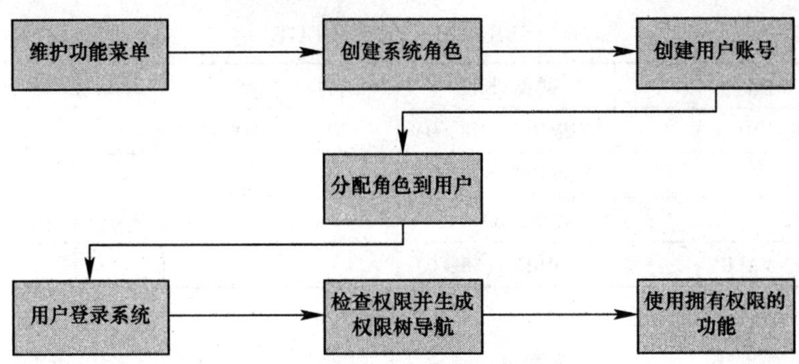

图 1—2—6 权限管理数据流图

表 1—2—7 SYSTEM _MENU

列名	类型/长度	主键	允许为空	默认值	备注
MENU_ UID	NUMBER (38, 0)		NOT NULL		
MENU_ NAME	VARCHAR2 (200)		NOT NULL		
PARENT_ ID	NUMBER (38, 0)				
MENU_ SORD	NUMBER (38, 0)				
MENU_ LINK	VARCHAR2 (400)				
IS_ LEAF	CHAR (1)				
IS_ VALID	CHAR (1)				是否有效
MENU_ DESC	VARCHAR2 (400)				
CREATOR	NUMBER (38, 0)		NOT NULL		
CREATE_ TIME	DATETIME		NOT NULL	SYSDATE	
IS_ DEL	CHAR (1)				1 为已删除

表 1—2—8 SYSTEM _ROLE

列名	类型/长度	主键	允许为空	默认值	备注
ROLE_ UID	NUMBER (38, 0)	Y	NOT NULL		
ROLE_ NAME	VARCHAR2 (80)				
ROLE_ CODE	VARCHAR2 (80)				
ROLE_ DESC	VARCHAR2 (400)				
CREATOR	NUMBER (38, 0)		NOT NULL		
CREATE_ TIME	DATETIME		NOT NULL	SYSDATE	
IS_ DEL	CHAR (1)				1 为已删除

表 1—2—9　　SYSTEM _PRIVILEGE

列名	类型/长度	主键	允许为空	默认值	备注
PRIVILEGE_ UID	NUMBER (38, 0)	Y	NOT NULL		
ROLE_ UID	NUMBER (38, 0)				
MENU_ UID	VARCHAR2 (10)				
PRIVILEGE_ VALUE	NUMBER (38, 0)				

第二步　Web 信息架构设计

在本工作任务中，只画出以下几个页面的信息架构，其他页面请自行完成。

1. 后台主页面

如图 1—2—7 所示，登录后的主页面主要分为三个区域：头部区域显示当前用户登录信息和修改密码、退出系统功能按钮。左侧导航树列出当前用户拥有权限的功能。右侧为功能页面显示区域。

图 1—2—7　后台主页面

2. 客户管理

如图 1—2—8 所示，列表默认不显示任何数据，当输入查询条件点击“查询”按钮后显示查询结果。可以修改或删除客户信息。

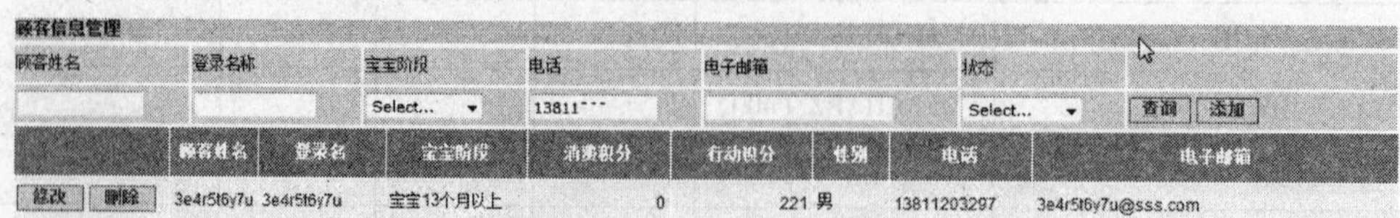

图 1—2—8　客户管理页面

客户信息修改页面，可以修改客户的基本信息，查询兑礼记录、沟通记录、活动记录，并可以冻结客户资料，如图 1—2—9 所示。

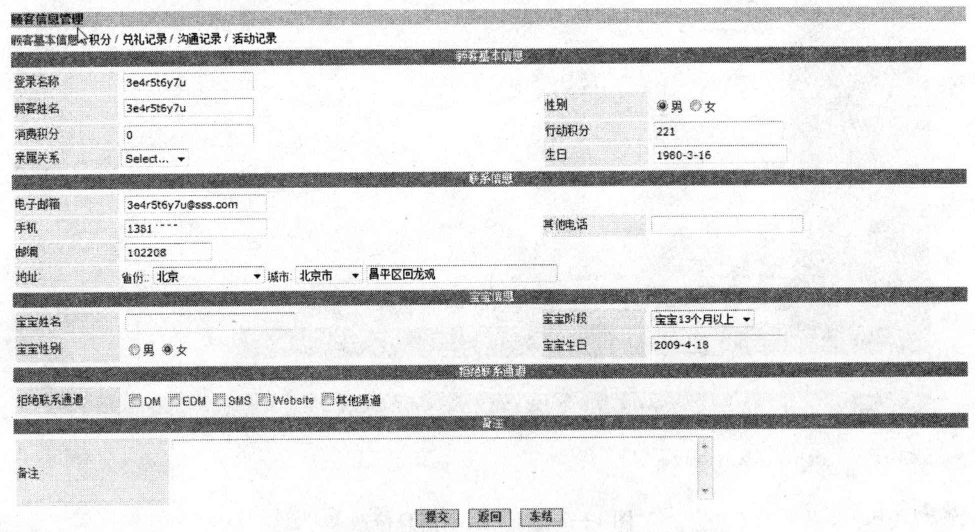

图 1—2—9　客户信息修改页面

3. 活动管理

根据条件进行查询，并可以修改、删除活动信息，如图 1—2—10 所示。

活动类别一	活动类别二	活动目标	活动名称	执行日期	
市场活动	New Product	Select...		-	查询 添加

	活动名称	活动类别一	活动类别二	活动目标	起始时间	结束时间
修改 删除	EDM测试	市场活动	New Product Launch	Sales Promotion	2009-05-31	2009-06-06
修改 删除	测试活动	市场活动	New Product Launch	Product sale	2009-05-01	2009-05-30
修改 删除	新品上市推广活动	市场活动	New Product Launch	Sales Promotion	2009-04-24	2009-05-06

图 1—2—10　活动管理页面

输入活动基本信息，提交保存后添加执行方案，如图 1—2—11 所示。

第三步　数据库设计

根据需求分析和 Web 信息架构设计，数据库模型初步设计如图 1—2—12 所示。

数据库详细模型可以参见 E_R 图。

修改活动

活动类别一	市场活动	活动类别二	New Product Launch
活动名称	新品上市推广活动		
活动目标	Sales Promotion		
活动描述	测试		
备注	测试		
执行日期	2009-04-24 To 2009-05-06		

创建时间	2009-04-23	创建人	admin	修改时间	2011-01-09	修改人	admin

提交　返回

添加执行方案

		执行方案名称	传递主讯息	活动目标	起始时间	结束时间
修改	删除	测试方案--测试短信	传递主讯息	Sales Promotion	2009-05-09	2009-06-03
修改	删除	新品上市推广活动		Sales Promotion	2009-04-24	2009-05-06

图 1—2—11　活动信息修改

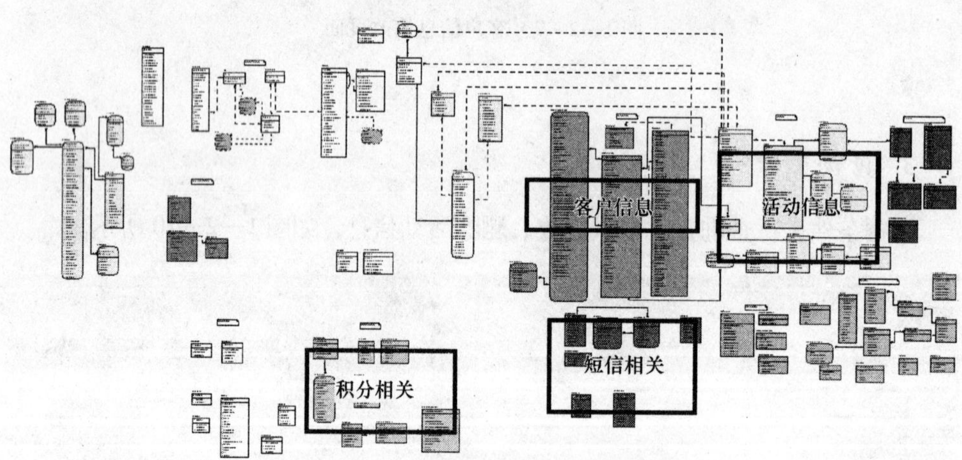

图 1—2—12　数据库模型初步设计

第四步　界面设计、网页制作

参考 CMS 系统开发中此部分内容。

第五步　系统开发

本例中使用 C#代码进行开发，开发工具是 Microsoft Visual Studio 2008，数据库使用 Microsoft SQL Server 2008，使用 . NET framework 2.0 平台。

1. 创建项目

（1）新建网站。打开 Visual Studio 2008，点击“文件”→“新建”→“网站”，在弹出窗口中选择“ASP. NET 网站”选项，选择网站要保存的位置并单击“确定”按钮，如图 1—2—13 所示。其中“F：\projects \HUGGIES_ CRM \ MARKETDB \ wwwroot”为网站文件夹路径。

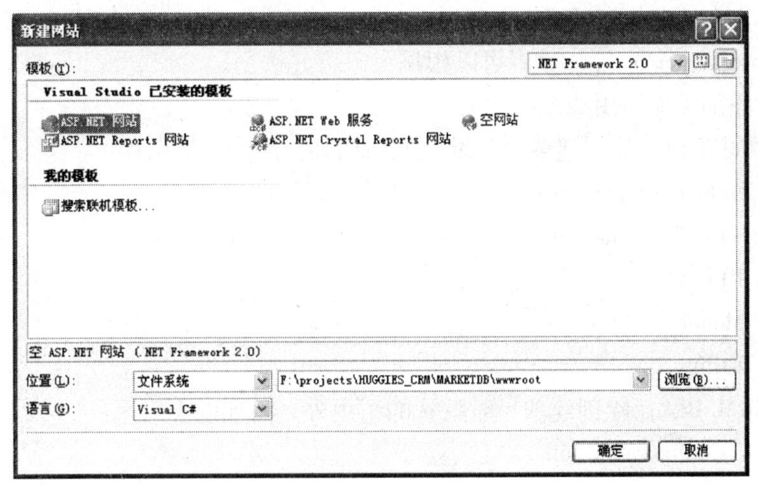

图 1—2—13　“新建网站”页面

保存，将解决方案命名为“CRM”。

（2）添加业务逻辑层。在解决方案资源管理器里右击“CRM”，单击“新建项目”，选择“Visual C#”节点，选择“类库”，名称里输入“CRM. BLL”，单击“确定”按钮完成项目的创建。

（3）添加数据访问层工厂。在解决方案资源管理器里右击“CRM”，单击“新建项目”，选择“Visual C#”节点，选择“类库”，名称里输入“CRM. DALFactory”，单击“确定”按钮完成项目的创建。

（4）添加数据访问接口。在解决方案资源管理器里右击“CRM”，单击“新建项目”，选择“Visual C#”节点，选择“类库”，名称里输入“CRM. IDAL”，单击“确定”按钮完成项目的创建。

（5）添加基础数据结构。在解决方案资源管理器里右击“CRM”，单击“新建项目”，选择“Visual C#”节点，选择“类库”，名称里输入“CRM. Model”，单击“确定”按钮完成项目的创建。

（6）添加 SQL Server 数据访问。在解决方案资源管理器里右击“CRM”，单击“新建项目”，选择“Visual C#”节点，选择“类库”，名称里输入“CRM. SqlServerDAL”，单击“确定”按钮完成项目的创建。

（7）添加通用类库。在解决方案资源管理器里右击“CRM”，单击“新建项目”，选择“Visual C#”节点，选择“类库”，名称里输入“CRM. Utility”，单击“确定”按钮完成项目的创建。

此类库主要包含了一些公共的，能被其他各层所调用的方法。

（8）添加第三方组件。在本项目中，要用到的第三方组件为FredCK. FCKeditorV2. dll。FredCK. FCKeditorV2. dll 是一个网页文本编辑器的自定义控件。现在网上也有许多免费或收费的文本编辑器控件，如 FreeTextBox（http：//freetextbox. com/）、CuteEditor（http：//cutesoft. net/）、eWebEditor（http：//www. ewebsoft. com/）等，读者可以根据自已喜好选用。

（9）添加类库引用关系

1）网站项目。除创建项目时默认的引用外，添加以下引用：

FredCK. FCKeditorV2. dll

System. Configuration. dll

CRM. BLL

CRM. Model

CRM. Utility

2）CRM. BLL。除创建项目时默认的引用外，添加以下引用：

System. Configuration. dll

CRM. DALFactory

CRM. IDAL

CRM. Model

CRM. SqlServerDAL

CRM. Utility

3）CRM. DALFactory。除创建项目时默认的引用外，添加以下引用：

System. Configuration. dll

CRM. IDAL

CRM. Model

4）CRM. IDAL。除创建项目时默认的引用外，添加以下引用：

CRM. Model

5）CRM. Model。使用默认引用就可以，不需添加其他引用。

6）CRM. SqlServerDAL。除创建项目时默认的引用外，添加以下引用：

System. Configuration. dll

CRM. IDAL

CRM. Model

7）CRM. Utility。除创建项目时默认的引用外，添加以下引用：

System. Web. dll

老C提醒：

好的CRM系统不是通用的，它一定是根据现实客户的需求定制的，所以要以需求为基础来进行设计、开发。

2. 编写代码

（1）客户管理。跟客户相关的页面在项目“customer_ manage”目录中，如图1—2—14所示。添加、修改等功能页面都保存在该文件夹中。

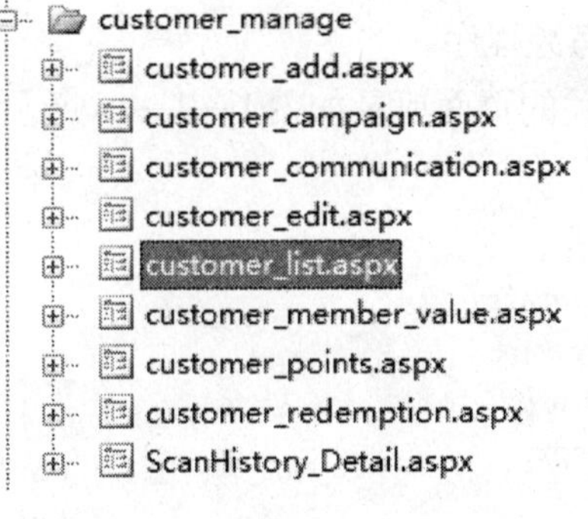

图1—2—14　客户管理页面目录

其中列表页的代码如下：

```
void DataBind()
    {
string sCustName = "".Equals(this.txtCustomerName.Text)?"":this.txtCustomerName.Text.Trim();
string sLogonName = "".Equals(this.txtLogonName.Text)?"":this.txtLogonName.Text.Trim();
string sBabyStep = "0".Equals(this.babyStep.SelectedValue)?"":this.babyStep.SelectedValue;

string sPhone = "".Equals(this.txtPhone.Text)?"":this.txtPhone.Text.Trim();
string sEmail = "".Equals(this.txtEmail.Text)?"":this.txtEmail.Text.Trim();
string sIsDel = ddlIsDel.SelectedValue;
BCUSTOMERINFO customerlist = new BCUSTOMERINFO();

IList list = customerlist.GetCustomerlist(sCustName,sLogonName,sBabyStep,sPhone,sEmail,sIsDel);
```

```
        GridView1.DataSource = list;
        GridView1.DataBind();
PageUtil.setPageCount(GridView1,list);
    }
```

这里用到了几个查询参数，赋值后传到 BCUSTOMERINFO 类的 GetCustomerlist 方法，获得一个结果集，绑定到 GridView 控件。

修改客户信息页面代码。在加载页面时，初始化省、市等基本信息，然后根据传入本页的 ID 获得该 ID 对应的客户信息进行显示。注意初始化数据的执行顺序。

（2）活动管理。其相关的页面目录如图 1—2—15 所示。

活动管理的代码请参考源程序。

（3）上行短信。其相关的页面目录如图 1—2—16 所示。

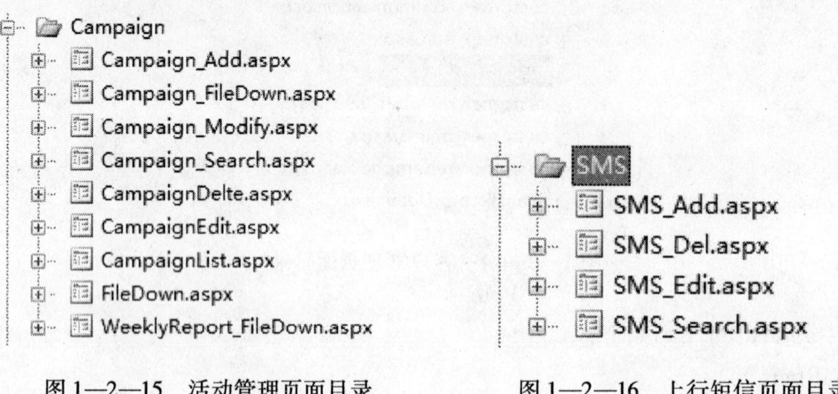

图 1—2—15　活动管理页面目录　　图 1—2—16　上行短信页面目录

本项目中，客户的上行短信只提供查询功能，接收上行短信的服务在另外的项目中。

（4）积分收集。其相关的页面目录如图 1—2—17 所示。

（5）权限管理。为后台管理员设置权限，包括角色、用户、权限。其相关的页面目录如图 1—2—18 所示。

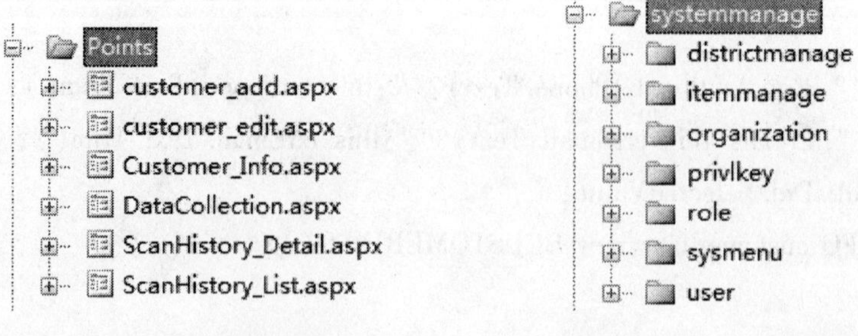

图 1—2—17　积分收集页面目录　　图 1—2—18　权限管理页面目录

第六步　系统测试

参照 CMS 系统测试部分。

第七步　安装与部署

参照 CMS 安装与部署部分。

实操演练

1. 实操要求

根据给出的表结构，开发活动管理功能，实现以下功能：

（1）活动的添加和修改。

（2）在界面上要实现必选项的 JS 验证。

（3）在提交按钮上添加客户端“onclick”事件，验证输入的内容，然后服务器端代码进行二次验证。

2. 环境设置

Web 应用程序。

3. 模拟时间

1 个课时。

4. 效果要求

学员巩固本任务所学知识，主要是让学员动手实验，通过实际操作，熟悉 C# 对数据库的操作和客户端 JS 代码的编写。

练　习　题

单项选择题

1. 以下叙述中错误的是（　　）。

A. C#是一种面向对象的语言

B. C#是微软开发的一种高级编程语言

C. C#可以开发嵌入式应用程序

D. C#开发的程序不可以在 LINUX 系统中运行

2. 在 ADO. NET 中，为访问 DataTable 对象从数据源提取的数据行，可使用 DataTable 对象的（　　）属性。

A. Rows　　B. Columns　　C. Constraints　　D. DataSet

3. 为了在程序中使用 ODBC. NET 数据提供程序，应在源程序工程中添加对程序集（　　）的引用。

A. System. Data. dll　　B. System. Data. SQL. dll

C. System. Data. OleDb. dll　　D. System. Data. Odbc. dll

4. SQL Server 的 Windows 身份验证机制是指当网络用户尝试连接到 SQL Server 数据库时，（　　）。

A. Windows 获取用户输入的用户名和密码，提交给 SQL Server 进行身份验证，并决定用户的数据库访问权限

B. SQL Server 根据用户输入的用户名和密码，提交给 Windows 进行身份验证，并决定用户的数据库访问权限

C. SQL Server 根据已在 Windows 网络中登录的用户的网络安全属性，对用户身份进行验证，并决定用户的数据库访问权限

D. 登录到本地 Windows 的用户均可无限制访问 SQL Server 数据库

5. 参考下列 C#语句：

```
SqlConnection Conn1 = new SqlConnection ( );
Conn1. ConnectionString = " Integrated Security = SSPI; Initial
Catalog = northwind" ;
Conn1. Open ( );
SqlConnection Conn2 = new SqlConnection ( );
Conn2. ConnectionString = " Initial Catalog = northwind; Integrated
Security = SSPI" ;
Conn2. Open ( );
```

请问：上述语句将创建（　　）个连接池来管理这些 SqlConnection 对象。

A. 1　　B. 2　　C. 0　　D. 3

参考答案

1. D　2. A　3. D　4. C　5. B

岗位职责二

Windows窗体应用程序开发

基础技能要点

了解窗体应用程序开发

熟练使用 Microsoft Visual Studio 开发工具

核心技能要点

熟练使用 C#开发语言

掌握 SQL SERVER 或 ORACLE 等数据库的使用

工作任务一　C#多层代码生成工具开发

老 C：在开发过程中，往往会有很多底层的代码需要构建，如数据访问层、数据模型层等。通过在工作过程中的实践，我发现好多底层的代码可以在创建好数据库后就一并生成，这样能大大提升工作效率，而且生成的代码还很统一，便于阅读和维护。本例我们来讲一个 C#多层代码生成器的开发。

小 C：好的，多层代码生成器是一个什么样的应用程序呢？

老 C：本例中讲的 C#多层代码生成器是一个可以根据数据库结构生成数据模型、数据访问、接口、工厂类基本业务逻辑层的工具。通过代码生成工具的应用，我们可以大大提升开发效率，不需要浪费时间去写那些固定格式的枯燥的代码。下面我们来详细讲解如何开发这样一个工具。

小 C：好的。

基础知识

“工欲善其事，必先利其器”。开发项目的时候，总需要编写大量的代码，而许多代码都是按照规定好的框架进行编码的，也就是说，这些代码都是依据一定的规则编写出来的。为了减轻这种不必要的手工重复编码的工作负担，开发人员需要采用工具来生成这类基础代码，即利用一个工具根据数据库结构生成相应的类的方法，既可以减少大量的编码时间又可以统一编码规则。

如上所述，C#多层代码生成器是一个可以根据数据库结构生成数据模型、数据访问、接口、工厂类基本业务逻辑层的工具，本书用它做例子，教大家完成这个项目的同时也可以将其用到其他项目中去。

本代码生成工具适用于本书的大部分案例。

工作步骤

第一步 需求分析

本书的案例均由多层架构的代码开发而成，所以这里演示的代码生成工具，也需要拥有生成适用于本书其他案例的多层架构的代码的能力。

案例基本上采用了 C#三层架构的模式，分为 PL（Presentation Layer）、BLL（Business Logic Layer）、DAL（Data Access Layer）和 Model（在此称其为基础结构层）。Model 是一个公用的数据模型，用于在各层（PL、BLL、DAL）间传递数据，映射数据库架构。考虑到 PL 的代码具有不确定性，所以代码生成工具不需要生成 PL 的代码。

三层结构可以有效地降低层之间的耦合度，在一个项目里，开发人员可以轻松地设计面向不同数据库的多个 DAL 层，如 SqlServerDAL、OracleServerDAL，分别适用于 Microsoft SQL Server 和 Oracel Server 上。为了方便 BLL 调用 DAL，需建立 IDAL 接口来统一 DAL 的传递类型、函数，并建立 DALFactory，使用反射的方式构造 DAL 的实例。

本书大部分案例的开发架构分层图如图 2—1—1 所示。

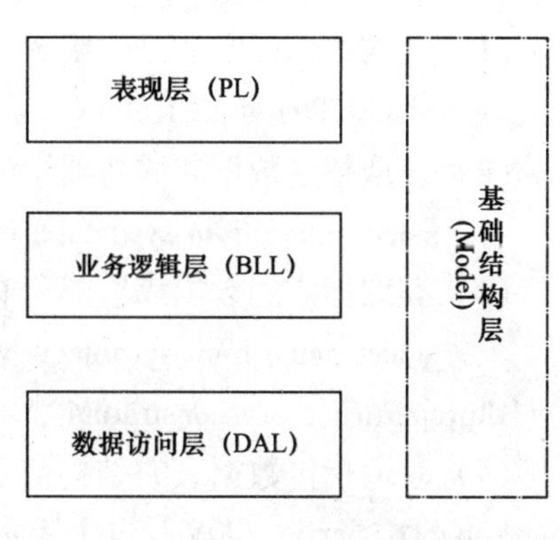

图 2—1—1 架构分层图

综上所述，工具的基本要求如下：

（1）生成出来的代码，可以复制到项目中直接能够使用。

（2）生成基本的代码包括 BLL 的代码，IDAL 接口代码，DAL 代码，DALFactory 代码，Model 代码。

（3）生成 C#的代码，与本书案例相匹配。

（4）可进行简单的配置，方便开发团队中的开发人员在不同的开发机器上单独使用。

（5）以 Microsoft SQL Server 数据库架构作为代码来源。

第二步 系统设计

工具的业务流程图如图 2—1—2 所示。

依照工具的使用流程，将代码生成工具划分为两大功能块：系统设置和生成代

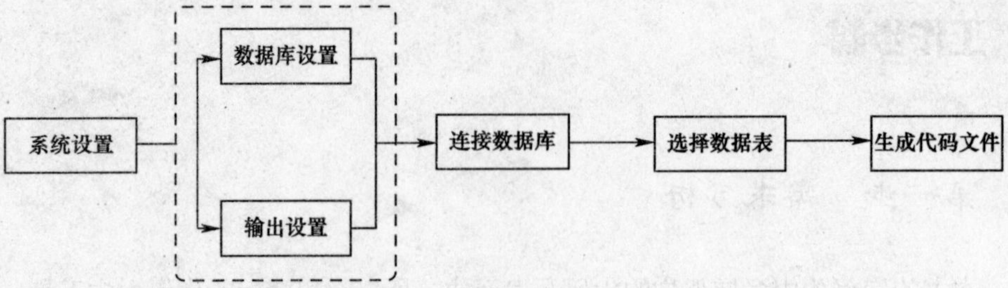

图 2—1—2　工具的业务流程图

码文件。

1. 系统设置

（1）数据库设置。设置数据库服务器地址、用户名、密码和数据库名称。

（2）输出设置。设置代码的命名空间和用于保存代码文件的文件夹路径。

2. 生成代码文件

2.1　获取数据库结构信息

根据系统设置里的数据库设置连接需要生成代码的数据库，并获取数据库结构信息，显示到选择列表中以供工具使用者进行选择。

（1）获取数据库服务器的版本号

```
SELECT @@VERSION
```

（2）获取指定数据库服务器里的所有数据库名称的 SQL 语句

```
select name from sysdatabases order by name asc
```

（3）获取指定的数据库里的所有数据表名称的 SQL 语句

```
select name from sysobjects where (xtype = 'U' or xtype = 'V') and name not
in ('dtproperties', 'sysconstraints', 'syssegments') order by name
```

（4）获取指定数据表的结构信息的 SQL 语句，在 Microsoft SQL Server 2000 和 Microsoft SQL Server 2005 及以上版本中各不相同。

1）在 Microsoft SQL Server 2000 里

```
SELECT
表名 = case when a.colorder = 1 then d.name else '' end,
表说明 = case when a.colorder = 1 then isnull(f.value,'') else '' end,
字段序号 = a.colorder,
字段名 = a.name,
标识 = case when COLUMNPROPERTY(a.id,a.name,'IsIdentity') = 1 then
'√' else '' end,
主键 = case when exists(SELECT 1 FROM sysobjects where xtype = 'PK' and-
```

```
name in(
        SELECT name FROM sysindexes WHERE indid in(
        SELECT indid FROM sysindexkeys WHERE id = a. id AND colid = a. colid
        )))then '√' else '' end,
        类型 = b. name,
        占用字节数 = a. length,
        长度 = COLUMNPROPERTY(a. id,a. name,'PRECISION'),
        小数位数 = isnull(COLUMNPROPERTY(a. id,a. name,'Scale'),0),
        允许空 = case when a. isnullable = 1 then '√' else '' end,
        默认值 = isnull(e. text,''),
        字段说明 = isnull(g. [value],'')
        FROM syscolumns a
        left join systypesbon a. xtype = b. xusertype
        inner join sysobjectsdon a. id = d. idand (d. xtype = 'U' ord. xtype = 'V')
andd. namenotin('dtproperties','sysconstraints','syssegments')
        left join syscommentseon a. cdefault = e. id
        left join syspropertiesgon a. id = g. idanda. colid = g. smallid
        left join syspropertiesfon d. id = f. idandf. smallid = 0
        where d. name = 'sms_company'
          orderbya. id,a. colorder
```

2）在 Microsoft SQL Server 2005 及以上版本里

```
        SELECT
        表名 = case when a. colorder = 1 then d. nameelse '' end,
        表说明 = case when a. colorder = 1 then isnull(f. value,'')else'' end,
        字段序号 = a. colorder,
        字段名 = a. name,
        标识 = case when COLUMNPROPERTY(a. id,a. name,'IsIdentity') = 1 then
'√' else'' end,
        主键 = case when exists(SELECT 1 FROMsysobjectswherextype = 'PK' and-
namein(
        SELECT name FROM sysindexes WHEREindid in(
        SELECT indid FROM sysindexkeys WHERE id = a. id AND colid = a. colid
        )))then '√' else'' end,
        类型 = b. name,
        占用字节数 = a. length,
        长度 = COLUMNPROPERTY(a. id,a. name,'PRECISION'),
```

```
小数位数 = isnull(COLUMNPROPERTY(a.id,a.name,'Scale'),0),
允许空 = case when a.isnullable = 1 then '√' else '' end,
默认值 = isnull(e.text,''),
字段说明 = isnull(g.[value],'')
FROM syscolumns a
left join systypes b on a.xtype = b.xusertype
inner join sysobjects d on a.id = d.id and (d.xtype = 'U' or d.xtype = 'V')
and d.name not in('dtproperties','sysconstraints','syssegments')
left join syscomments e on a.cdefault = e.id
left join sys.extended_properties g on a.id = g.major_id and a.colid = g.minor_id
left join sys.extended_properties f on d.id = f.major_id and f.minor_id = 0
where d.name = 'user'
order by a.id,a.colorder
```

2.2 生成代码文件

根据选择的数据表生成 BLL、IDAL、DAL、DALFactory、Model 代码，保存到相应的文件夹目录下。

下面以数据表 User（见表 2—1—1）为例，分别说明 BLL、IDAL、DAL、Model 的代码文件结构和命名规则。

表 2—1—1　　User 数据表

列名	数据类型	允许 NULL 值	默认值	是否为主键
id	int（Identity）			√
Name	nvarchar（100）	√		
Passwd	nvarchar（100）	√		
AddTime	datetime	√	getdate（）	

（1）BLL 代码文件结构和命名规则

1）文件命名规则。以大写字母 B + 数据表名称作为文件名。如数据表名称是“User”，那么文件名则是“BUser.cs”。

2）文件结构。文件开头自动加上注释，以标注文件的创建者、创建时间、所对应的数据表名称，如图 2—1—3 所示。

以用户设置的命名空间 +“.BLL”作为 BLL 代码文件的统一命名空间，以大写字母 B + 数据表名称作为类名称。如数据表名称是“User”，用户设置的命名空间为“MyNamespace”，那么命名空间则为“MyNamespace.BLL”，类名称则是“BUser”。

BLL 代码里还应该包含对数据层的一些基础调用方法。

```
/*****************************************
 *
 * 作  者:
 * 创建时间:2010年09月25日 13时55分13秒
 * 修改记录:
 *
 * 描  述:BLL(User)
 *
*****************************************/
```

图2—1—3 文件注释

综合考虑后，BLL代码的原型如下：

```
using System;
using System. Data;

using MyNamespace. Model;
using MyNamespace. DALFactory;
using MyNamespace. IDAL;

namespace MyNamespace. BLL
{
    public class BUser
    {
      public int Insert( MUser data)
        {
            IUser dalf = CreateInstance. CreateUser( );
return dalf. Insert( data) ;
        }
    public bool ModifyByIdentity( MUser data)
        {
            IUser dalf = CreateInstance. CreateUser( );
return dalf. ModifyByIdentity( data) ;
        }
    public bool DeleteByIdentity( int id)
        {
            IUser dalf = CreateInstance. CreateUser( );
return dalf. DeleteByIdentity( id) ;
        }
    public MUser GetRowByIdentity( int id)
```

```
        {
            IUser dalf = CreateInstance. CreateUser( );
return dalf. GetRowByIdentity( id);
        }
    public DataSet GetRows( string condition)
        {
            IUser dalf = CreateInstance. CreateUser( );
return dalf. GetRows( condition);
        }
    public DataSet GetColumnRows( string condition)
        {
            IUser dalf = CreateInstance. CreateUser( );
return dalf. GetColumnRows( condition);
        }
    }
}
```

(BUser. cs)

(2) IDAL 代码文件结构和命名规则

1) 文件命名规则。以大写字母 I + 数据表名称作为文件名。如数据表名称是 "User"，那么文件名则是 "IUser. cs"。

2) 文件结构。文件开头自动加上注释，以标注文件的创建者、创建时间、所对应的数据表名称。与图 2—1—2 类似。

以用户设置的命名空间 + ". IDAL" 作为 IDAL 代码文件的统一命名空间，以大写字母 B + 数据表名称作为接口名称。如数据表名称是 "User"，用户设置的命名空间为 "MyNamespace"，那么命名空间则为 "MyNamespace. IDAL"，接口名称则是 "IUser"。

IDAL 代码里还应该包含一些数据访问的基础接口方法。

综合考虑后，IDAL 代码的原型如下：

```
using System;
using System. Data;
using MyNamespace. Model;

namespace MyNamespace. IDAL
{
    public interface IUser
    {
```

```
            int Insert(MUser data);

            bool ModifyByIdentity(MUser data);

            bool DeleteByIdentity(int id);

            MUser GetRowByIdentity(int id);

            DataSet GetRows(string condition);

            DataSet GetColumnRows(string condition);
        }
    }
```

(IUser. cs)

(3) DAL代码文件结构和命名规则

1) 文件命名规则。如果是对 Microsoft SQL Server 的数据访问，以大写字母 S + 数据表名称作为文件名，如果是对 Oracle Server 的数据访问，以大写字母 OS + 数据表名称作为文件名。如数据表名称是“User”，那么文件名则是“SUser. cs”或“OSUser. cs”。

2) 文件结构。文件开头自动加上注释，以标注文件的创建者、创建时间、所对应的数据表名称。与图2—1—2类似。

如果是对 Microsoft SQL Server 的数据访问，以用户设置的命名空间 + “. SqlServerDAL”作为DAL代码文件的统一命名空间，以大写字母S + 数据表名称作为类名称；如果是对 Oracle Server 的数据访问，以用户设置的命名空间 + “. OracleDAL”作为DAL代码文件的统一命名空间，以大写字母S + 数据表名称作为类名称。如数据表名称是“User”，用户设置的命名空间为“MyNamespace”，那么命名空间分别为“MyNamespace. SqlServerDAL”“MyNamespace. OracelDAL”，类名称均是“SUser”。

DAL代码里还应该包含一些数据访问的基础操作方法。

综合考虑后，DAL代码的原型分别如下：

```
using System;
using System. Data;
using System. Data. SqlClient;

using MyNamespace. IDAL;
using MyNamespace. Model;
```

```
namespace MyNamespace. SqlServerDAL
{
    public class SUser:IUser
    {
        public int Insert(MUser data)
        {
            int ret =0;
            string tmpSQL = "INSERT INTO User(Name,Passwd) VALUES(@
            Name,@Passwd);SELECT @id = @@IDENTITY";

            SqlParameter[] cellParms = {
            new SqlParameter("@id",SqlDbType. Int,10),
            new SqlParameter("@Name",SqlDbType. NVarChar,100),
            new SqlParameter("@Passwd",SqlDbType. NVarChar,100)
            };
  cellParms[0]. Direction = ParameterDirection. Output;
      cellParms[1]. Value = data. Name;
      cellParms[2]. Value = data. Passwd;

  using(SqlConnection conn = new
  SqlConnection(SQLHelper. CONN_STRING_NON_DTC))
            {
                conn. Open();
                using(SqlTransaction trans = conn. BeginTransaction())
            {
                try {
                    SQLHelper. ExecuteNonQuery(trans,CommandType.
Text,tmpSQL,cellParms);
                    ret = Convert. ToInt32(cellParms[0]. Value);
                    trans. Commit();
                }
                catch(SqlException err){
                  trans. Rollback();
                  throw err;
                }
```

```
                }
            }
    return ret;
        }

    public bool ModifyByIdentity( MUser data)
        {
  bool ret = false;
  int returnvalue = 0;
    string tmpSQL = "";
            tmpSQL = "UPDATE User SET Name = @ Name, Passwd = @ Passwd
WHERE id = @ id";

            SqlParameter[ ] cellParms = {
            new SqlParameter( "@ id" ,SqlDbType. Int,10) ,
            new SqlParameter( "@ Name" ,SqlDbType. NVarChar,100) ,
            new SqlParameter( "@ Passwd" ,SqlDbType. NVarChar,100)
            };
    cellParms[0]. Value = data. Id;
      cellParms[1]. Value = data. Name;
      cellParms[2]. Value = data. Passwd;

  using( SqlConnection conn = new
  SqlConnection( SQLHelper. CONN_STRING_NON_DTC) )
            {
                conn. Open( ) ;
                using( SqlTransaction trans = conn. BeginTransaction( ) )
            {
                try {
                    returnvalue = SQLHelper. ExecuteNonQuery ( trans, Com-
mandType. Text,tmpSQL,cellParms) ;
                    trans. Commit( ) ;
                    if( returnvalue > 0)
                    ret = true;
                }
                catch( SqlException err) {
```

```
                trans. Rollback( );
                System. Console. WriteLine( err. Message);
            }
        }
    }
return ret;
    }

    public bool DeleteByIdentity( int id)
    {
        bool ret = false;
        int returnvalue = 0;
            string tmpSQL = "";
            tmpSQL = "DELETE FROM User WHERE id = @ id";

            SqlParameter[ ] cellParms = {
            new SqlParameter( "@ id" ,SqlDbType. Int,10)
            };
    cellParms[0]. Value = id;

using( SqlConnection conn = new
SqlConnection( SQLHelper. CONN_STRING_NON_DTC) )
            {
                conn. Open( );
                using( SqlTransaction trans = conn. BeginTransaction( ) )
            {
                try{
                    returnvalue = SQLHelper. ExecuteNonQuery ( trans, Command-
Type. Text,tmpSQL,cellParms);
                trans. Commit( );
                if( returnvalue > 0)
                    ret = true;
            }
            catch( SqlException err) {
                trans. Rollback( );
                System. Console. WriteLine( err. Message);
```

```
            }
        }
    }
return ret;
    }

    public MUser GetRowByIdentity(int id)
    {
        MUser data = null;
string tmpSQL = "SELECT id,Name,Passwd,AddTime FROM User WHERE id = @id";
        SqlParameter[] cellParms = {
        new SqlParameter("@id",SqlDbType.Int,10)
        };
    cellParms[0].Value = id;
using(SqlDataReader rdr = SQLHelper.ExecuteReader(SQLHelper.CONN_STRING_NON_DTC,CommandType.Text,tmpSQL,cellParms))
        {
            while(rdr.Read())
        {
            try{
                data = new MUser();
                data.Id = Convert.ToInt32(rdr[0]);
                data.Name = Convert.ToString(rdr[1]);
                data.Passwd = Convert.ToString(rdr[2]);
                data.AddTime = Convert.ToString(rdr[3]);
            }
            catch(SqlException err){
                System.Console.WriteLine(err.Message);
            }
        }
        }
return data;
    }
```

```
public DataSet GetRows(string condition)
    {
        DataSet data = new DataSet();
string tmpSQL = "SELECT id,Name,Passwd,AddTime FROM User" + condition;

using(SqlDataAdapter dsCommand = new SqlDataAdapter())
            {
            try{
                dsCommand.SelectCommand = new SqlCommand();
                dsCommand.SelectCommand.CommandText = tmpSQL;
                dsCommand.SelectCommand.Connection = new SqlConnection
(SQLHelper.CONN_STRING_NON_DTC);
                dsCommand.Fill(data);
            }
                catch(SqlException err){
                System.Console.WriteLine(err.Message);
                }
            }
return data;
    }

    public DataSet GetColumnRows(string tempSQL)
        {
        DataSet data = new DataSet();

using(SqlDataAdapter dsCommand = new SqlDataAdapter())
            {
            try{
                dsCommand.SelectCommand = new SqlCommand();
                dsCommand.SelectCommand.CommandText = tempSQL;
                dsCommand.SelectCommand.Connection = new SqlConnection
(SQLHelper.CONN_STRING_NON_DTC);
                dsCommand.Fill(data);
            }
            catch(SqlException err){
                System.Console.WriteLine(err.Message);
```

```
            }
          }
return data;
        }
    }
}
```

(SUser. cs)

```
using System;
using System.Data;
using System.Data.OracleClient;

using MyNamespace.IDAL;

using MyNamespace.Model;

namespace MyNamespace.OracleDAL
{
    public class SUser:IUser
    {
        public int Insert(MUser data)
        {
        int ret =0;
        string tmpSQL = "INSERT INTO User("
         +"Name,Passwd,AddTime"
         +")VALUES("
         +":Name,:Passwd,:AddTime)";

            OracleParameter[] cellParms = {
            new OracleParameter("Name",OracleType.NVarChar,100),
            new OracleParameter("Passwd",OracleType.NVarChar,100),
            new OracleParameter("AddTime",OracleType.DateTime,23)
            };
  cellParms[0].Value = data.Name;
      cellParms[1].Value = data.Passwd;
```

```
            cellParms[2]. Value = "sysdate";

                        ret = OSqlHelper. GetInt ( OSqlHelper. GetSingle ( tmpSQL, cell-
Parms));
        return ret;
            }
        public bool ModifyByIdentity(MUser data)
            {
    bool ret = false;
        string tmpSQL = "";
                    tmpSQL = "UPDATE User SET Name = :Name,Passwd = :Passwd WHERE
id = :id";

                    OracleParameter[] cellParms = {
                    new OracleParameter("id",OracleType. Int32,10),
                    new OracleParameter("Name",OracleType. NVarChar,100),
                    new OracleParameter("Passwd",OracleType. NVarChar,100)
                    };
        cellParms[0]. Value = data. Id;
            cellParms[1]. Value = data. Name;
            cellParms[2]. Value = data. Passwd;

                    OSqlHelper. ExecuteSql(tmpSQL,cellParms);
                    ret = true;
    return ret;
            }

        public bool DeleteByIdentity(int id)
            {
    bool ret = false;
        string tmpSQL = "";
                    tmpSQL = "DELETE FROM User WHERE id = :id";

                    OracleParameter[] cellParms = {
                    new OracleParameter("id",OracleType. Int32,10)
```

```
            };
    cellParms[0]. Value = id;

            OSqlHelper. ExecuteSql(tmpSQL,cellParms);
            ret = true;
    return ret;
        }

        public MUser GetRowByIdentity(int id)
        {
            MUser data = null;
    string tmpSQL = "";
            tmpSQL = "SELECT id,Name,Passwd,AddTime FROM User WHERE
id = :id";
            OracleParameter[] cellParms = {
            new OracleParameter("id",OracleType. Int32,10)
            };
    cellParms[0]. Value = id;

    using(OracleDataReader rdr = OSqlHelper. ExecuteReader(tmpSQL,cellParms))
            {
            while(rdr. Read())
            {
                try{
                    data = new MUser();
                    data. Id = Convert. ToInt32(rdr[0]);
                    data. Name = Convert. ToString(rdr[1]);
                    data. Passwd = Convert. ToString(rdr[2]);
                    data. AddTime = Convert. ToString(rdr[3]);
            }
            catch(OracleException err){
                throw err;
            }
        }
        }
    return data;
```

```
        }

    public DataSet GetRows(string condition)
        {
string tmpSQL = "SELECT id,Name,Passwd,AddTime FROM User" + condition;
                DataSet data = OSqlHelper.Query(tmpSQL);
return data;
            }
        }
}
```

(OSUser. cs)

(4) DALFactory 代码文件结构和命名规则

1) 文件命名规则。DALFactory 用于构造 DAL 的各个数据访问类的实例，并返回可供 BLL 使用的实例，只需建立一个文件，命名为“CreateInstance. cs”。

2) 文件结构。文件开头自动加上注释，以标注文件的创建者、创建时间、所对应的数据表名称与图 2—1—2 类似。

以用户设置的命名空间 + “. DALFactory” 作为 DALFactory 代码文件的统一命名空间，以“CreateInstance” 作为类名称。如用户设置的命名空间为“MyNamespace”，那么命名空间则为“MyNamespace. DALFactory”，类名称为“CreateInstance”。

DALFactory 代码里只包含构造各个 DAL 实例的方法。

综合考虑后，DALFactory 代码的原型如下：

```
using System;
using System.Reflection;
using System.Configuration;

using MyNamespace.IDAL;
using MyNamespace.SqlServerDAL;

namespace MyNamespace.DALFactory
{
public class CreateInstance
    {
        private static readonly string path = ConfigurationManager.AppSettings
["WebDAL"];
      public static IUser CreateUser()
          {
```

```
string className = path + ". SUser" ;
return(IUser)Assembly. Load(path). CreateInstance(className);
        }
    }
}
```
(CreateInstance. cs)

（5） Model 代码文件结构和命名规则

1） 文件命名规则。以大写字母 M + 数据表名称作为文件名。如数据表名称是“User”，那么文件名则是“MUser. cs”。

2） 文件结构。文件开头自动加上注释，以标注文件的创建者、创建时间、所对应的数据表名称。与图 2—1—2 类似。

以用户设置的命名空间 + “. Model” 作为 Model 代码文件的统一命名空间，以大写字母 M + 数据表名称作为类名称。如数据表名称是“User”，用户设置的命名空间为“MyNamespace”，那么命名空间则为“MyNamespace. Model”，类名称则是“MUser”。

Model 代码里只包含对应数据表字段的属性。

综合考虑后，Model 代码的原型如下：

```
using System;
namespace MyNamespace. Model
{
public class MUser
    {
    privatestring name = "" ;
    privatestring addtime = "" ;
    privatestring passwd = "" ;
    privateint id =0;

    public string Name
    {
      get
      {
        return this. name;
      }
      set
      {
        this. name = value;
      }
```

```
}

public string AddTime
{
    get
    {
        return this. addtime;
    }
    set
    {
        this. addtime = value;
    }
}

public string Passwd
{
    get
    {
        return this. passwd;
    }
    set
    {
        this. passwd = value;
    }
}

public int Id
{
    get
    {
        return this. id;
    }
    set
    {
        this. id = value;
    }
```

```
            }
        }
    }
```

2.3　代码文件保存目录

为了区分 BLL、IDAL、DAL、DALFactory、Model 的代码文件，需要建立相应的文件夹目录分别放置这些代码文件。如图 2—1—4 所示。

BLL
DALFactory
IDAL
Model
OracleServerDAL
SqlServerDAL

图 2—1—4　代码文件保存目录

第三步　界面设计

本工具需要使用三个窗体，分别为主窗体（见图 2—1—5、图 2—1—6）、选择数据库服务器窗体（见图 2—1—7）、选择数据库窗体（见图 2—1—8）。

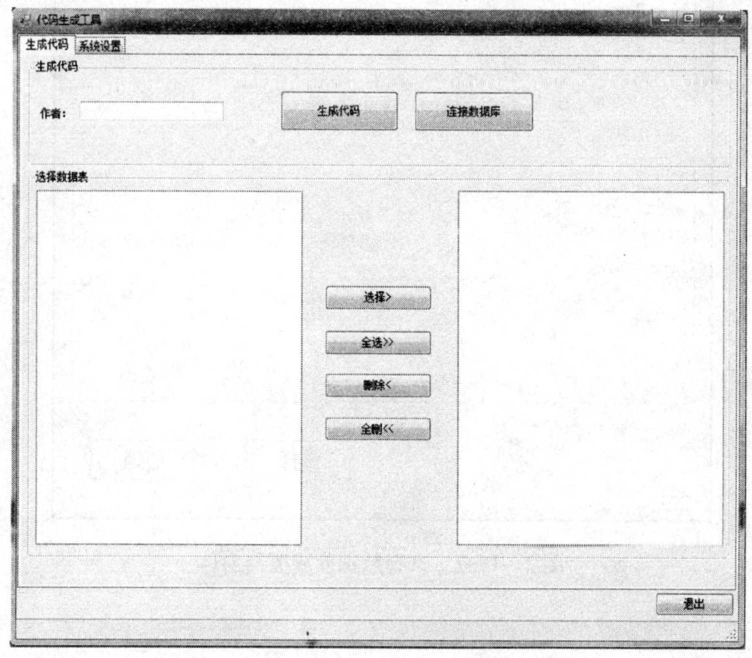

图 2—1—5　生成代码页面

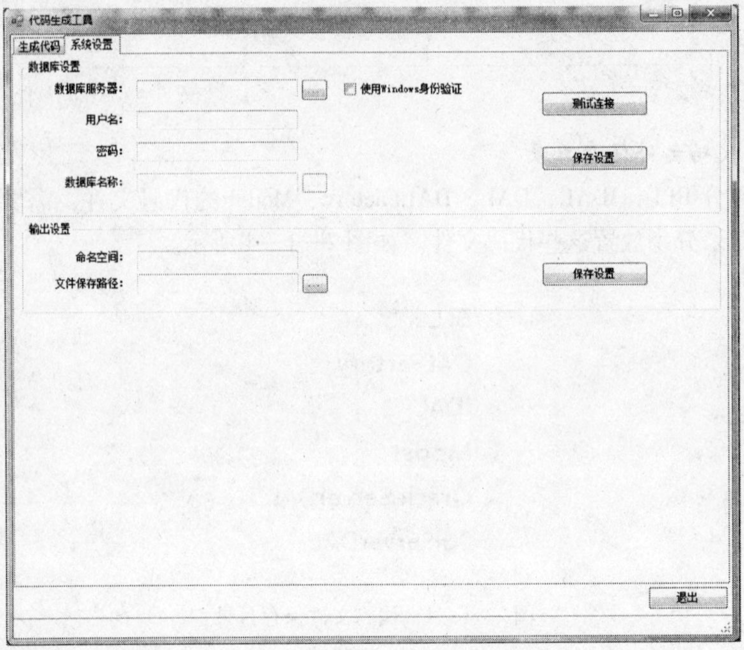

代码生成工具
生成代码
系统设置
数据库设置
数据库服务器:
使用Windows身份验证
测试连接
用户名:
密码:
保存设置
数据库名称:
输出设置
命名空间:
文件保存路径:
保存设置
退出

图 2—1—6　系统设置页面

选择数据库服务器
listBox1
选择
取消

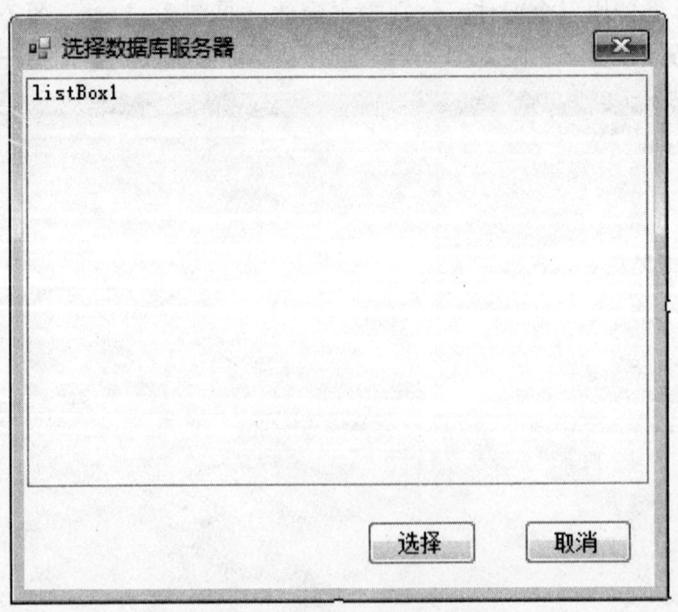

图 2—1—7　选择数据库服务器窗体

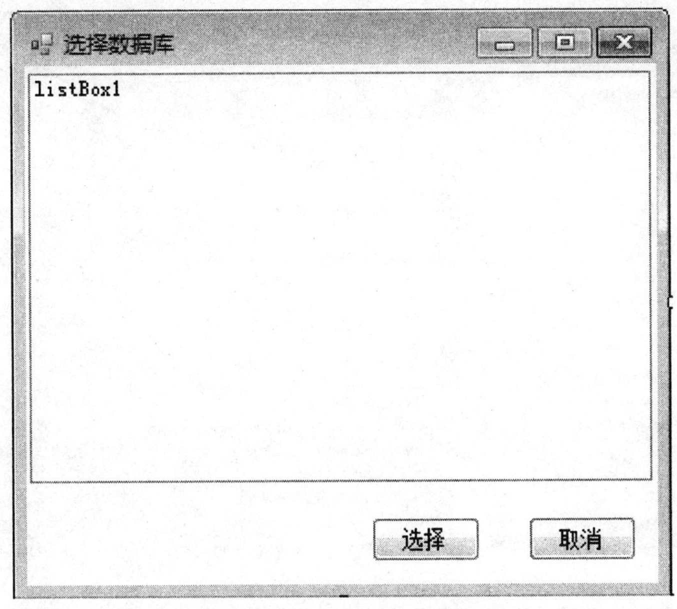

图 2—1—8　选择数据库窗体

第四步　系统开发

本例中使用 C#代码进行开发，开发工具是 Microsoft Visual Studio 2010。

1. 创建一个 Windows Forms Application

打开 Microsoft Visual Studio 2010，“File” → “New” → “Project”，选择“Visual C#” → “Windows”，选择“Windows Forms Application”，将项目名称改为“CodeBuilder”。如图 2—1—9 所示。

2. 在 Visual Studio 里设计程序界面

2.1　设计主窗体界面

将项目中的 Form1. cs 重新命名为 MainForm. cs，在 MainForm 的属性里设置 StartPosition 为“CenterScreen”，Text 为“代码生成工具”，Size 为“830，700”。

打开 MainForm 的 Design 视图，从 ToolBox 里选择“TabControl”并将之拖入 MainForm 中，调整 TabControl 的大小以适应 MainForm 的大小，设置 TabControl 的 Anchor 属性为“Top，Bottom，Left，Right”，在 TabControl 的属性视图里点选 TabPages 属性，将 TabPage1 和 TabPage2 的 Text 属性分别设置为“生成代码”和“系统设置”，BackColor 属性设置为“Control”。

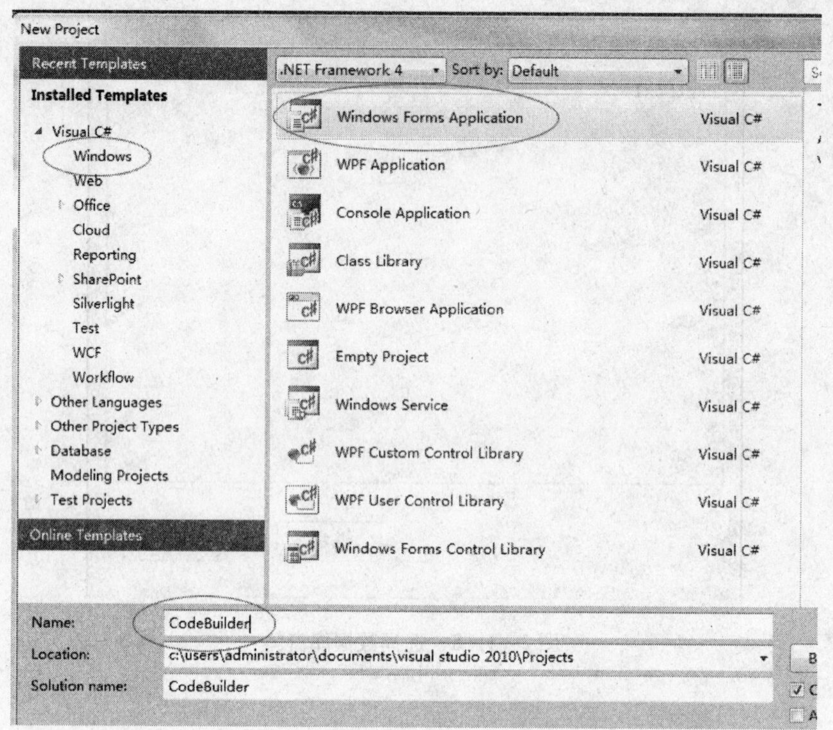

图 2—1—9　创建新项目

在 Design 视图里选择 TabPage1，从 ToolBox 里添加 2 个 GroupBox，Text 属性分别设置为“生成代码”“选择数据表”，Name 属性分别为“groupBox1”“groupBox2”，Anchor 属性分别为“Top，Left，Right”“Top，Bottom，Left，Right”。

在 groupBox1 里添加 2 个 Button，Name 属性分别为“btnCreateCode”“btnConnectDB”，Text 属性分别为“生成代码”“连接数据库”，Size 分别为“133，44”“100，35”。

在 groupBox1 里添加 1 个 Label，Name 属性为“label1”，Text 属性为“作者:”。

在 groupBox1 里添加 1 个 TextBox，Name 属性为“tbAuthor”。

在 groupBox2 里添加 2 个 ListBox，Name 属性分别为“listBox1”“listBox2”，Anchor 属性分别为“Top，Bottom，Left”“Top，Bottom，Right”，SelectionMode 属性均为“MultiExtended”。

在 groupBox2 里添加 4 个 Button，Name 属性分别为“btnAddDataTable”“btnAddDataTableAll”“btnDelDataTable”“btnDelDataTableAll”，Text 属性分别为“选择>”“全选>>”“删除<”“全删<<”。

在 Design 视图里选择 TabPage2，从 ToolBox 里添加 2 个 GroupBox，Text 属性分

别设置为“数据库设置”“输出设置”，Name 属性分别为“groupBox3”“groupBox4”，Anchor 属性均设为“Top，Left，Right”。

在 groupBox3 里添加 4 个 Label，Name 属性分别为“label2”“label3”“label4”“label5”，Text 属性分别为“数据库服务器:”“用户名:”“密码:”“数据库名称:”。

在 groupBox3 里添加 4 个 TextBox，Name 属性分别为“tbSQLServer”“tbUserName”“tbPassword”“tbDatabase”。

在 groupBox3 里添加 4 个 Button，Name 属性分别为“btnBrowseServer”“btnBrowseDatabase”“btnTestConnection”“btnSaveSettingDB”，Text 属性分别为“...”“...”“测试连接”“保存设置”。

在 groupBox3 里添加 1 个 CheckBox，Name 属性为“checkBox1”，Text 属性为“使用 Windows 身份验证”。

在 groupBox4 里添加 2 个 Label，Name 属性分别为“label6”“label7”，Text 属性分别为“命名空间:”“文件保存路径:”。

在 groupBox4 里添加 2 个 TextBox，Name 属性分别为“tbNamespace”“tbFileSavePath”。

在 groupBox4 里添加 2 个 Button，Name 属性分别为“btnBrowseSaveFolder”“btnSaveSettingFile”，Text 属性分别为“...”“保存设置”。

在 MainForm 里添加 1 个 Button，Name 属性为“btnExit”，Text 属性为“退出”，Anchor 属性为“Bottom，Right”。

在 MainForm 里添加 1 个 StatusStrip，Name 属性为“statusStrip1”，此控件用于显示工具的运行状态。在 Items 属性里添加一个 ToolStripStatusLabel，并将 Name 属性设为“toolStripStatusLabel1”，Text 属性设为空。

至此，主窗体（MainForm）里的所有控件添加完毕，按照图 2—1—6 和图 2—1—7 调整好窗体上控件的位置和大小，完成主窗体的界面设计。

2.2 设计选择数据库服务器窗体界面

在“Solution Explorer”中，右击项目文件“CodeBuilder”，点选“Add”→“Windows Form”，在弹出来的“Add New Item”对话框里将新窗体命名为“ChooseServerForm.cs”（见图 2—1—10），单击“Add”按钮完成窗体的添加。

打开 ChooseServerForm 的 Design 视图，将 Text 属性设为“选择数据库服务器”，StartPosition 设为“CenterScreen”，MaximizeBox 设为“false”，MinimizeBox 设为“false”。

在 ChooseServerForm 里添加 1 个 ListBox，Name 属性设为“listBox1”。

在 ChooseServerForm 里添加 2 个 Button，Name 属性分别为“btnSelect”“btnCancel”，Text 属性分别为“选择”“取消”。

至此，选择数据库服务器窗体（ChooseServerForm）里的所有控件添加完毕，

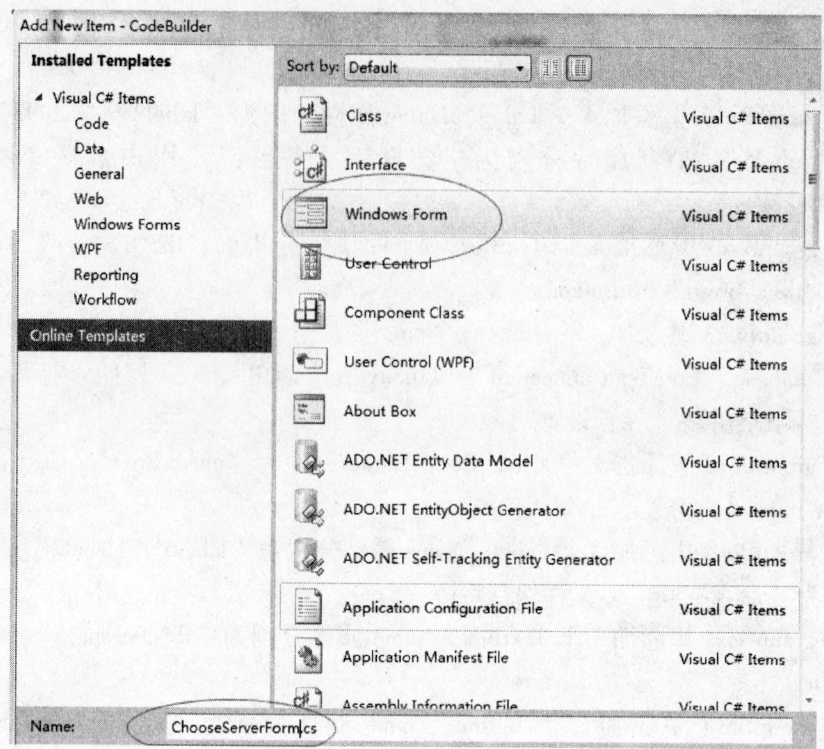

图 2—1—10　添加选择数据服务器窗体

按照图 2—1—7 调整好窗体上控件的位置和大小，完成选择数据库服务器窗体的界面设计。

2.3　设计选择数据库窗体界面

在“Solution Explorer”中，右击项目文件“CodeBuilder”，点选“Add”→“Windows Form”，在弹出来的“Add New Item”对话框里将新窗体命名为“ChooseDatabaseForm. cs”（见图 2—1—10），单击“Add”按钮完成窗体的添加。

打开 ChooseDatabaseForm 的 Design 视图，将 Text 属性设为“选择数据库”，StartPosition 设为“CenterScreen”，MaximizeBox 设为“false”，MinimizeBox 设为“false”。

在 ChooseDatabaseForm 里添加 1 个 ListBox，Name 属性设为“listBox1”。

在 ChooseDatabaseForm 里添加 2 个 Button，Name 属性分别为“btnSelect”“btnCancel”，Text 属性分别为“选择”“取消”。

至此，选择数据库窗体（ChooseDatabaseForm）里的所有控件添加完毕，按照图 2—1—8 调整好窗体上控件的位置和大小，完成选择数据库窗体的界面设计。

3. 编写代码

在这个项目里，仍然使用三层架构的方式。在“Solution Explorer”中，右击项目文件“CodeBuilder”，添加三层架构里使用的“BLL”“DAL”“IDAL”“SqlServerDAL”“DALFactory”“Model”文件夹，并添加“Common”文件夹以存放一些公用类。

3.1 配置文件

为了让使用者可以进行简单的工具配置，需要把配置数据存放到一个配置文件里，规定配置文件名称为代码生成工具名称 + “. config”（CodeBuilder. exe. config）。这里开始添加生成配置文件的代码。

（1）在项目根目录下添加 App. config

```
<? xmlversion = "1.0"? >
<configuration >
<appSettings >
<addkey = "CodeBuilder. ConnectionString" value = ""/ >
<addkey = "CodeBuilder. Server" value = ""/ >
<addkey = "CodeBuilder. DataBase" value = ""/ >
<addkey = "CodeBuilder. UserName" value = ""/ >
<addkey = "CodeBuilder. Password" value = ""/ >
<addkey = "CodeBuilder. Namespace" value = ""/ >
<addkey = "CodeBuilder. SavedFilePath" value = ""/ >
</appSettings >
</configuration >
```

（App. config）

（2）在 Model 文件夹里添加 MConfig 类

```
using System;

namespace CodeBuilder. Model
{
public class MConfig
    {
public conststring CFG_CONNECTIONSTRING =
"CodeBuilder. ConnectionString";
public conststring CFG_SERVER = "CodeBuilder. Server";
public conststring CFG_DATABASE = "CodeBuilder. DataBase";
public conststring CFG_USERNAME = "CodeBuilder. UserName";
public conststring CFG_PASSWORD = "CodeBuilder. Password";
public conststring CFG_NAMESPACE = "CodeBuilder. Namespace";
public conststring CFG_SAVEFILEPATH = "CodeBuilder. SavedFilePath";
```

```
public string ConnectionString { get;set;}
public string Server { get;set;}
public string Database { get;set;}
public string UserName { get;set;}
public string Password { get;set;}
public string Namespace { get;set;}
public string SavedFilePath { get;set;}
    }
}
```

(MConfig. cs)

(3) 在 Common 文件夹里添加“创建、修改”配置文件的类(ConfigOperator)。在实例化类的时候，判断配置文件是否存在，如果没有配置文件，则创建一个配置文件。

```
using System;
using System. IO;
using System. Xml;
using System. Windows. Forms;
using CodeBuilder. Model;

namespace CodeBuilder. Common
{
public class ConfigOperator
    {
// 应用程序所在的目录
string fullPathDir = string. Empty;
// 应用程序全路径
string appFullPath = string. Empty;
// 应用程序名称
string appName = string. Empty;
// 配置文件全路径
string cfgFullPath = string. Empty;
// 配置文件名称
string cfgName = string. Empty;
public ConfigOperator()
        {
            fullPathDir = Application. StartupPath;
            appFullPath = Application. ExecutablePath;
```

```
            appName = appFullPath. Substring( appFullPath. LastIndexOf( " \\" ) +1) ;
            cfgName = appName + ". config" ;
            cfgFullPath = fullPathDir + " \\" + cfgName;
// 如果 config 文件不存在,则创建 config 文件
if( ! File. Exists( cfgFullPath) )
            {
                CreateConfig( cfgFullPath) ;
            }
        }

/// < summary >
///创建应用程序配置文件
/// < /summary >
private void CreateConfig( String args)
        {
string[ ] AddKeyArray = newstring[ ] {

    MConfig. CFG_CONNECTIONSTRING,

    MConfig. CFG_SERVER,

    MConfig. CFG_DATABASE,

    MConfig. CFG_USERNAME,

    MConfig. CFG_PASSWORD,

    MConfig. CFG_NAMESPACE,

    MConfig. CFG_SAVEFILEPATH
                            } ;
XmlTextWriter myXmlTextWriter = null;
XmlTextReader myXmlTextReader = null;
try
            {
                myXmlTextWriter = newXmlTextWriter( args,
```

```
System. Text. Encoding. UTF8) ;
                    myXmlTextWriter. Formatting = Formatting. Indented;
                    myXmlTextWriter. WriteStartDocument( ) ;

myXmlTextWriter. WriteStartElement( " configuration" ,null) ;

myXmlTextWriter. WriteStartElement( " appSettings" ,null) ;
for( int i =0;i  < AddKeyArray. Length;i + + )
                    {
                        myXmlTextWriter. WriteStartElement( " add" ,null) ;
                        myXmlTextWriter. WriteAttributeString( " key" ,
AddKeyArray[ i] ) ;

myXmlTextWriter. WriteAttributeString( " value" ," " ) ;
                        myXmlTextWriter. WriteEndElement( ) ;
                    }
                    myXmlTextWriter. WriteEndElement( ) ;
                    myXmlTextWriter. WriteEndElement( ) ;

                    myXmlTextWriter. Flush( ) ;
                    myXmlTextWriter. Close( ) ;

                    myXmlTextReader = newXmlTextReader( args) ;
                }
catch( Exception e)
                {
MessageBox. Show( e. ToString( ) ) ;
                }

finally
                {
if( myXmlTextReader !  = null)
                        myXmlTextReader. Close( ) ;
if( myXmlTextWriter !  = null)
                        myXmlTextWriter. Close( ) ;
                }
```

```
            }

    /// <summary>
    ///获取节点的内容
    /// </summary>
    public MConfig GetConfig( )
            {
    XmlDocument xmlDoc = new XmlDocument( );
                xmlDoc. Load( cfgFullPath);
    MConfig _MConfig = new MConfig( );
    XmlNodeList nodeList =
    xmlDoc. SelectSingleNode( "/configuration/appSettings" ). ChildNodes;//获取 app-
Settings 节点的所有子节点
    foreach( XmlNode xn in nodeList)//遍历所有子节点
                {
    XmlElement xe = ( XmlElement) xn;//将子节点类型转换为 XmlElement 类型
    if
    (xe. GetAttribute( "key" ). IndexOf( MConfig. CFG_CONNECTIONSTRING)! = -1)
                    {
                    _MConfig. ConnectionString =
    xe. GetAttribute( "value" );
                    }
    if( xe. GetAttribute( "key" ). IndexOf( MConfig. CFG_SERVER)! = -1)
                    {
                    _MConfig. Server = xe. GetAttribute( "value" );
                    }
    if( xe. GetAttribute( "key" ). IndexOf( MConfig. CFG_DATABASE)! = -1)
                    {
                            _MConfig. Database = xe. GetAttribute( "value" );
                    }
    if( xe. GetAttribute( "key" ). IndexOf( MConfig. CFG_USERNAME)! = -1)
                    {
                            _MConfig. UserNamc = xc. CetAttribute( "value" );
                    }
    if( xe. GetAttribute( "key" ). IndexOf( MConfig. CFG_PASSWORD)! = -1)
                    {
```

```
                    _MConfig. Password = xe. GetAttribute( "value" ) ;
                }
if( xe. GetAttribute( "key" ). IndexOf( MConfig. CFG_NAMESPACE) ! = -1)
                {
                    _MConfig. Namespace = xe. GetAttribute( "value" ) ;
                }
if( xe. GetAttribute( "key" ). IndexOf( MConfig. CFG_SAVEFILEPATH) ! = -1)
                {
                    _MConfig. SavedFilePath = xe. GetAttribute( "value" ) ;
                }
            }
return _MConfig;
    }

/// < summary >
///修改配置文件节点内容
/// < /summary >
public void UpdateConfig( MConfig _MConfig)
    {
XmlDocument xmlDoc = newXmlDocument( ) ;
            xmlDoc. Load( cfgFullPath) ;

XmlNodeList nodeList =
xmlDoc. SelectSingleNode( "/configuration/appSettings" ). ChildNodes;
foreach( XmlNode xn in nodeList)//遍历所有子节点
            {
XmlElement xe = ( XmlElement) xn;//将子节点类型转换为 XmlElement 类型
if
( xe. GetAttribute( "key" ). IndexOf( MConfig. CFG_CONNECTIONSTRING) ! = -1)
                {
                    xe. SetAttribute( "value",
_MConfig. ConnectionString) ;
                }
if( xe. GetAttribute( "key" ). IndexOf( MConfig. CFG_SERVER) ! = -1)
                {
                    xe. SetAttribute( "value", _MConfig. Server) ;
```

```
                    }
if(xe.GetAttribute("key").IndexOf(MConfig.CFG_DATABASE)! = -1)
                    {
                            xe.SetAttribute("value",
_MConfig.Database);
                    }
if(xe.GetAttribute("key").IndexOf(MConfig.CFG_USERNAME)! = -1)
                    {
                            xe.SetAttribute("value",_MConfig.UserName);
                    }
if(xe.GetAttribute("key").IndexOf(MConfig.CFG_PASSWORD)! = -1)
                    {
                            xe.SetAttribute("value",_MConfig.Password);
                    }
if(xe.GetAttribute("key").IndexOf(MConfig.CFG_NAMESPACE)! = -1)
                    {
                            xe.SetAttribute("value",_MConfig.Namespace);
                    }
if(xe.GetAttribute("key").IndexOf(MConfig.CFG_SAVEFILEPATH)! = -1)
                    {
                            xe.SetAttribute("value",_MConfig.SavedFilePath);
                    }
                }
            xmlDoc.Save(cfgFullPath);
        }
    }
}
```

(ConfigOperator.cs)

3.2 系统设置

(1) 数据库设置

1) 选择要连接的数据库服务器

①打开 MainForm 的 Design 视图，切换到 tabPage2，双击 btnBrowseServer，添加 btnBrowseServer 的点击事件，并在事件里添加以下代码。此按钮的作用是弹出选择数据库服务器窗体，以便使用者选择要连接的数据库服务器。

```
private void btnBrowseServer_Click(object sender,EventArgs e)
{
```

```
ChooseServerForm form = new ChooseServerForm( ) ;
if( form. ShowDialog( ) = = System. Windows. Forms. DialogResult. OK)
                    {
this. tbSQLServer. Text = form. SelectedServer;
                    }
                    form. Dispose( ) ;
                }
```

老C提醒：

SelectedServer 是在 ChooseServerForm 里定义的一个公有变量。

②在 Common 文件夹里添加用于获取局域网内 Microsoft SQL Server 列表的类(SqlLocator. cs)。

```
using System;
using System. Text;
using System. Runtime. InteropServices;

namespace CodeBuilder. Common
{
public class SqlLocator
    {
            [DllImport("odbc32. dll")]
private static extern short SQLAllocHandle( short hType,IntPtr inputHandle,outIntPtr outputHandle);
            [DllImport("odbc32. dll")]
private static extern short SQLSetEnvAttr( IntPtr henv, int attribute, IntPtr valuePtr, int strLength);
            [DllImport("odbc32. dll")]
private static extern short SQLFreeHandle( short hType,IntPtr handle);
            [DllImport("odbc32. dll",CharSet = CharSet. Ansi)]
private static extern short SQLBrowseConnect( IntPtr hconn,StringBuilder inString,
short inStringLength,StringBuilder outString,short outStringLength,
outshort outLengthNeeded);
```

```
private const short SQL_HANDLE_ENV = 1;
private const short SQL_HANDLE_DBC = 2;
private const int SQL_ATTR_ODBC_VERSION = 200;
private const int SQL_OV_ODBC3 = 3;
private const short SQL_SUCCESS = 0;

private const short SQL_NEED_DATA = 99;
private const short DEFAULT_RESULT_SIZE = 1024;
private const string SQL_DRIVER_STR = "DRIVER = SQL SERVER";

private SqlLocator(){ }

public static string[ ] GetServers()
            {
string[ ] retval = null;
string txt = string. Empty;
IntPtr henv = IntPtr. Zero;
IntPtr hconn = IntPtr. Zero;
StringBuilder inString = new StringBuilder(SQL_DRIVER_STR);
StringBuilder outString = new StringBuilder(DEFAULT_RESULT_SIZE);
short inStringLength = (short)inString. Length;
short lenNeeded = 0;

try
            {
if(SQL_SUCCESS = = SQLAllocHandle(SQL_HANDLE_ENV,henv,out henv))
                  {
if(SQL_SUCCESS = = SQLSetEnvAttr(henv, SQL_ATTR_ODBC_VERSION, (In-
tPtr)SQL_OV_ODBC3,0))
                        {
if(SQL_SUCCESS = = SQLAllocHandle(SQL_HANDLE_DBC,henv,out hconn))
                              {
if(SQL_NEED_DATA = = SQLBrowseConnect(hconn, inString, inStringLength, out-
String,
                                    DEFAULT_RESULT_SIZE,out lenNeeded))
                                    {
```

```
if(DEFAULT_RESULT_SIZE < lenNeeded)
                                        {
                                        outString. Capacity = lenNeeded;
if(SQL_NEED_DATA ! = SQLBrowseConnect(hconn,inString,inStringLength,out-
String,
                                            lenNeeded,out lenNeeded))
                                        {
thrownewApplicationException ( " Unabled to aquire SQL Servers from ODBC
driver. ");
                                        }
                                        }
                                        txt = outString. ToString();
int start = txt. IndexOf("{") +1;
int len = txt. IndexOf("}") - start;
if((start > 0)&&(len > 0))
                                        {
                                        txt = txt. Substring(start,len);
                                        }
else
                                        {
                                        txt = string. Empty;
                                        }
                                    }
                                }
                            }
                    }
catch
                    {
                        txt = string. Empty;
                    }
finally
                    {
if(hconn ! = IntPtr. Zero)
                        {
                            SQLFreeHandle(SQL_HANDLE_DBC,hconn);
```

```
            }
if(henv ! =IntPtr. Zero)
                {
                    SQLFreeHandle(SQL_HANDLE_ENV,hconn);
                }
            }
if(txt. Length > 0)
            {
                retval = txt. Split(",". ToCharArray());
            }
return retval;
        }
    }
}
```

③打开 ChooseServerForm 的 Design 视图，双击 btnSelect 按钮和 btnCancel 按钮，分别添加 btnSelect 和 btnCancel 的点击事件，双击 ChooseServerForm，添加窗体的 Load 事件，并在类里添加公有变量 SelectedServer。

```
publicstring SelectedServer = string. Empty;
```

④在 ChooseServerForm_ Load 事件里添加获取局域网内的数据库服务器列表，并显示到 listBox1 里。

```
        private void ChooseServerForm_Load(object sender,EventArgs e)
        {
string[] servers = Common. SqlLocator. GetServers();
foreach(string server in servers)
            {
                listBox1. Items. Add(server);
            }
if(listBox1. Items. Count > 0)
            {
                listBox1. SelectedIndex =0;
            }
        }
```

⑤在 btnSelect_ Click 事件里添加选择数据库服务器的代码。

```
        private void btnSelect_Click(object sender,EventArgs e)
        {
if(listBox1. SelectedIndex ! = -1)
```

```
            {
this.SelectedServer = listBox1.Text;
            }
this.DialogResult = System.Windows.Forms.DialogResult.OK;
        }
```

⑥在 btnCancel_Click 事件里添加取消选择的代码。

```
        private void btnCancel_Click(object sender,EventArgs e)
        {
    this.DialogResult = System.Windows.Forms.DialogResult.Cancel;
        }
```

至此，ChooseServerForm 窗体的所有代码添加完成。

在 Visual Studio 2010 里按 F5 键运行程序，点击 btnBrowseServer 按钮后，可以选择数据库服务器，并将选择的数据库服务器名称显示到 MainForm 中的 tbSQLServer 里。

2）选择要连接的数据库

①打开 MainForm 的 Design 视图，切换到 tabPage2，双击 btnBrowseDatabase，添加 btnBrowseDatabase 的点击事件，并在事件里添加以下代码。此按钮的作用是弹出选择数据库窗体，以便使用者选择要连接的数据库。

```
        private void btnBrowseDatabase_Click(object sender,EventArgs e)
        {
if(tbSQLServer.Text.Trim().Length = =0)
            {
MessageBox.Show("数据库服务器不能为空!");
return;
            }
if(tbUserName.Text.Trim().Length = =0)
            {
MessageBox.Show("用户名不能为空!");
return;
            }
string strConn = string.Empty;
if(! checkBox1.Checked)
            {
                strConn = "server = " + tbSQLServer.Text + ";database = master;uid
 = " + tbUserName.Text + ";pwd = " + tbPassword.Text + ";";
            }
```

```
else
                {
                        strConn = "Data Source =" + tbSQLServer.Text + ";Initial Catalog =
master;Integrated Security = SSPI;";
                }
ChooseDatabaseForm form = newChooseDatabaseForm();
                form.ConnectionString = strConn;
if(form.ShowDialog() = = System.Windows.Forms.DialogResult.OK)
                {
this.tbDatabase.Text = form.SelectedDatabase;
                }
                form.Dispose();
            }
```

老C提醒：

ConnectionString、SelectedDatabase 是 ChooseDatabaseForm 里定义的两个公有变量。

②在 BLL 文件夹里添加 BSqlServer. cs，在 IDAL 文件夹里添加 ISqlServer. cs，在 DAL 文件夹里添加 SSqlServer. cs、SQLHelper. cs，在 DALFactory 文件夹里添加 CreateInstance. cs。

```
using System;
using System.Collections.Generic;

using CodeBuilder.Model;
using CodeBuilder.IDAL;
using CodeBuilder.DALFactory;

namespace CodeBuilder.BLL
{
public class BSqlServer
    {
public static List<string> GetDatabaseName(string connString)
        {
ISqlServer dalf = CreateInstance.CreateSqlServer();
```

```
return dalf. GetDatabaseName( connString) ;
        }
    }
}
```

(BSqlServer. cs)

```
using System;
using System. Collections. Generic;

using CodeBuilder. Model;

namespace CodeBuilder. IDAL
{
public interface ISqlServer
    {
List < string >  GetDatabaseName( string connString) ;
    }
}
```

(ISqlServer. cs)

```
using System;
using System. Collections. Generic;
using System. Data;
using System. Data. SqlClient;
using CodeBuilder. IDAL;
using CodeBuilder. Model;

namespace CodeBuilder. SqlServerDAL
{
public class SSqlServer: ISqlServer
    {
public List < string >  GetDatabaseName( string connString)
        {
List < string >  database = newList < string > ( ) ;
string strSql = " select name from sysdatabases order by name asc" ;
SqlDataReader reader = SQLHelper. ExecuteReader( connString,
CommandType. Text, strSql, null) ;
while( reader. Read( ) )
```

```
                {
                        database. Add(reader[ "name" ]. ToString( ) ) ;
                }
                reader. Close( ) ;
    return database;
            }
        }
    }
```

(SSqlServer. cs)

```
using System;
using System. Collections. Generic;
using System. Text;
using System. Data;
using System. Data. SqlClient;
using System. Collections;
using System. Configuration;

namespace CodeBuilder. SqlServerDAL
{
public abstract classSQLHelper
    {
public static SqlDataReader ExecuteReader ( string connString, CommandType cmd-
Type, string cmdText, paramsSqlParameter[ ] cmdParms)
        {
SqlCommand cmd = new SqlCommand( ) ;
                cmd. CommandTimeout = 0;
SqlConnection conn = new SqlConnection( connString) ;
try
                {
                        PrepareCommand ( cmd, conn, null, cmdType, cmdText, cmd-
Parms) ;
SqlDataReader rdr = cmd. ExecuteReader( CommandBehavior. CloseConnection) ;
                    cmd. Parameters. Clear( ) ;
return rdr;
                }
catch
```

```
            {
                conn. Close( ) ;
    throw;
            }
        }

    public static DataSet ExecuteDataSet ( string connString, CommandType cmdType,
string cmdText,paramsSqlParameter[ ] cmdParms)
        {
    SqlCommand cmd = new SqlCommand( ) ;
    DataSet ds = new DataSet( ) ;
    using( SqlConnection conn = new SqlConnection( connString) )
            {
    try
                {
                    PrepareCommand( cmd, conn, null, cmdType, cmdText, cmd-
Parms) ;
    SqlDataAdapter aqlda = new SqlDataAdapter( cmd) ;
                    aqlda. Fill( ds) ;
                    cmd. Parameters. Clear( ) ;
    return ds;
                }
    catch
                {
                    conn. Close( ) ;
    throw;
                }
            }
        }

    private static void PrepareCommand ( SqlCommand cmd, SqlConnection conn, Sql-
Transaction trans, CommandType cmdType, string cmdText, SqlParameter[ ] cmdParms)
        {
    if( conn. State !  = ConnectionState. Open)
                conn. Open( ) ;
            cmd. Connection = conn;
```

```
cmd. CommandText = cmdText;
if(trans ! = null)
            cmd. Transaction = trans;
        cmd. CommandType = cmdType;
if(cmdParms ! = null)
        {
foreach(SqlParameter parm in cmdParms)
                    cmd. Parameters. Add(parm);
        }
    }
  }
}
```

(SQLHelper. cs)

```
using System;
using System. Reflection;

using CodeBuilder. IDAL;

namespace CodeBuilder. DALFactory
{
public class CreateInstance
    {
private CreateInstance(){ }
private static string path = "CodeBuilder";
public static string DALpath = "CodeBuilder. SqlServerDAL";
public static ISqlServer CreateSqlServer()
        {
string className = DALpath + ". SSqlServer";
return(ISqlServer) Assembly. Load(path). CreateInstance(className);
        }
    }
}
```

(CreateInstance. cs)

③打开 ChooseDatabaseForm 的 Design 视图，双击 btnSelect 按钮和 btnCancel 按钮，分别添加 btnSelect 和 btnCancel 的点击事件，双击 ChooseDatabaseForm，添加窗体的 Load 事件，并在类里添加公有变量 ConnectionString、SelectedDatabase。

```
public string ConnectionString = string. Empty;
public string SelectedDatabase = string. Empty;
```

④在 ChooseDatabaseForm_ Load 事件里添加获取指定的数据库服务器内的数据库列表，并显示到 listBox1 里。

```
private void ChooseDatabaseForm_Load(object sender,EventArgs e)
{
try
{
List < string >  database = BSqlServer. GetDatabaseName(ConnectionString);
foreach(string db in database)
{
listBox1. Items. Add(db);
}
if(listBox1. Items. Count  > 0)
{
listBox1. SelectedIndex =0;
}
}
catch(Exception ex)
{
MessageBox. Show(ex. Message,"系统错误",MessageBoxButtons. OK,MessageBox-Icon. Error);
this. DialogResult = System. Windows. Forms. DialogResult. Abort;
}
}
```

⑤在 btnSelect_ Click 事件里添加选择数据库的代码。

```
private void btnSelect_Click(object sender,EventArgs e)
{
if(listBox1. SelectedIndex ! = -1)
{
this. SelectedDatabase = listBox1. Text;
}
this. DialogResult = System. Windows. Forms. DialogResult. OK;
}
```

⑥在 btnCancel_ Click 事件里添加取消选择的代码。

```
private void btnCancel_Click(object sender,EventArgs e)
```

```
    {
this. DialogResult = System. Windows. Forms. DialogResult. Cancel;
    }
```

至此，ChooseDatabaseForm 窗体的所有代码添加完成，在 Visual Studio 2010 里按 F5 键运行程序，点击 btnBrowseDatabase 按钮后，可以选择数据库，并将选择的数据库名称显示到 MainForm 中的 tbDatabase 里。

3）保存数据库配置

①打开 MainForm 的 Design 视图，切换到 tabPage2，双击 btnSaveSettingDB 按钮，添加 btnSaveSettingDB 按钮的点击事件，并在事件里添加以下代码：

```
    private void btnSaveSettingDB_Click(object sender,EventArgs e)
    {
            Common. ConfigOperator co = new Common. ConfigOperator();
            Model. MConfig mc = co. GetConfig();
string strConn = string. Empty;
if(! checkBox1. Checked)
            {
                mc. Server = tbSQLServer. Text;
                mc. Database = tbDatabase. Text;
                mc. UserName = tbUserName. Text;
                mc. Password = tbPassword. Text;
                strConn + = "server = " + tbSQLServer. Text + ";";
                strConn + = "database = " + tbDatabase. Text + ";";
                strConn + = "uid = " + tbUserName. Text + ";";
                strConn + = "pwd = " + tbPassword. Text + ";";
                mc. ConnectionString = strConn;
            }
else
            {
                mc. Server = tbSQLServer. Text;
                mc. Database = tbDatabase. Text;
                strConn = "Data Source = " + tbSQLServer. Text + ";Initial
Catalog = " + tbDatabase. Text + ";Integrated Security = SSPI;";
                mc. ConnectionString = strConn;
            }
try
            {
```

```
                co. UpdateConfig(mc);
MessageBox. Show("保存配置成功!");
            }
catch
            {
MessageBox. Show("保存配置失败!");
            }
        }
```

②打开 ISqlServer. cs，添加接口方法。

```
    bool TestConnectDatabase(string connString,outstring error);
```

③打开 SSqlServer. cs，实现接口方法。

```
    public bool TestConnectDatabase(string connString,outstring error)
    {
        error = string. Empty;
try
        {
            System. Data. SqlClient. SqlConnection sqlConn = new
System. Data. SqlClient. SqlConnection(connString);
            sqlConn. Open();
            sqlConn. Close();
returntrue;
        }
catch(SqlException ex)
        {
            error = ex. ToString();
returnfalse;
        }
    }
```

④打开 BSqlServer. cs，添加测试数据库连接的方法。

```
    public static bool TestConnectDatabase(string connString,outstring error)
        {
ISqlServer dalf = CreateInstance. CreateSqlServer();
return dalf. TestConnectDatabase(connString,out error);
        }
```

⑤双击 btnTestConnection 按钮，添加 btnTestConnection 按钮的事件。

```
    private void btnTestConnection_Click(object sender,EventArgs e)
```

```
        {
    string strConn = string. Empty;
    if(! checkBox1. Checked)
                {
                        strConn = " server = " + tbSQLServer. Text + " ;database = " + tb-
Database. Text + " ;uid = " + tbUserName. Text + " ;pwd = " + tbPassword. Text + " ;" ;
                }
    else
                {
                        strConn = " Data Source = " + tbSQLServer. Text + " ;Initial Cata-
log = " + tbDatabase. Text + " ;Integrated Security = SSPI;" ;
                }
    string error = string. Empty;
    if( BLL. BSqlServer. TestConnectDatabase( strConn,out error) )
                {
    MessageBox. Show( "连接数据库成功!" ) ;
                }
    else
                {
    MessageBox. Show( "连接数据库失败!" + error) ;
                }
        }
```

（2）输出设置

1）双击 btnBrowseSaveFolder 按钮，添加 btnBrowseSaveFolder 按钮的事件。

```
    privatevoid btnBrowseSaveFolder_Click( object sender,EventArgs e)
        {
    FolderBrowserDialog dialog = new FolderBrowserDialog( ) ;
    if( dialog. ShowDialog( ) = = DialogResult. OK)
                {
                        tbFileSavePath. Text = dialog. SelectedPath;
                }
        }
```

2）双击 btnSaveSettingFile 按钮，添加 btnSaveSettingFile 按钮的事件。

```
    privatevoid btnSaveSettingFile_Click( object sender,EventArgs e)
        {
            Common. ConfigOperator co = new Common. ConfigOperator( ) ;
```

```
            Model. MConfig mc = co. GetConfig( ) ;
            mc. Namespace = tbNamespace. Text;
            mc. SavedFilePath = tbFileSavePath. Text;
try
            {
                co. UpdateConfig( mc) ;
MessageBox. Show( "保存配置成功!" ) ;
            }
catch
            {
MessageBox. Show( "保存配置失败!" ) ;
            }
    }
```

3）添加 tabControl1 的 SelectedIndexChanged 事件。

```
private void tabControl1_SelectedIndexChanged( object sender,EventArgs e)
{
if( tabControl1. SelectedTab = = tabPage2)
            {
                Common. ConfigOperator co = new Common. ConfigOperator( ) ;
                Model. MConfig mc = co. GetConfig( ) ;
                tbSQLServer. Text = mc. Server;
                tbDatabase. Text = mc. Database;
                tbUserName. Text = mc. UserName;
                tbPassword. Text = mc. Password;
                tbNamespace. Text = mc. Namespace;
                tbFileSavePath. Text = mc. SavedFilePath;
            }
}
```

至此，系统设置的代码已经添加完成。

3.3 生成代码

在生成代码之前，需要连接数据库，读取数据库的数据表信息，并显示到 listBox1 里以供选择。

（1）打开 ISqlServer. cs，添加获取指定数据库的数据表名称列表的接口方法。

```
List < string > GetDataTable( string connString) ;
```

（2）打开 SSqlServer. cs，实现接口方法。

```
public List < string > GetDataTable( string connString)
```

```
{
List < string >  dataTable = newList < string > ( ) ;
string strSql = " select name from sysobjects where( xtype = ' U ' or xtype = ' V ')
and name not in(' dtproperties ',' sysconstraints ',' syssegments ') order by name" ;
SqlDataReader reader = SQLHelper. ExecuteReader( connString,
CommandType. Text, strSql, null) ;
while( reader. Read( ) )
        {
            dataTable. Add( reader[ "name" ]. ToString( ) ) ;
        }
        reader. Close( ) ;
return dataTable;
    }
```

(3) 打开 BSqlServer. cs，添加获取数据表名称列表的方法。

```
public static List < string > GetDataTable( )
    {
        Common. ConfigOperator co = new Common. ConfigOperator( ) ;
ISqlServer dalf = CreateInstance. CreateSqlServer( ) ;
return dalf. GetDataTable( co. GetConfig( ). ConnectionString) ;
    }
```

(4) 打开 MainForm 的 Design 视图，切换到 tabPage1，双击 btnConnectDB 按钮，创建 btnConnectDB 按钮的事件。

```
private void btnConnectDB_Click( object sender, EventArgs e)
{
try
{
        listBox1. Items. Clear( ) ;
        listBox2. Items. Clear( ) ;
List < string >  tables = BLL. BSqlServer. GetDataTable( ) ;
foreach( string table in tables)
        {
            listBox1. Items. Add( table) ;
        }
if( listBox1. Items. Count  >  0)
            {
                listBox1. SelectedIndex = 0;
```

```
                }
                Model. DatabaseVersionEnum verEnum =
BLL. BSqlServer. GetDatabaseVersion( ) ;
string ver = string. Empty;
if( verEnum = = Model. DatabaseVersionEnum. SQLServer2000)
                {
                    ver = " Microsoft SQL Server 2000" ;
                }
elseif( verEnum = = Model. DatabaseVersionEnum. SQLServer2005)
                {
                    ver = " Microsoft SQL Server 2005" ;
                }
elseif( verEnum = = Model. DatabaseVersionEnum. SQLServer2008)
                {
                    ver = " Microsoft SQL Server 2008" ;
                }
else
                {
                    ver = "未知" ;
                }
                toolStripStatusLabel1. Text = "数据库连接成功。当前数据库
版本为:" + ver;
            }
catch( Exception ex)
            {
                MessageBox. Show( ex. Message, "系统错误",
MessageBoxButtons. OK, MessageBoxIcon. Error) ;
            }
        }
```

(5) 添加 btnAddDataTable、btnAddDataTableAll、btnDelDataTable、btnDelDataTableAll 这四个按钮的事件，把 listBox1 里的数据表移动到 listBox2 里或把 listBox2 里的数据库移动到 listBox1 里。

```
        private void btnAddDataTable_Click( object sender, System. EventArgs e)
        {
int itemCount = listBox1. SelectedItems. Count;
if( itemCount > 0)
```

```
            {
object[ ] liArray = newobject[ itemCount ] ;
                    listBox1. SelectedItems. CopyTo( liArray,0) ;
for( int i =0;i  <  itemCount;i + + )
                    {
                        listBox2. Items. Add( liArray[ i ] ) ;
                        listBox1. Items. Remove( liArray[ i ] ) ;
                    }
            }
        }
private void btnAddDataTableAll_Click( object sender,System. EventArgs e)
        {
int itemCount = listBox1. Items. Count;
object[ ] liArray = new object[ itemCount ] ;
            listBox1. Items. CopyTo( liArray,0) ;
for( int i =0;i  <  itemCount;i + + )
            {
                listBox2. Items. Add( liArray[ i ] ) ;
                listBox1. Items. Remove( liArray[ i ] ) ;
            }
        }

private void btnDelDataTable_Click( object sender,System. EventArgs e)
        {
int itemCount = listBox2. SelectedItems. Count;
object[ ] liArray = newobject[ itemCount ] ;
            listBox2. SelectedItems. CopyTo( liArray,0) ;
for( int i =0;i  <  itemCount;i + + )
            {
                listBox1. Items. Add( liArray[ i ] ) ;
                listBox2. Items. Remove( liArray[ i ] ) ;
            }
        }

private void btnDelDataTableAll_Click( object sender,System. EventArgs e)
        {
```

```
int itemCount = listBox2. Items. Count;
object[ ] liArray = newobject[ itemCount];
                listBox2. Items. CopyTo( liArray,0);
for( int i =0;i  <  itemCount;i + +)
                {
                    listBox1. Items. Add( liArray[ i]);
                    listBox2. Items. Remove( liArray[ i]);
                }
            }
```

（6）最后生成代码。由于在获取数据表结构信息的 SQL 语句在 Microsoft SQL Server 2000 与 Microsoft SQL 2005 之后的版本不一致，所以在这时需要先判断数据库的版本。

1）添加数据库版本枚举

①在 Model 文件夹里添加数据库版本枚举类型 DatabaseVersionEnum。

```
using System;
namespace CodeBuilder. Model
{
public enum DatabaseVersionEnum
    {
        Unknow =0,
        SQLServer2000 =1,
        SQLServer2005 =2,
        SQLServer2008 =3
    }
}
```

（DatabaseVersionEnum. cs）

②打开 ISqlServer. cs，添加获取指定数据库版本的接口方法。

```
    string GetDatabaseVersion( string connString);
```

③打开 SSqlServer. cs，实现接口方法。

```
    public string GetDatabaseVersion( string connString)
    {
string strSql = "SELECT @ @ VERSION";
try
            {
return SQLHelper. ExecuteScalar( connString,CommandType. Text,strSql,null). To-
String( );
```

```
            }
catch
            {
return string.Empty;
            }
        }
```

2）添加获取数据库版本枚举

①打开 BSqlServer.cs，添加获取数据库版本枚举的方法。

```
    public static DatabaseVersionEnum GetDatabaseVersion()
    {
            Common.ConfigOperator co = new Common.ConfigOperator();
ISqlServer dalf = CreateInstance.CreateSqlServer();
string ver = dalf.GetDatabaseVersion(co.GetConfig().ConnectionString);
if(ver.ToLower().StartsWith("microsoft sql server 2008"))
            {
return DatabaseVersionEnum.SQLServer2008;
            }
else if(ver.ToLower().StartsWith("microsoft sql server 2005"))
            {
return DatabaseVersionEnum.SQLServer2005;
            }
else if(ver.ToLower().StartsWith("microsoft sql server 2000"))
            {
return DatabaseVersionEnum.SQLServer2000;
            }
return DatabaseVersionEnum.Unknow;
        }
```

②打开 ISqlServer.cs，获取数据表的结构信息的接口方法。

```
    System.Data.DataSet GetDataTableInfo(string connString, string tableName, DatabaseVersionEnum verion);
```

③打开 SSqlServer.cs，实现接口方法。

```
    public System.Data.DataSet GetDataTableInfo(string connString, string tableName, DatabaseVersionEnum verion)
        {
string strSql = string.Empty;
if(verion == DatabaseVersionEnum.SQLServer2000)
```

```
{
    strSql = "SELECT";
    strSql + = "    表名 = case when a. colorder = 1 then d. name
else " end,";
    strSql + = "    表说明 = case when a. colorder = 1 then isnull
(f. value,")else " end,";
    strSql + = "    字段序号 = a. colorder,";
    strSql + = "    字段名 = a. name,";
    strSql + = "    标识 = case when COLUMNPROPERTY(a. id,
a. name,'IsIdentity') = 1 then '√'else " end,";
    strSql + = "    主键 = case when exists(SELECT 1 FROM sy-
sobjects where xtype = 'PK' and name in(";
    strSql + = "        SELECT name FROM sysindexes WHERE
indid in(";
    strSql + = "            SELECT indid FROM sysin-
dexkeys WHERE id = a. id AND colid = a. colid";
    strSql + = "        )))then '√' else " end,";
    strSql + = "    类型 = b. name,";
    strSql + = "    占用字节数 = a. length,";
    strSql + = "    长度 = COLUMNPROPERTY(a. id,a. name,'PRE-
CISION'),";
    strSql + = "    小数位数 = isnull(COLUMNPROPER-
TY(a. id,a. name,'Scale'),0),";
    strSql + = "    允许空 = case when a. isnullable = 1 then '√' else
" end,";
    strSql + = "    默认值 = isnull(e. text,"),";
    strSql + = "    字段说明 = isnull(g. [value],")";
    strSql + = "FROM syscolumns a";
    strSql + = "    left join systypes b on a. xtype = b. xusertype";
    strSql + = "    inner join sysobjects d on a. id = d. id  and
(d. xtype = 'U' or d. xtype = 'V') and  d. name not in('dtproperties','sysconstraints',
'syssegments')";
    strSql + = "    left join syscomments e on a. cdefault = e. id";
    strSql + = "    left join sysproperties g on a. id = g. id and a. colid
= g. smallid";
    strSql + = "    left join sysproperties f on d. id = f. id and f. smallid
```

```
=0";
                    strSql + = "      where d. name ='" +tableName +"'";
                    strSql + = "      order by a. id,a. colorder";
                }
        else
                {
                    strSql = "SELECT";
                    strSql + = "      表名 = case when a. colorder = 1 then d. name else
'' end,";
                    strSql + = "      表说明 = case when a. colorder = 1 then isnull
(f. value,'') else '' end,";
                    strSql + = "      字段序号 = a. colorder,";
                    strSql + = "      字段名 = a. name,";
                    strSql + = "      标识 = case when COLUMNPROPERTY
( a. id, a. name, 'IsIdentity') = 1 then '√' else '' end,";
                    strSql + = "      主键 = case when exists(SELECT 1 FROM sysob-
jects where xtype = 'PK' and name in(";
                    strSql + = "              SELECT name FROM sysindexes WHERE
indid in(";
                    strSql + = "                  SELECT indid FROM sysin-
dexkeys WHERE id = a. id AND colid = a. colid";
                    strSql + = "              )))then '√' else '' end,";
                    strSql + = "      类型 = b. name,";
                    strSql + = "      占用字节数 = a. length,";
                    strSql + = "      长度 = COLUMNPROPERTY(a. id,a. name,'PRE-
CISION'),";
                    strSql + = "      小数位数 = isnull( COLUMNPROPERTY
( a. id, a. name, 'Scale'),0),";
                    strSql + = "      允许空 = case when a. isnullable = 1 then '√' else
'' end,";
                    strSql + = "      默认值 = isnull(e. text,''),";
                    strSql + = "      字段说明 = isnull(g. [value],'')";
                    strSql + = "FROM syscolumns a";
                    strSql + = "      left join systypes b on a. xtype = b. xusertype";
                    strSql + = "        inner join sysobjects d on a. id = d. id
and( d. xtype = 'U' or d. xtype = 'V') and   d. name not in('dtproperties','syscon-
```

```
straints','syssegments')";
                    strSql += "     left join syscomments e on a.cdefault = e.id";
                    strSql += "     left join sys.extended_properties g on a.id = g.major_id and a.colid = g.minor_id";
                    strSql += "     left join sys.extended_properties f on d.id = f.major_id and f.minor_id = 0";
                    strSql += "     where d.name = '" + tableName + "'";
                    strSql += "     order by a.id, a.colorder";
                }
    return SQLHelper.ExecuteDataSet(connString, CommandType.Text, strSql, null);
            }
```

3）打开 BSqlServer.cs，添加获取数据表结构信息的方法。

```
        public static System.Data.DataTable GetDataTableInfo(string tableName)
            {
                    Common.ConfigOperator co = new Common.ConfigOperator();
                    ISqlServer dalf = CreateInstance.CreateSqlServer();
    return dalf.GetDataTableInfo(co.GetConfig().ConnectionString, tableName, GetDatabaseVersion()).Tables[0];
            }
```

4）在 Common 文件夹里添加 CodeTypeHelper 类，此类的主要作用是对 C#数据类型和数据表字段的数据类型进行映射。

```
    using System;
    namespace CodeBuilder.Common
    {
    public class CodeTypeHelper
        {
    private CodeTypeHelper(){}
    public static string GetConvertFun(string sysType)
            {
    string ret = string.Empty;
    switch(sysType)
                {
    case"long":
                        ret = "Convert.ToInt64";
    break;
    case"bit":
```

```
                    ret = "Convert. ToBoolean" ;
break;
case"datetime" :
case"nvarchar" :
case"varchar" :
case"char" :
case"string" :
case"text" :
                    ret = "Convert. ToString" ;
break;
case"decimal" :
                    ret = "Convert. ToDecimal" ;
break;
case"image" :
                    ret = "Convert. __" ;
break;
case"int" :
                    ret = "Convert. ToInt32" ;
break;
case"numeric" :
                    ret = "Convert. ToDouble" ;
break;
case"double" :
                    ret = "Convert. ToDouble" ;
break;
case"money" :
                    ret = "Convert. ToDouble" ;
break;
case"tinyint" :
case"short" :
                    ret = "Convert. ToInt16" ;
break;
case"byte" :
                    ret = "Convert. ToByte" ;
break;
case"byte[ ]" :
```

```
                    ret = "(byte[])";
break;
            }
return ret;
        }
public static string GetDefaultValue(string sysType)
        {
string ret = string.Empty;
switch(sysType)
            {
case"long":
                    ret = "0";
break;
case"bool":
                    ret = "false";
break;
case"string":
                    ret = "\"\"";
break;
case"decimal":
                    ret = "0d";
break;
case"image":
                    ret = "null";
break;
case"int":
                    ret = "0";
break;
case"numeric":
                    ret = "0";
break;
case"double":
                    ret = "0d";
break;
case"money":
```

```
                    ret = "0d" ;
break;
case" short" :
                    ret = "0" ;
break;
case" byte" :
                    ret = "0" ;
break;
case" byte[ ]" :
                    ret = " null" ;
break;
          }
return ret;
     }

public static string GetSystemType( string sqlType)
     {
string ret = string. Empty;
switch( sqlType)
          {
case" bigint" :
                    ret = " long" ;
break;
case" bit" :
                    ret = " bool" ;
break;
case" char" :
case" varchar" :
case" nchar" :
case" nvarchar" :
case" datetime" :
case" smalldatetime" :
case" ntext" :
case" text" :
                    ret = " string" ;
break;
```

```
case"money":
                    ret = "double";
break;
case"smallmoney":
                    ret = "double";
break;
case"decimal":
                    ret = "decimal";
break;
case"image":
                    ret = "byte[ ]";
break;
case"int":
case"tinyint":
                    ret = "int";
break;
case"numeric":
                    ret = "double";
break;
case"float":
                    ret = "double";
break;
case"real":
                    ret = "double";
break;
case"smallint":
                    ret = "short";
break;
            }
return ret;
        }

public static string GetSqlDbType(string sqlType)
        {
string ret = string.Empty;
switch(sqlType)
```

```
{
case"bigint":
        ret = "SqlDbType.BigInt";
break;
case"bit":
        ret = "SqlDbType.Bit";
break;
case"char":
        ret = "SqlDbType.Char";
break;
case"datetime":
        ret = "SqlDbType.DateTime";
break;
case"decimal":
        ret = "SqlDbType.Decimal";
break;
case"float":
        ret = "SqlDbType.Float";
break;
case"image":
        ret = "SqlDbType.Image";
break;
case"int":
        ret = "SqlDbType.Int";
break;
case"numeric":
        ret = "SqlDbType.Float";
break;
case"money":
        ret = "SqlDbType.Money";
break;
case"nchar":
        ret = "SqlDbType.NChar";
break;
case"ntext":
        ret = "SqlDbType.NText";
```

```
break;
case"nvarchar":
                    ret = "SqlDbType. NVarChar";
break;
case"real":
                    ret = "SqlDbType. Real";
break;
case"smalldatetime":
                    ret = "SqlDbType. SmallDateTime";
break;
case"smallint":
                    ret = "SqlDbType. SmallInt";
break;
case"smallmoney":
                    ret = "SqlDbType. SmallMoney";
break;
case"text":
                    ret = "SqlDbType. Text";
break;
case"tinyint":
                    ret = "SqlDbType. TinyInt";
break;
case"varchar":
                    ret = "SqlDbType. VarChar";
break;
            }
return ret;
        }
    }
}
```

(CodeTypeHelper. cs)

在 Common 文件夹里添加 SourceDataInfor 类，此类的主要作用是解析从数据库里查询出来的数据表结构信息。

```
using System;
using System. Data;
using System. Collections;
```

```
namespace CodeBuilder. Common
{
public class SourceDataInfor
    {
private bool identityIsPrimaryKey = false;
private string identityFieldName = "" ;
private DictionaryEntry identityFieldInfor;
private Hashtable primaryKeyFieldsInfor = new Hashtable(10);
private Hashtable fieldsInfor = new Hashtable(100);
private Hashtable datetimeFields = new Hashtable(50);
private Hashtable datetimeDefault = new Hashtable(50);
private string primaryKeyParameters = "" ;
private string primaryKeyParametersDot = "" ;
private string identityParameter = "" ;

public bool IdentityIsPrimaryKey
        {
get
            {
return this. identityIsPrimaryKey;
            }
        }

public string IdentityFieldName
        {
get
            {
return this. identityFieldName;
            }
        }

public DictionaryEntry IdentityFieldInfor
        {
get
            {
```

```
return this. identityFieldInfor;
        }
    }

public Hashtable PrimaryKeyFieldsInfor
    {
get
        {
return this. primaryKeyFieldsInfor;
        }
    }

public Hashtable FieldsInfor
    {
get
        {
return this. fieldsInfor;
        }
    }

public string PrimaryKeyParameters
    {
get
        {
return this. primaryKeyParameters;
        }
    }

public string PrimaryKeyParametersDot
    {
get
        {
return this. primaryKeyParametersDot;
        }
    }
```

```
public string IdentityParameter
        {
get
            {
return this. identityParameter;
            }
        }

public bool IsDateTimeType( string fieldName)
        {
return this. datetimeFields[ fieldName] ! = null;
        }

public bool IsGetDate( string fieldName)
        {
return this. datetimeDefault[ fieldName] !  = null;
        }

public SourceDataInfor( DataTable dataTableStructure)
        {
string fName = "" ;
string fType = "";
foreach( DataRow row in dataTableStructure. Rows)
            {
                fName = row[ "字段名" ]. ToString( ) ;
                fType = CodeTypeHelper. GetSystemType( row[ "类型" ].
ToString( ) ) ;
this. fieldsInfor. Add( fName ,fType) ;
if( row[ "类型" ]. ToString( ) = = " datetime" | | row[ "类型" ]. ToString( ) = = "
smalldatetime" )
                {
if( row[ "默认值" ]. ToString( ) = = " ( getdate( ) ) " )
                        datetimeDefault. Add( fName ,fType) ;
this. datetimeFields. Add( fName ,fType) ;
                }
if( row[ "标识" ]. ToString( ) = = "√" )
```

```
                {
this. identityIsPrimaryKey = row[ "主键" ]. ToString( ) = = "√" ;
this. identityParameter = fType + " " + fName;
this. identityFieldName = fName;
this. identityFieldInfor = newDictionaryEntry( fName,fType) ;
                }
elseif( row[ "主键" ]. ToString( ) = = "√" )
                {
this. primaryKeyParameters + = " ," + fType + " " + fName;
this. primaryKeyParametersDot + = " ," + fName;
this. primaryKeyFieldsInfor. Add( fName,fType) ;
                }
            }
if( this. primaryKeyParameters ! = "" )
this. primaryKeyParameters = this. primaryKeyParameters. Substring(2) ;
if( this. primaryKeyParametersDot ! = "" )
this. primaryKeyParametersDot = this. primaryKeyParametersDot. Substring(2) ;
        }
    }
}
```

(SourceDataInfo. cs)

5）在 Common 文件夹里添加 CreateCode 类，并在此类里添加创建 BLL、IDAL、DAL、DALFactory、Model 代码文件内容的方法。

```
using System;
using System. Collections;
using System. Collections. Generic;
using System. Text;
using System. Data;

namespace CodeBuilder. Common
{
public class CreateCode
    {
private CreateCode( ){ }

private string CreateModelCode ( string rootNamespace, string author, string ta-
```

```
bleName,DataTable dataTableStructure)
            {
    StringBuilder codeStr = new StringBuilder();
                SourceDataInfor sourceInfor = new
    SourceDataInfor(dataTableStructure);

    int fieldCount = dataTableStructure. Rows. Count;

    string classDataTableName = tableName. Substring (0, 1) . ToUpper ( ) + ta-
bleName. Substring(1);
    string classDataSetName = "M" + classDataTableName;

    codeStr. Append("/ ****************************************** \r\n");
                codeStr. Append(" * \r\n");
                codeStr. Append(" * 作    者:" + author + "\r\n");
                codeStr. Append(" * 创建时间:" + System. DateTime. Now. ToString
("yyyy 年 MM 月 dd 日") + System. DateTime. Now. Hour. ToString("00") + "时" +
System. DateTime. Now. Minute. ToString ( " 00 ") + " 分 " +
System. DateTime. Now. Second. ToString("00") + "秒\r\n");
                codeStr. Append(" * 修改记录:\r\n");
                codeStr. Append(" *            \r\n");
                codeStr. Append(" * 描    述:Model(" + tableName + ")\r\n");
                codeStr. Append(" *       \r\n");

    codeStr. Append(" ******************************************/\r
\n\r\n");
                codeStr. Append("using System;\r\n");
                codeStr. Append(" \r\n");
                codeStr. Append("namespace" + rootNamespace + ". Model\r\n {\r\n");
                codeStr. Append("    public class" + classDataSetName + "\r\n");
                codeStr. Append("    {\r\n");
    foreach(DictionaryEntry fInfor in sourceInfor. FieldsInfor)
                {
                        codeStr. Append ( "     private" + fInfor. Value. ToString( )
 + "" + fInfor. Key. ToString( ). ToLower( ) + " = " + CodeTypeHelper. GetDefaultValue
(fInfor. Value. ToString( ). ToLower( )) + ";\r\n");
```

```
            }
            codeStr. Append( " \r\n" );
    foreach( DictionaryEntry fInfor in sourceInfor. FieldsInfor)
            {
                codeStr. Append( "        public" + fInfor. Value. ToString( ) + " "
+ fInfor. Key. ToString ( ) . Substring ( 0, 1 ) . ToUpper ( )  + fInfor. Key. ToString ( )
. Substring(1) + " \r\n" );
                codeStr. Append( "        { \r\n" );
                codeStr. Append( "          get\r\n" );
                codeStr. Append( "            {\r\n" );
                codeStr. Append( "            return this. " + fInfor. Key. ToString
( ). ToLower( ) + " ; \r\n" );
                codeStr. Append( "            }\r\n" );
                codeStr. Append( "          set\r\n" );
                codeStr. Append( "            {\r\n");
                codeStr. Append( "              this. " + fInfor. Key. ToString( )
. ToLower( ) + " = value; \r\n" );
                codeStr. Append( "            }\r\n" );
                codeStr. Append( "        }\r\n\r\n" );
            }
            codeStr. Append( "        }\r\n" );
            codeStr. Append( "} \r\n" );
    return codeStr. ToString( );
        }

    private string CreateSqlServerDALFile( string rootNamespace, string
    author, string tableName, DataTable dataTableStructure)
            {
    StringBuilder codeStr = newStringBuilder(2000);
            SourceDataInfor sourceInfor = new
    SourceDataInfor( dataTableStructure);
            DataRow row = null;
    int fieldCount = dataTableStructure. Rows. Count;
    string classDataTableName = tableName. Substring(0,1). ToUpper( ) +
```

```
tableName. Substring(1);
string classDataSetName = "S" + classDataTableName;

codeStr. Append("/ ****************************************** \r\n");

            codeStr. Append("  * \r\n");
            codeStr. Append("  * 作      者:" + author + "\r\n");
            codeStr. Append("  * 创建时间:" +
System. DateTime. Now. ToString("yyyy 年 MM 月 dd 日") +
System. DateTime. Now. Hour. ToString("00") + "时" +
System. DateTime. Now. Minute. ToString("00") + "分" +
System. DateTime. Now. Second. ToString("00") + "秒\r\n");
            codeStr. Append("  * 修改记录:\r\n");
            codeStr. Append("  *             \r\n");
            codeStr. Append("  * 描      述:SqlServerDAL(" + tableName
+ ")\r\n");
            codeStr. Append("  *              \r\n");

codeStr. Append(" ****************************************** / \r\n\r\n");
            codeStr. Append("using System;\r\n");
            codeStr. Append("using System. Data;\r\n");
            codeStr. Append("using System. Data. SqlClient;\r\n");
            codeStr. Append("\r\n");
            codeStr. Append("using " + rootNamespace + ". IDAL;\r\n");
            codeStr. Append("using " + rootNamespace + ". Model;\r\n");
            codeStr. Append("\r\n");
            codeStr. Append("namespace " + rootNamespace +
". SqlServerDAL\r\n{\r\n");
            codeStr. Append("    public class " + classDataSetName +
" : I" + classDataTableName + "\r\n");
            codeStr. Append("    {\r\n");
            codeStr. Append("    public int Insert(M" +
classDataTableName + " data)\r\n");
            codeStr. Append("            {\r\n");
            codeStr. Append("                int ret = 0;\r\n");
string tmpstr = "";
```

```
string identityNm = "";
string tmpstr1 = "";
string tmpstr2 = "";
int pi =0;
int retpi =0;
for(int i =0;i < fieldCount;i + + )
        {
                row = dataTableStructure. Rows[i];
if(row["默认值"]. ToString(). ToLower()!  = "(getdate())")
                {
if(row["字段名"]. ToString()!  = sourceInfor. IdentityFieldName)
                        {
                                tmpstr + = "," + row["字段名"]. ToString();
                                tmpstr1 + = ", \r\n          new
SqlParameter(\"@" + row["字段名"]. ToString() + "\"," +
CodeTypeHelper. GetSqlDbType(row["类型"]. ToString()) + "," + row["
长度"]. ToString() + ")";
if(CodeTypeHelper. GetSqlDbType(row["类型"]. ToString()) = =
"SqlDbType. DateTime")
                                {
                                        tmpstr2 + = "\r\n          if(data. " +
row["字段名"]. ToString(). Substring(0,1). ToUpper() + row["字段名"
]. ToString(). Substring(1) + " = = \"\") \r\n
cellParms[" + pi. ToString() + "]. Value = DBNull. Value; \r\n
else\r\n                cellParms[" + pi. ToString() + "]. Value =
data. " + row["字段名"]. ToString(). Substring(0,1). ToUpper() + row ["
字段名"]. ToString(). Substring(1) + ";";
                                }
else
                                {
                                        tmpstr2 + = "\r\n          cellParms[" +
pi. ToString() + "]. Value = data. " + row["字段名
"]. ToString(). Substring(0,1). ToUpper() + row["字段名
"]. ToString(). Substring(1) + ";";
                                }
                        }
```

```
else
                    {
                        identityNm = row["字段名"].ToString();
                        tmpstr1 + = ",\r\n            new
SqlParameter(\"@" + row["字段名"].ToString() + "\"," +
CodeTypeHelper.GetSqlDbType(row["类型"].ToString()) + "," + row["
长度"].ToString() + ")";
                        tmpstr2 + = "\r\n       cellParms[" +
pi.ToString() + "].Direction = ParameterDirection.Output;";
                        retpi = pi;
                    }
                    pi + +;
                }
            }
            tmpstr = tmpstr.Substring(1);
            tmpstr1 = tmpstr1.Substring(5);
            tmpstr2 = tmpstr2.Substring(4);
            codeStr.Append("          string tmpSQL = \"INSERT
INTO " + tableName + "(" + tmpstr + ")VALUES(@" + tmpstr.Replace(",",
",@") + ");SELECT @" + identityNm + " = @@IDENTITY\";\r\n");
            codeStr.Append("          \r\n");
            codeStr.Append("          SqlParameter[] cellParms =
{\r\n");
            codeStr.Append("    " + tmpstr1 + "\r\n");
            codeStr.Append("          };\r\n");
            codeStr.Append("       " + tmpstr2 + "\r\n");
            codeStr.Append("          \r\n");
            codeStr.Append("          using(SqlConnection conn =
new SqlConnection(SQLHelper.CONN_STRING_NON_DTC))\r\n");
            codeStr.Append("          {\r\n");
            codeStr.Append("       conn.Open();\r\n");
            codeStr.Append("       using(SqlTransaction
trans = conn.BeginTransaction())\r\n");
            codeStr.Append("       {\r\n");
            codeStr.Append("         try{\r\n");
            codeStr.Append("
```

```
SQLHelper. ExecuteNonQuery( trans, CommandType. Text, tmpSQL,
cellParms); \r\n");
                codeStr. Append("                    ret =
Convert. ToInt32( cellParms[ " + retpi. ToString( ) + " ]. Value); \r\n");
                codeStr. Append("
    trans. Commit( ); \r\n");
                codeStr. Append("                 } \r\n");
                codeStr. Append("                 catch( SqlException
err) { \r\n");
                codeStr. Append("
    trans. Rollback( ); \r\n");
                codeStr. Append("                    throw err; \r\n");
                codeStr. Append("                 } \r\n");
                codeStr. Append("               } \r\n");
                codeStr. Append("             } \r\n");
                codeStr. Append("                 return ret; \r\n");
                codeStr. Append("             } \r\n");
                codeStr. Append(" \r\n");
                codeStr. Append("        public bool ModifyByIdentity( M"
+ classDataTableName + " data) \r\n");
                codeStr. Append("               { \r\n");
                codeStr. Append("                    bool ret = false; \r\n");
                codeStr. Append("                    int returnvalue = 0; \r\n");
                codeStr. Append("                 string tmpSQL = \" \"; \r\n");
                tmpstr = "";
                tmpstr1 = "";
                tmpstr2 = "";
                pi = 0;
for( int i = 0; i < fieldCount; i + + )
                {
                    row = dataTableStructure. Rows[ i ];
if( row[ "字段名" ]. ToString( )! = sourceInfor. IdentityFieldName &&
row[ "默认值" ]. ToString( ). ToLower( )! = "(getdate( ))")
                    {
                        tmpstr + = "," + row[ "字段名" ]. ToString( ) + " =@ "
+ row[ "字段名" ]. ToString( );
```

```
                }
if(row["默认值"].ToString().ToLower()! ="(getdate())")
                {
                        tmpstr1 + =",\r\n              new
SqlParameter(\"@"+row["字段名"].ToString()+"\","+
CodeTypeHelper.GetSqlDbType(row["类型"].ToString())+","+row["
长度"].ToString()+")";
if(CodeTypeHelper.GetSqlDbType(row["类型"].ToString())= =
"SqlDbType.DateTime")
                        {
                              tmpstr2 + ="\r\n          if(data."+row["
字段名"].ToString().Substring(0,1).ToUpper()+row["字段名
"].ToString().Substring(1)+"= =\"\")\r\n
cellParms["+pi.ToString()+"].Value=DBNull.Value;\r\n
else\r\n                    cellParms["+pi.ToString()+"].Value=data."+
row["字段名"].ToString().Substring(0,1).ToUpper()+row["字段名"].ToString
().Substring(1)+";";
                        }
else
                        {
                              tmpstr2 + ="\r\n          cellParms["+
pi.ToString()+"].Value=data."+row["字段名
"].ToString().Substring(0,1).ToUpper()+row["字段名
"].ToString().Substring(1)+";";
                        }
                        pi + +;
                }
            }
            tmpstr=tmpstr.Substring(1);
            tmpstr1=tmpstr1.Substring(5);
            tmpstr2=tmpstr2.Substring(4);
            codeStr.Append("                tmpSQL=\"UPDATE "+
tableName+" SET "+tmpstr+" WHERE "+
sourceInfor.IdentityFieldName+" =@"+
sourceInfor.IdentityFieldName+"\";\r\n");
         codeStr.Append("                \r\n");
```

```
codeStr. Append("                    SqlParameter[] cellParms =
{\r\n");
codeStr. Append("        " + tmpstr1 + "\r\n");
codeStr. Append("             }; \r\n");
codeStr. Append("             " + tmpstr2 + "\r\n");
codeStr. Append("             \r\n");
codeStr. Append("                    using(SqlConnection conn =
new SqlConnection(SQLHelper. CONN_STRING_NON_DTC)) \r\n");
codeStr. Append("                   { \r\n");
codeStr. Append("              conn. Open(); \r\n");
codeStr. Append("              using(SqlTransaction
trans = conn. BeginTransaction()) \r\n");
codeStr. Append("          { \r\n");
codeStr. Append("             try{ \r\n");
codeStr. Append("                    returnvalue =
SQLHelper. ExecuteNonQuery(trans, CommandType. Text, tmpSQL,
cellParms); \r\n");
codeStr. Append("
    trans. Commit(); \r\n");
codeStr. Append("                    if(returnvalue >
0) \r\n");
codeStr. Append("                        ret =
true; \r\n");
codeStr. Append("              } \r\n");
codeStr. Append("                catch(SqlException
err) { \r\n");
codeStr. Append("
trans. Rollback(); \r\n");
codeStr. Append("
System. Console. WriteLine(err. Message); \r\n");
codeStr. Append("        } \r\n");
codeStr. Append("       } \r\n");
codeStr. Append("        } \r\n");
codeStr. Append("                 return ret; \r\n");
codeStr. Append("       } \r\n");
codeStr. Append("\r\n");
```

```
            codeStr.Append("        public bool DeleteByIdentity(" +
sourceInfor.IdentityParameter + ")\r\n");
            codeStr.Append("        {\r\n");
            codeStr.Append("            bool ret = false;\r\n");
            codeStr.Append("            int returnvalue = 0;\r\n");
            codeStr.Append("            string tmpSQL = \"\";\r\n");
            tmpstr1 = "";
            tmpstr2 = "";
            pi = 0;
for(int i = 0;i < fieldCount;i++)
            {
                row = dataTableStructure.Rows[i];
if(row["字段名"].ToString() == sourceInfor.IdentityFieldName)
                {
                    tmpstr1 += ",\r\n            new
SqlParameter(\"@" + row["字段名"].ToString() + "\"," +
CodeTypeHelper.GetSqlDbType(row["类型"].ToString()) + "," + row["
长度"].ToString() + ")";
                    tmpstr2 += "\r\n            cellParms[" +
pi.ToString() + "].Value = " + sourceInfor.IdentityFieldName + ";";
                    pi++;
                }
            }
              tmpstr = tmpstr.Substring(1);
if(tmpstr1.Length > 0)
                    tmpstr1 = tmpstr1.Substring(5);
if(tmpstr2.Length > 0)
                    tmpstr2 = tmpstr2.Substring(4);
              codeStr.Append("            tmpSQL = \"DELETE FROM " +
tableName + " WHERE " + sourceInfor.IdentityFieldName + " =@" +
sourceInfor.IdentityFieldName + "\";\r\n");
            codeStr.Append("            \r\n");
            codeStr.Append("            SqlParameter[] cellParms =
{\r\n");
            codeStr.Append("    " + tmpstr1 + "\r\n");
              codeStr.Append("            };\r\n");
```

```
            codeStr. Append("    " + tmpstr2 + "\r\n");
            codeStr. Append("         \r\n");
            codeStr. Append("                  using(SqlConnection conn =
new SqlConnection(SQLHelper. CONN_STRING_NON_DTC))\r\n");
            codeStr. Append("              {\r\n");
            codeStr. Append("            conn. Open();\r\n");
            codeStr. Append("            using(SqlTransaction
trans = conn. BeginTransaction())\r\n");
            codeStr. Append("             {\r\n");
            codeStr. Append("               try{\r\n");
            codeStr. Append("                  returnvalue =
SQLHelper. ExecuteNonQuery(trans,CommandType. Text,tmpSQL,
cellParms);\r\n");
            codeStr. Append("
    trans. Commit();\r\n");
            codeStr. Append("                  if(returnvalue >
0)\r\n");
            codeStr. Append("                      ret =
true;\r\n");
            codeStr. Append("              }\r\n");
            codeStr. Append("               catch(SqlException
err){\r\n");
            codeStr. Append("
    trans. Rollback();\r\n");
            codeStr. Append("
    System. Console. WriteLine(err. Message);\r\n");
            codeStr. Append("            }\r\n");
            codeStr. Append("         }\r\n");
            codeStr. Append("            }\r\n");
            codeStr. Append("          return ret;\r\n");
            codeStr. Append("        }\r\n");
            codeStr. Append("\r\n");
            codeStr. Append("     public M" + classDataTableName + "
GetRowByIdentity(" + sourceInfor. IdentityParameter + ")\r\n");
            codeStr. Append("        {\r\n");
            codeStr. Append("                M" + classDataTableName + "
```

```
data = null; \r\n");
                tmpstr = "";
                tmpstr1 = "";
                tmpstr2 = "";
string tmpstr3 = "";
                pi = 0;
for(int i = 0; i < fieldCount; i + + )
            {
            row = dataTableStructure. Rows[i];
            tmpstr + = "," + row["字段名"]. ToString();
            tmpstr3 + = "                data." + row["字
段名"]. ToString(). Substring(0,1). ToUpper() + row["字段名
"]. ToString(). Substring(1) + " = " +
CodeTypeHelper. GetConvertFun(row["类型"]. ToString()) + "(rdr[" +
i. ToString() + "]); \r\n";
if(row["字段名"]. ToString() = = sourceInfor. IdentityFieldName)
                {
                        tmpstr1 + = ", \r\n            new
SqlParameter(\"@" + row["字段名"]. ToString() + "\"," +
CodeTypeHelper. GetSqlDbType(row["类型"]. ToString()) + "," + row["
长度"]. ToString() + ")";
                        tmpstr2 + = "\r\n            cellParms[" +
pi. ToString() + "]. Value = " + sourceInfor. IdentityFieldName + ";";
                        pi + + ;
                }
        }
                tmpstr = tmpstr. Substring(1);
if(tmpstr1. Length > 0)
                        tmpstr1 = tmpstr1. Substring(5);
if(tmpstr2. Length > 0)
                        tmpstr2 = tmpstr2. Substring(4);
                codeStr. Append("                string tmpSQL = \"SELECT "
+ tmpstr + " FROM " + tableName + " WHERE " +
sourceInfor. IdentityFieldName + " = @" + sourceInfor. IdentityFieldName + "\"; \r\n");
                codeStr. Append("                \r\n");
                codeStr. Append("                SqlParameter[] cellParms = { \r\n");
```

```
                codeStr. Append("        " + tmpstr1 + "\r\n");
                codeStr. Append("              };\r\n");
                codeStr. Append("              " + tmpstr2 + "\r\n");
                codeStr. Append("                     using(SqlDataReader rdr =
SQLHelper. ExecuteReader(SQLHelper. CONN_STRING_NON_DTC,
CommandType. Text,tmpSQL,cellParms))\r\n");
                codeStr. Append("              {\r\n");
                codeStr. Append("              while(rdr. Read())\r\n");
                codeStr. Append("              {\r\n");
                codeStr. Append("                  try{\r\n");
                codeStr. Append("                     data = new M" +
classDataTableName + "();\r\n");
                codeStr. Append("" + tmpstr3 + "");
                codeStr. Append("                  }\r\n");
                codeStr. Append("                  catch(SqlException
err){\r\n");
                codeStr. Append("
    System. Console. WriteLine(err. Message);\r\n");
                codeStr. Append("                  }\r\n");
                codeStr. Append("              }\r\n");
                codeStr. Append("                  }\r\n");
                codeStr. Append("                     return data;\r\n");
                codeStr. Append("              }\r\n");
                codeStr. Append("\r\n");
                codeStr. Append("        public DataSet GetRows(string
condition)\r\n");
                codeStr. Append("        {\r\n");
                codeStr. Append("                     DataSet data = new
DataSet();\r\n");
                tmpstr = "";
for(int i =0;i < fieldCount;i + +)
            {
                    row = dataTableStructure. Rows[i];
                    tmpstr + = "," + row["字段名"]. ToString();
            }
                tmpstr = tmpstr. Substring(1);
```

```
if(tmpstr1. Length >0)
                tmpstr1 = tmpstr1. Substring(5) ;
if(tmpstr2. Length >0)
                tmpstr2 = tmpstr2. Substring(4) ;
            codeStr. Append("                    string tmpSQL = \"SELECT "
 + tmpstr + " FROM " + tableName + " \" + condition;\r\n") ;
            codeStr. Append("                    \r\n") ;
            codeStr. Append("                    using(SqlDataAdapter
dsCommand = new SqlDataAdapter()) \r\n") ;
            codeStr. Append("                    {\r\n") ;
            codeStr. Append("              try{\r\n") ;
            codeStr. Append("
    dsCommand. SelectCommand = new SqlCommand();\r\n") ;
            codeStr. Append("
    dsCommand. SelectCommand. CommandText = tmpSQL;\r\n") ;
            codeStr. Append("
    dsCommand. SelectCommand. Connection = new
SqlConnection(SQLHelper. CONN_STRING_NON_DTC);\r\n") ;
            codeStr. Append("
    dsCommand. Fill(data);\r\n") ;
            codeStr. Append("              }\r\n") ;
            codeStr. Append("              catch(SqlException
err){\r\n") ;
            codeStr. Append("
    System. Console. WriteLine(err. Message);\r\n") ;
            codeStr. Append("              }\r\n") ;
            codeStr. Append("                    }\r\n") ;
            codeStr. Append("                    return data;\r\n") ;
            codeStr. Append("              }\r\n") ;

            codeStr. Append("\r\n") ;
            codeStr. Append("        public DataSet
GetColumnRows(string tempSQL) \r\n") ;
            codeStr. Append("              {\r\n") ;
            codeStr. Append("                    DataSet data = new
DataSet();\r\n") ;
```

```
                    codeStr. Append("                    \r\n");
                    codeStr. Append("                    using(SqlDataAdapter
dsCommand = new SqlDataAdapter()) \r\n");
                    codeStr. Append("                    {\r\n");
                    codeStr. Append("                    try{\r\n");
                    codeStr. Append("
        dsCommand. SelectCommand = new SqlCommand(); \r\n");
                    codeStr. Append("
        dsCommand. SelectCommand. CommandText = tempSQL; \r\n");
                    codeStr. Append("
        dsCommand. SelectCommand. Connection = new
SqlConnection(SQLHelper. CONN_STRING_NON_DTC); \r\n");
                    codeStr. Append("
        dsCommand. Fill(data); \r\n");
                    codeStr. Append("                    }\r\n");
                    codeStr. Append("                    catch(SqlException
err){\r\n");
                    codeStr. Append("
        System. Console. WriteLine(err. Message); \r\n");
                    codeStr. Append("                    }\r\n");
                    codeStr. Append("                    }\r\n");
                    codeStr. Append("                    return data; \r\n");
                    codeStr. Append("                    }\r\n");

                    codeStr. Append("        }\r\n");
                    codeStr. Append("}\r\n");
return codeStr. ToString();
                    }

private string CreateBLLFile(string rootNamespace,string author,
string tableName, DataTable dataTableStructure)
                    {
StringBuilder codeStr = new StringBuilder(2000);
                    SourceDataInfor sourceInfor = new
SourceDataInfor(dataTableStructure);
```

```
string classDataTableName = tableName. Substring(0,1). ToUpper() +
tableName. Substring(1);
string classDataSetName = "B" + classDataTableName;

codeStr. Append("/ *************************************** \r\n");
            codeStr. Append("  * \r\n");
            codeStr. Append("  * 作      者:" + author + "\r\n");
            codeStr. Append("  * 创建时间:" +
System. DateTime. Now. ToString("yyyy 年 MM 月 dd 日 ") +
System. DateTime. Now. Hour. ToString("00") + "时" +
System. DateTime. Now. Minute. ToString("00") + "分" +
System. DateTime. Now. Second. ToString("00") + "秒\r\n");
            codeStr. Append("  * 修改记录:\r\n");
            codeStr. Append("  *               \r\n");
            codeStr. Append("  * 描      述:BLL(" + tableName +
")\r\n");
            codeStr. Append("  *         \r\n");

codeStr. Append(" *************************************** /\r\n\r\
n");
            codeStr. Append("using System;\r\n");
            codeStr. Append("using System. Data;\r\n");
            codeStr. Append("\r\n");
            codeStr. Append("using " + rootNamespace +
". Model;\r\n");
            codeStr. Append("using " + rootNamespace +
". DALFactory;\r\n");
            codeStr. Append("using " + rootNamespace + ". IDAL;\r\n");
            codeStr. Append("\r\n");
            codeStr. Append("namespace " + rootNamespace +
". BLL\r\n{\r\n");
            codeStr. Append("      public class " + classDataSetName +
"\r\n");
            codeStr. Append("      {\r\n");
            codeStr. Append("      public int Insert(M" +
classDataTableName + " data)\r\n");
            codeStr. Append("        {\r\n");
```

```
            codeStr.Append("                    I" + classDataTableName + "
dalf = CreateInstance.Create" + classDataTableName + "();\r\n");
            codeStr.Append("                    return
dalf.Insert(data);\r\n");
            codeStr.Append("                }\r\n");
            codeStr.Append("\r\n");
            codeStr.Append("        public bool ModifyByIdentity(M"
+ classDataTableName + " data)\r\n");
            codeStr.Append("                {\r\n");
            codeStr.Append("                    I" + classDataTableName + "
dalf = CreateInstance.Create" + classDataTableName + "();\r\n");
            codeStr.Append("                    return
dalf.ModifyByIdentity(data);\r\n");
            codeStr.Append("                }\r\n");
            codeStr.Append("\r\n");
            codeStr.Append("        public bool DeleteByIdentity(" +
sourceInfor.IdentityParameter + ")\r\n");
            codeStr.Append("                {\r\n");
            codeStr.Append("                    I" + classDataTableName + "
dalf = CreateInstance.Create" + classDataTableName + "();\r\n");
            codeStr.Append("                    return
dalf.DeleteByIdentity(" + sourceInfor.IdentityFieldName +
");\r\n");
            codeStr.Append("                }\r\n");
            codeStr.Append("\r\n");
            codeStr.Append("        public M" + classDataTableName +
" GetRowByIdentity(" + sourceInfor.IdentityParameter + ")\r\n");
            codeStr.Append("                {\r\n");
            codeStr.Append("                    I" + classDataTableName + "
dalf = CreateInstance.Create" + classDataTableName + "();\r\n");
            codeStr.Append("                    return
dalf.GetRowByIdentity(" + sourceInfor.IdentityFieldName +
");\r\n");
            codeStr.Append("                }\r\n");
            codeStr.Append("\r\n");
            codeStr.Append("        public DataSet GetRows(string
```

```
condition)\r\n");
                codeStr.Append("             {\r\n");
                codeStr.Append("                     I" + classDataTableName + "
dalf = CreateInstance.Create" + classDataTableName + "();\r\n");
                codeStr.Append("                     return
dalf.GetRows(condition);\r\n");
                codeStr.Append("             }\r\n");
                codeStr.Append("\r\n");
                codeStr.Append("       public DataSet
GetColumnRows(string condition)\r\n");
                codeStr.Append("             {\r\n");
                codeStr.Append("                     I" + classDataTableName + "
dalf = CreateInstance.Create" + classDataTableName + "();\r\n");
                codeStr.Append("                     return
dalf.GetColumnRows(condition);\r\n");
                codeStr.Append("             }\r\n");
                codeStr.Append("       }\r\n");
                codeStr.Append("}\r\n");
return codeStr.ToString();
        }


private string CreateIDALFile(string rootNamespace,string author,
string tableName,DataTable dataTableStructure)
        {
StringBuilder codeStr = new StringBuilder(2000);
                SourceDataInfor sourceInfor = new
SourceDataInfor(dataTableStructure);
string classDataTableName = tableName.Substring(0,1).ToUpper() +
tableName.Substring(1);
string classDataSetName = "I" + classDataTableName;

codeStr.Append("/*************************************** \r\n");
                codeStr.Append(" * \r\n");
                codeStr.Append(" * 作　　者:" + author + "\r\n");
                codeStr.Append(" * 创建时间:" +
System.DateTime.Now.ToString("yyyy 年 MM 月 dd 日 ") +
```

```
System. DateTime. Now. Hour. ToString("00") + "时" +
System. DateTime. Now. Minute. ToString("00") + "分" +
System. DateTime. Now. Second. ToString("00") + "秒\r\n");
            codeStr. Append(" * 修改记录:\r\n");
            codeStr. Append(" *           \r\n");
            codeStr. Append(" * 描    述:IDAL(" + tableName + "
)\r\n");
            codeStr. Append(" * \r\n");

codeStr. Append(" ***************************************** /\r\n\r\
n");
            codeStr. Append("using System;\r\n");
            codeStr. Append("using System. Data;\r\n");
            codeStr. Append("using " + rootNamespace +
". Model;\r\n");
            codeStr. Append("\r\n");
            codeStr. Append("namespace " + rootNamespace +
". IDAL\r\n{\r\n");
            codeStr. Append("      public interface " +
classDataSetName + "\r\n");
            codeStr. Append("      {\r\n");
            codeStr. Append("      int Insert(M" +
classDataTableName + " data);\r\n");
            codeStr. Append("      \r\n");
            codeStr. Append("      bool ModifyByIdentity(M" +
classDataTableName + " data);\r\n");
            codeStr. Append("      \r\n");
            codeStr. Append("      bool DeleteByIdentity(" +
sourceInfor. IdentityParameter + ");\r\n");
            codeStr. Append("      \r\n");
            codeStr. Append("      M" + classDataTableName + "
GetRowByIdentity(" + sourceInfor. IdentityParameter + ");\r\n");
            codeStr. Append("      \r\n");
            codeStr. Append("      DataSet GetRows(string
condition);\r\n");
            codeStr. Append("      \r\n");
```

```
                codeStr. Append("        DataSet GetColumnRows(string
condition);\r\n");
                codeStr. Append("        }\r\n");
                codeStr. Append("}\r\n");
return codeStr. ToString();
        }
private string CreateDALFactoryFile(string rootNamespace,string
author,string[] tableName)
        {
StringBuilder codeStr = new StringBuilder(2000);
string c_tableName = "";
string classDataTableName = "";
string classDataSetName = "";

codeStr. Append("/ ****************************************** \r\n");
                codeStr. Append(" * \r\n");
                codeStr. Append(" * 作    者:" + author + "\r\n");
                codeStr. Append(" * 创建时间:" +
System. DateTime. Now. ToString("yyyy 年 MM 月 dd 日") +
System. DateTime. Now. Hour. ToString("00") + "时" +
System. DateTime. Now. Minute. ToString("00") + "分" +
System. DateTime. Now. Second. ToString("00") + "秒\r\n");
                codeStr. Append(" * 修改记录:\r\n");
                codeStr. Append(" *        \r\n");
                codeStr. Append(" * 描    述:DALFactory\r\n");
                codeStr. Append(" *        \r\n");

codeStr. Append(" ****************************************** /\r\n\r\
n");
                codeStr. Append("using System;\r\n");
                codeStr. Append("using System. Reflection;\r\n");
                codeStr. Append("using System. Configuration;\r\n");
                codeStr. Append("\r\n");
                codeStr. Append("using " + rootNamespace + ". IDAL;\r\n");
                codeStr. Append("using " + rootNamespace +
". SqlServerDAL;\r\n");
```

```
                    codeStr. Append(" \r\n");
                    codeStr. Append(" namespace " + rootNamespace +
". DALFactory\r\n{\r\n");
                    codeStr. Append("      public class CreateInstance\r\n");
                    codeStr. Append("      {\r\n");
                    codeStr. Append("      private static readonly string
path = ConfigurationManager. AppSettings[\"WebDAL\"];\r\n");

for(int i =0;i < tableName. Length;i + + )
                    {
                        c_tableName = tableName[i]. ToString();
                        classDataTableName = c_tableName. Substring(0,
1). ToUpper() + c_tableName. Substring(1);
                        classDataSetName = "I" + classDataTableName;

                        codeStr. Append("        public static " +
classDataSetName + " Create" + classDataTableName + "()\r\n");
                        codeStr. Append("        {\r\n");
                        codeStr. Append("             string className = path
 + \". S" + classDataTableName + "\";\r\n");
                        codeStr. Append("             return(" +
classDataSetName +
")Assembly. Load(path). CreateInstance(className);\r\n");
                        codeStr. Append("        }\r\n\r\n");
                    }

                    codeStr. Append("      }\r\n");
                    codeStr. Append("}\r\n");
return codeStr. ToString();
                }
    }
}
```

(CreateCode. cs)

6)打开 MainForm. cs 代码,添加 System. IO 命名空间的引用。再打开 MainForm 的 Design 视图,双击 btnCreateCode 按钮,添加 btnCreateCode 按钮事件:

```
            private void btnCreateCode_Click(object sender,EventArgs e)
```

```
{
if(this. listBox2. Items. Count = =0)
        {
                MessageBox. Show("您还没有选择数据表,请检查!","提示
信息",MessageBoxButtons. OK,MessageBoxIcon. Error);
return;
        }
string[] tableNames = newstring[listBox2. Items. Count];
        listBox2. Items. CopyTo(tableNames,0);
        Common. ConfigOperator co = new Common. ConfigOperator();
        Model. MConfig mConfig = co. GetConfig();

if(mConfig. SavedFilePath. Length = =0 || mConfig. Namespace. Length = =0)
        {
                MessageBox. Show("请先进行系统设置!","提示信息",
MessageBoxButtons. OK,MessageBoxIcon. Error);
return;
        }

int fileNum =0;
string fullPath = co. GetConfig(). SavedFilePath + "\\";
//生成 DALFactory 文件
if(! Directory. Exists(fullPath + "DALFactory"))
        {
Directory. CreateDirectory(fullPath + "DALFactory");
        }
string path = fullPath + "DALFactory\\CreateInstance. cs";
if(! File. Exists(path))
        {
using(FileStream fs = File. Create(path)){ }
        }
using(StreamWriter sw = newStreamWriter(path,false,
System. Text. Encoding. UTF8))
        {

sw. Write(Common. CreateCode. CreateDALFactoryCode(mConfig. Namespace,
```

```
tbAuthor. Text,tableNames));
                    }
                    fileNum + +;
for(int i =0;i < tableNames. Length;i + +)
                    {
string _tableName = tableNames[i];

//生成 BLL 文件
if(! Directory. Exists(fullPath + "BLL"))
                              {
Directory. CreateDirectory(fullPath + "BLL");
                              }
                              path = fullPath + "BLL\\B" + _tableName. Substring(0,
1). ToUpper() + _tableName. Substring(1) + ". cs";
if(! File. Exists(path))
                              {
using(FileStream fs = File. Create(path)){ }
                              }

using(StreamWriter sw = newStreamWriter(path,false,
System. Text. Encoding. UTF8))
                              {

sw. Write(Common. CreateCode. CreateBLLCode(mConfig. Namespace,
tbAuthor. Text,_tableName,
BLL. BSqlServer. GetDataTableInfo(_tableName)));
                              }
                              fileNum + +;

//生成 IDAL 文件
if(! Directory. Exists(fullPath + "IDAL"))
                              {
Directory. CreateDirectory(fullPath + "IDAL");
                              }
                              path = fullPath + "IDAL\\I" + _tableName. Substring(0,
```

```
1). ToUpper( ) +_tableName. Substring(1) + ". cs" ;
if( ! File. Exists(path))
                    {
using(FileStream fs = File. Create(path)) { }
                    }

using(StreamWriter sw = newStreamWriter(path,false,
System. Text. Encoding. UTF8))
                    {

sw. Write(Common. CreateCode. CreateIDALCode(mConfig. Namespace,
tbAuthor. Text,_tableName,
BLL. BSqlServer. GetDataTableInfo(_tableName)));
                    }
                    fileNum + + ;
//生成 SqlServerDAL 文件
if( ! Directory. Exists(fullPath + "SqlServerDAL"))
                    {
Directory. CreateDirectory(fullPath + "SqlServerDAL");
                    }
                    path = fullPath + "SqlServerDAL\\S" +
_tableName. Substring(0,1). ToUpper( ) +_tableName. Substring(1) + ". cs" ;
if( ! File. Exists(path))
                    {
using(FileStream fs = File. Create(path)) { }
                    }

using(StreamWriter sw = newStreamWriter(path,false,
System. Text. Encoding. UTF8))
                    {

sw. Write(Common. CreateCode. CreateSqlServerDALCode(mConfig. Namespace,
tbAuthor. Text,_tableName,
BLL. BSqlServer. GetDataTableInfo(_tableName)));
                    }
                    fileNum + + ;
```

```
//生成 Model 文件
if(! Directory. Exists(fullPath + "Model"))
        {
Directory. CreateDirectory(fullPath + "Model");
        }
            path = fullPath + "Model\\M" +_tableName. Substring(0,
1). ToUpper() +_tableName. Substring(1) + ". cs";
if(! File. Exists(path))
        {
using(FileStream fs = File. Create(path)){ }
        }
using(StreamWriter sw = newStreamWriter(path,false,
System. Text. Encoding. UTF8))
        {
sw. Write(Common. CreateCode. CreateModelCode(mConfig. Namespace,
tbAuthor. Text,_tableName,
BLL. BSqlServer. GetDataTableInfo(_tableName)));
        }
            fileNum + +;
if(toolStripStatusLabel1 ! = null)
                toolStripStatusLabel1. Text = "生成 " + path;
    }
if(toolStripStatusLabel1 ! = null)
    {
            toolStripStatusLabel1. Text = "生成代码文件成功,共生成
了" + fileNum. ToString() + " 个文件!";
    }
  }
```

7)打开 MainForm 的 Design 视图,双击 btnExit 按钮,添加 btnExit 按钮事件。

```
private void btnExit_Click(object sender,EventArgs e)
{
    Application. Exit();
}
```

现在，已经完成了编写代码的工作，接下来将进行代码生成工具的测试。

第五步　系统测试

系统测试是将已经确认的软件、计算机硬件、外部设备、网络等其他元素结合在一起，进行信息系统的各种组装测试和确认测试，其目的是通过与系统的需求相比较，发现所开发的系统与用户需求不符或矛盾的地方，从而提出更加完善的方案。

系统测试的具体步骤分为：制订系统测试计划，设计系统测试用例，执行系统测试，缺陷管理与改错。

第六步　安装与部署

1. 编译整个解决方案

在 Solution Explorer 里右击 CodeBuilder 项目，在上下文菜单里选择“Properties”，将“Configuration”设为“Active（Release）”，保存项目配置。按“Shift + F6”组合键编译 CodeBuilder 项目。

2. 建立安装项目

（1）在 Solution Explorer 里右击解决方案，“Add”→“New Project”，在弹出的对话框里选择“Other Project Types”→“Setup and Deployment”→“Visual Studio Installer”，添加一个“Setup Project”，如图 2—1—11 所示。

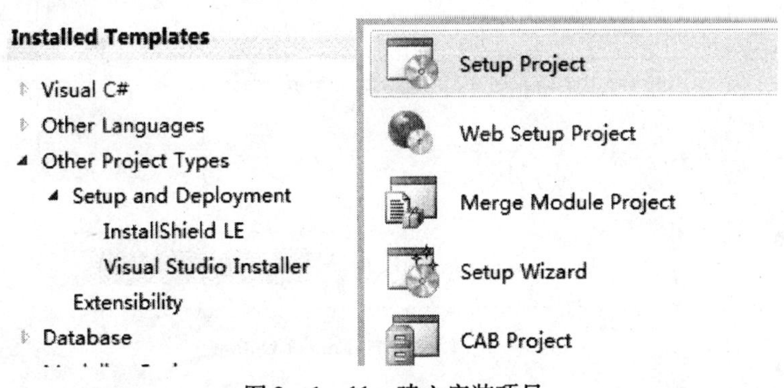

图 2—1—11　建立安装项目

（2）完成后即可进入安装项目文件系统，如图 2—1—12 所示。

（3）双击“Application Folder”，在右边的空白处右击，在弹出来的快捷菜单里选择“Add”→“Project Output”。

（4）选择“CodeBuilder”“Primary output”，如图 2—1—13 所示。单击“OK”按钮完成添加主输出。

（5）在 Solution Explorer 里选中安装项目，按 F4 键显示安装项目的属性。在属性里，可以设置一些安装信息，如图 2—1—14 所示。

（6）在 Solution Explorer 里右击安装项目，选择“Properties”，在这里可以设置安装包的一些属性，如图 2—1—15 所示。

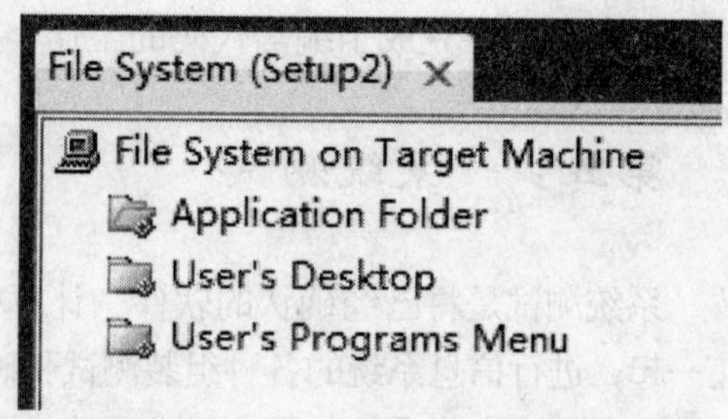

图 2—1—12　安装项目文件系统

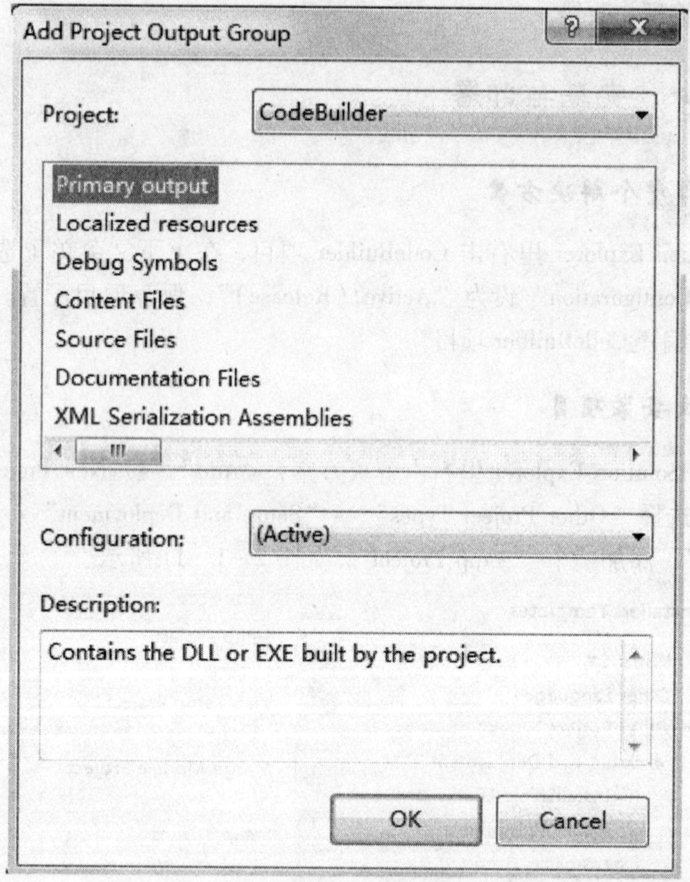

图 2—1—13　添加 Project Output

（7）点击“Prerequistes”按钮，可以选择设定安装程序的系统必备组件。

（8）设置完成后，在 Solution Explorer 里右击安装项目，选择“Build”编译项目生成安装文件。

3. 进行安装测试

（1）打开安装项目里的 debug 文件夹，双击“setup. exe”进行安装，显示页

Properties

Setup1 Deployment Project Properties

AddRemoveProgramsIcon	(None)
Author	Microsoft
Description	
DetectNewerInstalledVersic	True
InstallAllUsers	False
Keywords	
Localization	English (United States)
Manufacturer	Microsoft
ManufacturerUrl	
PostBuildEvent	
PreBuildEvent	
ProductCode	{71094B14-A032-4AC4-B493-FC8
ProductName	Setup1
RemovePreviousVersions	False
RunPostBuildEvent	On successful build
SearchPath	
Subject	
SupportPhone	
SupportUrl	
TargetPlatform	x86
Title	Setup1
UpgradeCode	{2F09879A-5CB1-41E7-8FC7-7BD
Version	1.0.0

图 2—1—14　安装信息

面如图 2—1—16 所示。

（2）单击“Next”按钮直至单击“Close”按钮完成安装。

（3）找到安装文件夹下的“CodeBuilder. exe”，双击运行代码生成工具看是否正常。

> **老 C 提醒：**
>
> 卸载安装程序时，可以再次双击 debug 文件夹下的“setup. exe”。

4. 正式发布

（1）在 Visual Studio 的菜单里选择“Build”→“Configuration Manager”，如图 2—1—17 所示。

（2）将 CodeBuilder 和 Setup1 的“Configuration”属性均设置为“Release”，如

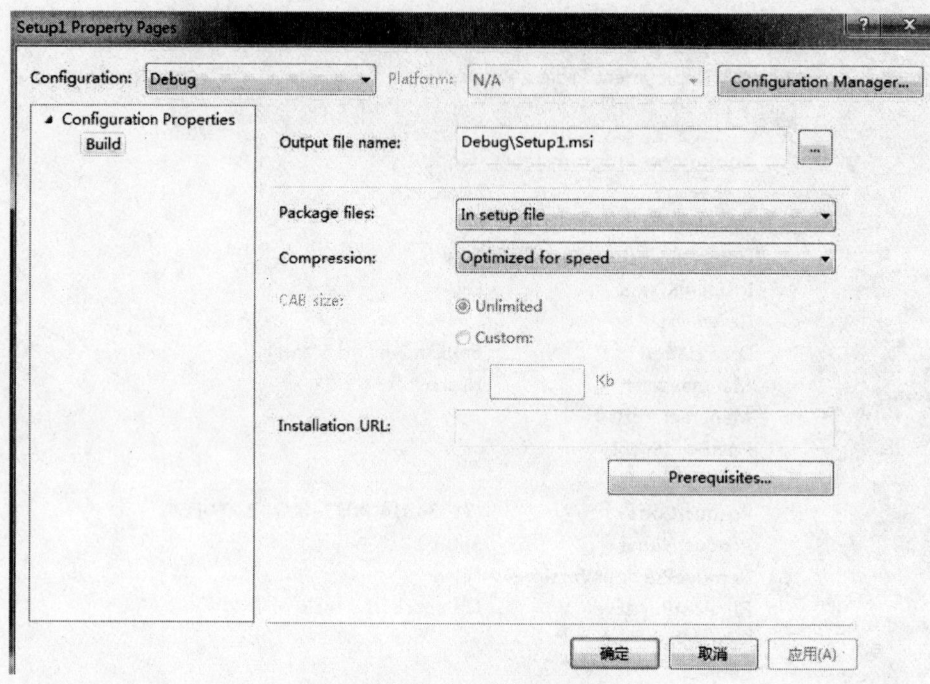

图 2—1—15　设置安装包属性

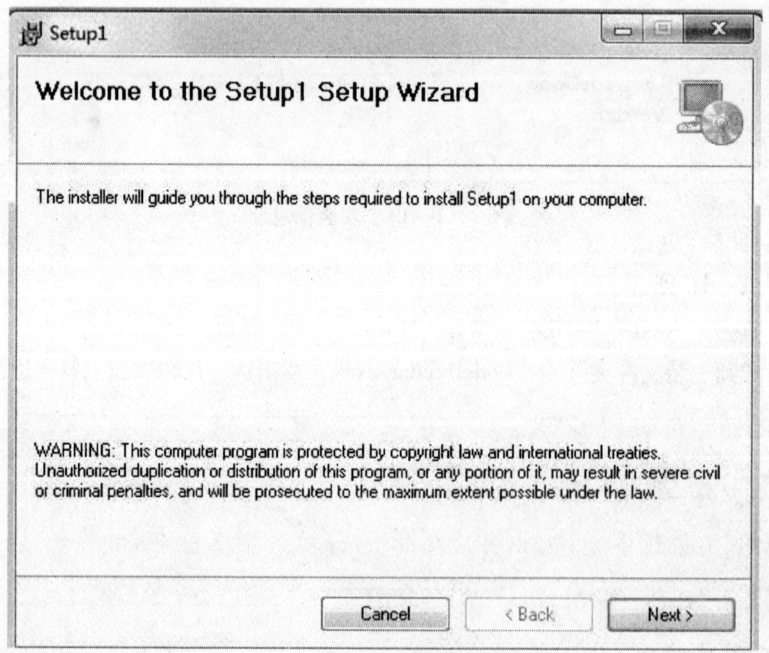

图 2—1—16　打开安装测试导引

图 2—1—18 所示。

（3）保存配置并编译，编译生成的安装程序可在安装项目里的 Release 文件里找到。

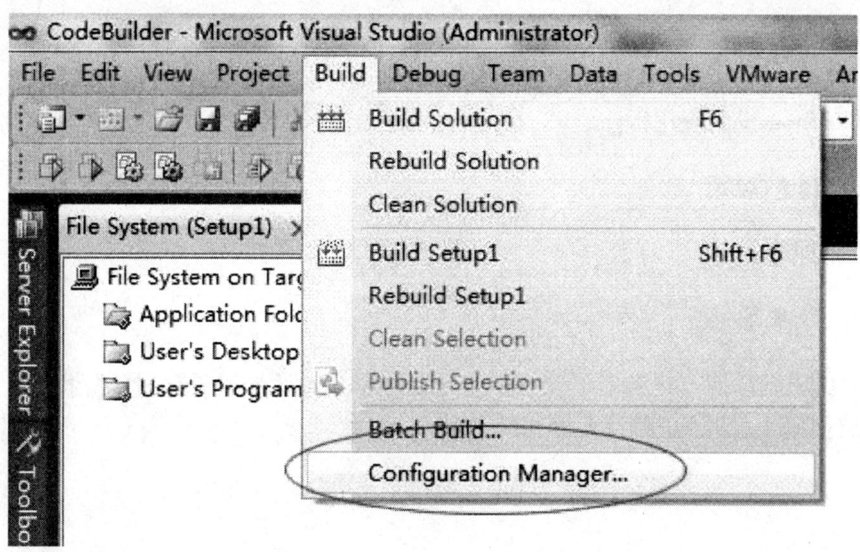

图 2—1—17 打开“Configuration Manager”

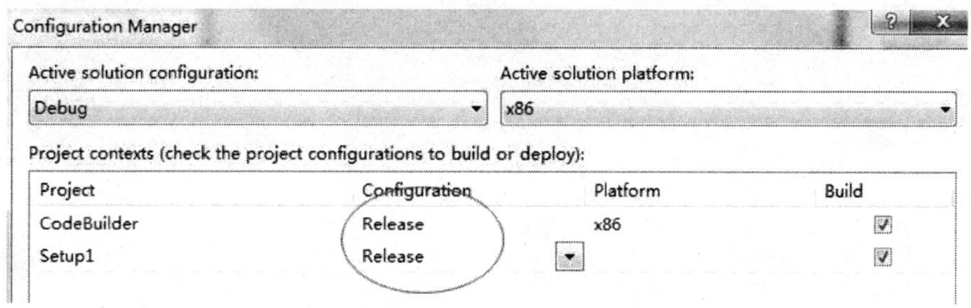

图 2—1—18 设置 Configuration 属性

老 C 提醒：

代码生成工具很多，但很少有完全开源的，最好用的当然是自己根据项目定制的。你不仅可以生成底层的代码，还可以生成页面代码，这就是人工劳动和机械化劳动的效率区别。

实操演练

1. 实操要求

建立一个数据库，同时建立一个表（要有主键），使用本任务开发完成的代码生成器连接数据库生成多层代码，并创建一个新项目，将生成的代码添加到项目中，实现一个简单的增加新记录的操作。

2. 环境设置

Windows 桌面应用程序。

3. 模拟时间

1 个课时。

4. 效果要求

学员巩固掌握本任务所学知识，主要是让学员动手实验，通过实际操作，熟悉C#多层代码生成器的应用。

工作任务二　Windows Service 开发

老 C：Windows 服务的应用越来越广泛，下面通过一个发送 e-mail 服务实例给你介绍一下 Windows Service 的开发过程。

小 C：好的，什么是 Windows 服务呢？

老 C：Microsoft Windows 服务使你能够创建在它们自己的 Windows 会话中可长时间运行的可执行应用程序。这些服务可以在计算机启动时自动启动，可以暂停和重新启动，而且不显示任何用户界面。

小 C：具体包括哪些，如何来实现呢？

老 C：下面我们通过一个定时发送电子邮件的服务来展开说明。

小 C：好的。

基础知识

Microsoft Windows 服务能够创建在它们自己的 Windows 会话中可长时间运行的可执行应用程序。Windows 服务可以在计算机启动时不需要工作人员进行登录就自动运行，且不显示任何用户界面，这使 Windows 服务非常适合在服务器上使用，或为了不影响在同一台计算机上工作的其他用户，需要长时间运行功能时使用。还可以在不同于登录用户的特定用户账户或默认计算机账户的安全时运行服务。

工作步骤

第一步　需求分析

某论坛网站（XBBS）拥有大量的注册会员，网站管理员为了增强会员对网站的亲和度，希望在会员生日的前一天给会员发送包含“生日快乐”祝辞的 e-mail。

这个发送生日祝辞 e-mail 的功能由程序自动完成，不需要人工干涉。

由于 Windows 服务在计算机启动时可自动运行，并可以长时间运行，所以选用 Windows 服务来完成此功能需求。

第二步 系统设计

发送包含生日祝辞的 e-mail 的业务流程如图 2—2—1 所示。

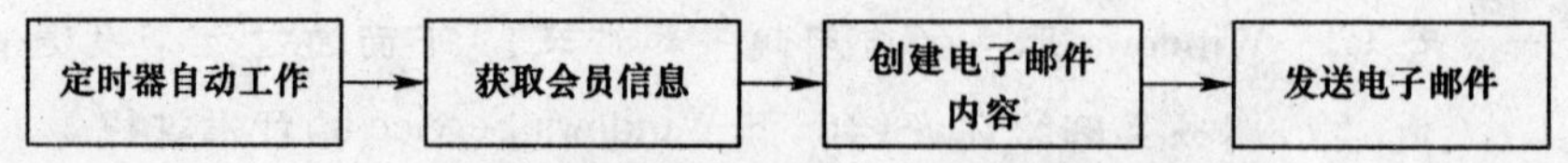

图 2—2—1 发送包含生日祝辞的 e-mail 的业务流程

在 Windows 服务里设置一个时间点，使用定时器每天定点自动发送一次电子邮件。

数据库名称为 XBBS，只对会员信息表 Member 进行数据读取操作。

创建电子邮件内容时，需要使每封电子邮件的内容都显示各个会员的姓名，对会员单独祝辞，使电子邮件显得很友好。电子邮件内容的模板如下：

尊敬的［×××］，您好：

明天是您的生日，在此祝您生日快乐，一切顺利！

XBBS 全体工作人员

［时间］

数据表 Member 的结构见表 2—2—1。

表 2—2—1 数据表 Member 的结构

字段名称	字段类型	是否为主键	是否允许为空	说明
id	Int	是	否	自增
Name	NVarchar（50）	否	是	会员姓名
Email	Varchar（100）	否	是	会员电子邮箱
Birthday	DateTime	否	是	会员生日

第三步 界面设计

由于 Windows 服务在后台运行，所以不需要设计界面。

第四步 系统开发

本例中使用 C#代码进行开发，开发工具是 Microsoft Visual Studio 2008，数据库使用 Microsoft SQL Server 2008。

1. 创建一个 Windows 服务

打开 Microsoft Visual Studio 2008，“文件”→“新建”→“项目”，选择“Visual C#”→“Windows”，选择“Windows 服务”，将项目名称改为“XBBSBirthdaySrv”，如图 2—2—2 所示。

图 2—2—2　创建新服务

2. 编写代码

在这个项目里，仍然使用三层架构的方式。在“解决方案资源管理器”中，右击项目文件“XBBSBirthdaySrv”，添加三层架构里使用的“BLL”“DAL”“IDAL”“SqlServerDAL”“DALFactory”“Model”文件夹。

2.1 配置文件

在项目根目录下添加 App. config。

```
<? xmlversion = "1.0" encoding = "utf-8" ? >
< configuration >
```

```
<appSettings>
<addkey = "LocalConnectionString"  value = "server = (local); database = XBBS;
uid = sa; pwd = ;" />
<addkey = "DAL"  value = "XBBSBirthdaySrv" />
<addkey = "SendTime"  value = "21: 30" />
</appSettings>
</configuration>
```

“LocalConnectionString” 键的值是数据库连接字符串，“DAL” 键的值是数据层将要使用的反射路径，“SendTime” 键的值是定时器的电子邮件发送时间，采用“小时：分钟”的格式，为24小时制。

2.2 服务代码

（1）打开 Service1 的设计视图，按 F4 键进入 Service1 的属性视图，将 ServiceName 属性设置为“XBBSBirthdayService”，如图 2—2—3 所示。

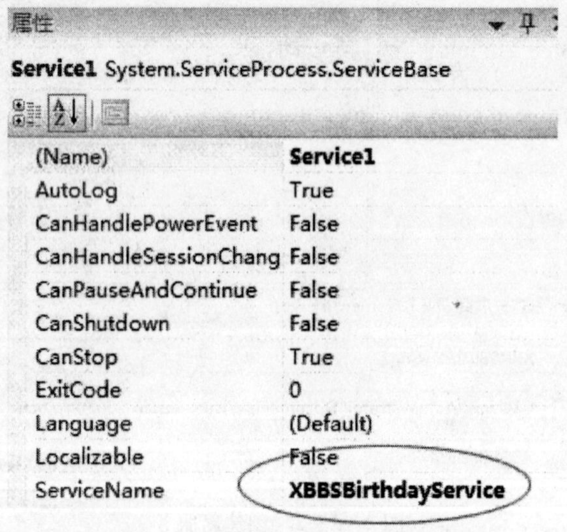

图 2—2—3 设置 ServiceName 属性

（2）打开 Service1 的代码视图，加入定时器。加完定时器后 Service1 类代码如下：

```
public partial class Service1 : ServiceBase
  {
private System. Timers. Timer timer1 = new System. Timers. Timer( );
public Service1( )
        {
            InitializeComponent( );
```

```
                timer1. Enabled = true;
                timer1. Interval = 10000;
                timer1. Elapsed + = new
System. Timers. ElapsedEventHandler( timer1_Elapsed) ;
            }
protecte doverride void OnStart( string[ ] args)
            {
            }
protected override void OnStop( )
            {
            }
private void timer1_Elapsed( object sender,
System. Timers. ElapsedEventArgs e)
            {

            }
        }
```

(3) 添加时间判断并发送电子邮件的代码。在“timer1_ Elapsed”事件里添加时间判断并发送电子邮件的代码。

1) 在“解决方案资源管理器”里右击 SqlServerDAL 文件夹，“添加”→“添加类”，添加 SQLHelper. cs 类。

```
using System;
using System. Collections. Generic;
using System. Text;
using System. Data;
using System. Data. SqlClient;
using System. Collections;
using System. Configuration;

namespace XBBSBirthdaySrv. SqlServerDAL
{
public abstract classSQLHelper
    {
public static readonly string CONN_STRING_NON_DTC =
ConfigurationManager. AppSettings[ " LocalConnectionString" ] ;
private static Hashtable parmCache =
```

```
Hashtable. Synchronized( newHashtable( ) ) ;

public static int ExecuteNonQuery( string connString, CommandType
cmdType, string cmdText, paramsSqlParameter[ ] cmdParms)
        {

SqlCommand cmd = newSqlCommand( ) ;
            cmd. CommandTimeout = 0;
using( SqlConnection conn = newSqlConnection( connString) )
            {
                PrepareCommand( cmd, conn, null, cmdType, cmdText,
cmdParms) ;
int val = cmd. ExecuteNonQuery( ) ;
                cmd. Parameters. Clear( ) ;
return val;
            }
        }

public static int ExecuteNonQuery( SqlConnection conn, CommandType
cmdType, string cmdText, paramsSqlParameter[ ] cmdParms)
        {

SqlCommand cmd = new SqlCommand( ) ;
            cmd. CommandTimeout = 0;
            PrepareCommand( cmd, conn, null, cmdType, cmdText,
cmdParms) ;
int val = cmd. ExecuteNonQuery( ) ;
            cmd. Parameters. Clear( ) ;
return val;
        }

public static int ExecuteNonQuery( SqlTransaction trans, CommandType
cmdType, string cmdText, paramsSqlParameter[ ] cmdParms)
        {

SqlCommand cmd = new SqlCommand( ) ;
```

```
                cmd. CommandTimeout =0;
                PrepareCommand( cmd, trans. Connection, trans, cmdType,
cmdText, cmdParms);
int val = cmd. ExecuteNonQuery( );
            cmd. Parameters. Clear( );
return val;
        }
public static SqlDataReader ExecuteReader( string connString,
CommandType cmdType, string cmdText, paramsSqlParameter[ ] cmdParms)
        {
SqlCommand cmd = new SqlCommand( );
                cmd. CommandTimeout =0;
SqlConnection conn = new SqlConnection( connString);

try
            {
                    PrepareCommand( cmd, conn, null, cmdType, cmdText,
cmdParms);
SqlDataReader rdr =
cmd. ExecuteReader( CommandBehavior. CloseConnection);
                    cmd. Parameters. Clear( );
return rdr;
            }
catch
            {
                    conn. Close( );
throw;
            }
        }

public static object ExecuteScalar( string connString, CommandType
cmdType, string cmdText, paramsSqlParameter[ ] cmdParms)
        {
SqlCommand cmd = new SqlCommand( );
                cmd. CommandTimeout =0;
using( SqlConnection conn = new SqlConnection( connString) )
```

```
{
    PrepareCommand(cmd,conn,null,cmdType,cmdText,
cmdParms);
object val = cmd.ExecuteScalar();
    cmd.Parameters.Clear();
return val;
}
}

public static object ExecuteScalar(SqlConnection conn,CommandType
cmdType,string cmdText,paramsSqlParameter[] cmdParms)
{

SqlCommand cmd = new SqlCommand();
    cmd.CommandTimeout = 0;
    PrepareCommand(cmd,conn,null,cmdType,cmdText,
cmdParms);
object val = cmd.ExecuteScalar();
    cmd.Parameters.Clear();
return val;
}
public static void CacheParameters(string cacheKey,
params SqlParameter[] cmdParms)
{
    parmCache[cacheKey] = cmdParms;
}

public static SqlParameter[] GetCachedParameters(string cacheKey)
{
SqlParameter[] cachedParms = (SqlParameter[])parmCache[cacheKey];

if(cachedParms = = null)
returnnull;

SqlParameter[] clonedParms = new SqlParameter[cachedParms.Length];
```

```
for( int i =0 ,j = cachedParms. Length;i < j;i + + )
            clonedParms[ i] =
( SqlParameter) ( ( ICloneable) cachedParms[ i] ). Clone( ) ;

return clonedParms;
        }

private static void PrepareCommand( SqlCommand cmd ,SqlConnection conn,
SqlTransaction trans,CommandType cmdType,string cmdText,
SqlParameter[ ] cmdParms)
        {

if( conn. State !  = ConnectionState. Open)
                conn. Open( ) ;


            cmd. Connection = conn;
            cmd. CommandText = cmdText;

if( trans !  = null)
                cmd. Transaction = trans;


            cmd. CommandType = cmdType;
if( cmdParms !  = null)
            {
foreach( SqlParameter parm in cmdParms)
                    cmd. Parameters. Add( parm) ;
            }

        }
public static DataSet ExecutedataSet( string connString,CommandType
cmdType,string cmdText,paramsSqlParameter[ ] cmdParms)
        {
SqlCommand cmd = new SqlCommand( ) ;
DataSet ds = new DataSet( ) ;
using( SqlConnection conn = new SqlConnection( connString) )
            {
try
```

```
                {
                    PrepareCommand(cmd,conn,null,cmdType,
cmdText,cmdParms);
SqlDataAdapter aqlda = new SqlDataAdapter(cmd);
                    aqlda. Fill(ds);
                    cmd. Parameters. Clear();
return ds;
                }
catch
                {
                    conn. Close();
throw;
                }
            }
        }
    }
}
```

(SQLHelper. cs)

2)在"解决方案资源管理器"里右击 IDAL 文件夹,"添加"→"添加类",添加 IMember. cs 类,并将这个类改为接口。

```
using System;
using System. Data;
using XBBSBirthdaySrv. Model;

namespace XBBSBirthdaySrv. IDAL
{
public interface IMember
    {
        DataSet GetMember(int month,int day);
    }
}
```

(IMember. cs)

GetMember（ ）方法是获取数据表 Member 里的所有的第二天生日的会员数据。

3）在“解决方案资源管理器”里右击 SqlServerDAL 文件夹，“添加”→“添加类”，添加 SMember. cs 类，继承 IMemeber 接口并实现接口方法。

```
using System;
```

```
using System. Data;
using System. Data. SqlClient;

using XBBSBirthdaySrv. IDAL;
using XBBSBirthdaySrv. Model;

namespace XBBSBirthdaySrv. SqlServerDAL
{
public class SMember: IMember
    {
public DataSet GetMember(int month,int day)
        {
DataSet data = new DataSet();
string tmpSQL = "SELECT id,Name,Email,Birthday FROM Member WHERE
DATEPART(MONTH,Birthday) = " + month. ToString()
                        + " AND DATEPART(DAY,Birthday) = " + day. ToString();

using(SqlDataAdapter dsCommand = new SqlDataAdapter())
            {
              try{
            dsCommand. SelectCommand = new SqlCommand();
            dsCommand. SelectCommand. CommandText = tmpSQL;
            dsCommand. SelectCommand. Connection =
new SqlConnection(SQLHelper. CONN_STRING_NON_DTC);
            dsCommand. Fill(data);
          }
          catch(SqlException err){
            System. Console. WriteLine(err. Message);
          }
            }
return data;
        }
    }
}
```

(SMember. cs)

4）在“解决方案资源管理器”里右击 BLL 文件夹，“添加”→“添加类”，添加 BMember. cs 类，并实现调用数据层的方法。

```
using System;
using System. Data;

using XBBSBirthdaySrv. Model;
using XBBSBirthdaySrv. DALFactory;
using XBBSBirthdaySrv. IDAL;

namespace XBBSBirthdaySrv. BLL
{
public class BMember
    {
        public DataSet GetMember( int month, int day)
        {
IMember dalf = CreateInstance. CreateMember( );
return dalf. GetMember( month, day) ;
        }
    }
}
```

(BMember. cs)

5）打开 Service1 的代码视图，在 OnStart、OnStop 事件里添加控制 timer1 启动和停止的代码。

```
        protected override void OnStart( string[ ] args)
        {
            timer1. Start( ) ;
        }
protected override void OnStop( )
        {
            timer1. Stop( ) ;
        }
```

OnStart 事件在服务启动时发生，OnStop 事件在服务停止时发生。

6）在 Service1. cs 里引用 System. Net. Mail 命名空间。

```
using System. Net. Mail;
```

7）添加发送电子邮件的方法。

```
        privatevoid SendMail( string email, string name, string mailBody)
        {
```

```
MailMessage mm = new MailMessage( ) ;
                mm. From = new MailAddress( "xbbsbirthday@163. com","XBBS",
Encoding. UTF8) ;
                mm. To. Add( new MailAddress( email,name,Encoding. UTF8) ) ;

                mm. Subject = "XBBS 祝您生日快乐" ;
                mm. IsBodyHtml = false;
                mm. Body = mailBody;
SmtpClient smtp = new SmtpClient( "smtp. 163. com" ) ;
                smtp. Credentials = new
System. Net. NetworkCredential( "xbbsbirthday" ,"111111" ) ;
                smtp. Send( mm) ;
        }
```

使用 . net 自带的发送电子邮件的类发送电子邮件，使用的邮件服务器为免费的网易电子邮件服务器 smtp. 163. com，用户名为 xbbsbirthday，密码为111111。

8）添加创建电子邮件内容的方法。

```
    private string CreateEmailBody( string name)
        {
StringBuilder body = new StringBuilder( ) ;
                body. Append( "尊敬的" + name + ",您好:" ) ;
                body. Append( "\r\n" ) ;
                body. Append( "        明天是您的生日,在此祝您生日快乐,一切
顺利!" ) ;
                body. Append( "\r\n" ) ;
                body. Append( "\r\n" ) ;
                body. Append( "                                        XBBS 全体
工作人员" ) ;
                body. Append( "\r\n" ) ;
                body. Append( "                                        " +
DateTime. Now. ToString( ) ) ;
                body. Append( "\r\n" ) ;
return body. ToString( ) ;
        }
```

9)添加 Service1 类的私有变量。

```
private DateTime LasthandleTime = DateTime. MinValue;
```

10)在 timer1_Elapsed 事件里添加定时器代码。

```
        private void timer1_Elapsed(object sender,
System.Timers.ElapsedEventArgs e)
        {
            timer1.Stop();
DateTime dtSendTime =
DateTime.Parse(DateTime.Now.ToString("yyyy-MM-dd") + " " +
System.Configuration.ConfigurationManager.AppSettings["SendTime"]);
if((dtSendTime.Hour == DateTime.Now.Hour && dtSendTime.Minute ==
DateTime.Now.Minute)
&& !(LasthandleTime.Year == DateTime.Now.Year && LasthandleTime.Month
 == DateTime.Now.Month && LasthandleTime.Day == DateTime.Now.Day))
            {
                LasthandleTime = DateTime.Now;
                BLL.BMember bm = new BLL.BMember();
DateTime tomorrow = DateTime.Now.AddDays(1);
DataSet ds = bm.GetMember(tomorrow.Month,tomorrow.Day);
if(ds.Tables.Count > 0)
                {
foreach(DataRow dr in ds.Tables[0].Rows)
                    {
string name = dr["Name"].ToString();
string email = dr["Email"].ToString();
string body = CreateEmailBody(name);
try
                        {
this.SendMail(email,name,body);
                        }
catch
                        {
                        }
                    }
                }
            }
            timer1.Start();
        }
```

这里值得注意的是 LasthandleTime 变量，此变量限制了服务器一天只执行一次发送生日祝辞邮件的代码。

3. 添加安装程序

（1）打开 Service1 的设计视图，在空白处右击，在弹出来的快捷菜单中选择“添加安装程序”。

（2）添加完成后，“解决方案资源管理器”里会添加一个“ProjectInstaller. cs”组件，打开“ProjectInstaller. cs”的设计视图，选中“serviceProcessInstaller1”，按 F4 键出现属性窗口，将“Account”属性设为“LocalService”，如图 2—2—4 所示。

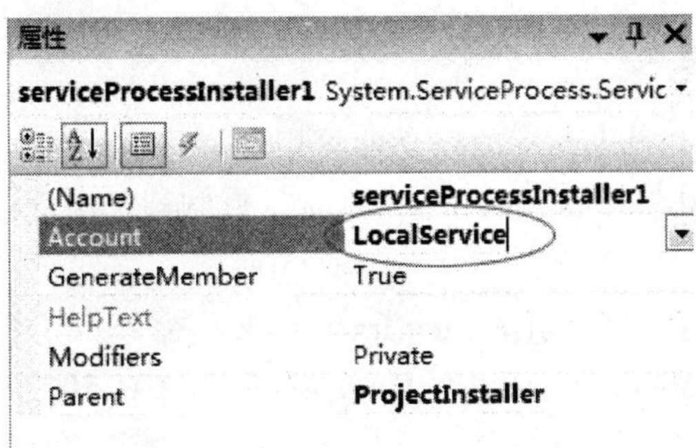

图 2—2—4　设置 Account 属性

（3）再选中“serviceInstaller1”，按 F4 键进入属性窗口，将“StartType”属性设置为“Automatic”，如图 2—2—5 所示。

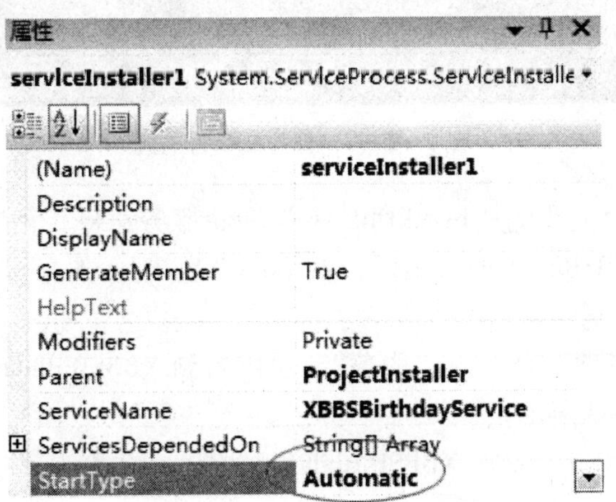

图 2—2—5　设置 StartType 属性

此属性可以设置服务的启动方式，即自动、手动、禁用。

第五步　系统测试

步骤同前，此处不再赘述。

第六步　安装与部署

1. 编译整个解决方案

按“Shift + F6”组合键编译此 Windows 服务项目。

2. 进行安装测试

（1）进入 XBBSBirthdaySrv 项目文件夹里的 debug 文件夹下，将“XBBSBirthdaySrv. exe”和“XBBSBirthdaySrv. exe. config”复制到某个文件夹下（此处复制到 D 盘根目录下）。

（2）打开命令行工具，进入 . net framework 的命令行工具文件（此处路径为“C：\ Windows \ Microsoft. NET \ Framework \ v2. 0. 50727”），如图 2—2—6 所示。

图 2—2—6　打开命令行工具

（3）使用 . net 自带的“InstallUtil. exe”进行服务安装。输入安装命令“InstallUtil. exe d：\ XBBSBirthdaySrv. exe”，按 Enter 键，显示服务安装成功，如图 2—2—7 所示。

此时打开“管理工具”→“服务”，可以看到 XBBSBirthdaySrv 服务已经安装成功，如图 2—2—8 所示。

（4）在服务窗口里双击 XBBSBirthdaySrv 服务，并单击“启动”按钮启动服务，进入如图 2—2—9 所示页面。

（5）修改时间。服务启动后，使用“SQL Server Management Studio”打开“Member”数据表，并手动加入一行数据（假设今天是 2010 - 10 - 31，测试生日为 1990 - 11 - 1）。

```
C:\Windows\Microsoft.NET\Framework\v2.0.50727>InstallUtil.exe d:\XBBSBirthdaySrv
.exe
Microsoft (R) .NET Framework 安装实用工具版本 2.0.50727.4927
版权所有(C) Microsoft Corporation。保留所有权利。


正在运行事务处理安装。

正在开始安装的“安装”阶段。
查看日志文件的内容以获得 d:\XBBSBirthdaySrv.exe 程序集的进度。
该文件位于 d:\XBBSBirthdaySrv.InstallLog。
正在安装程序集“d:\XBBSBirthdaySrv.exe”。
受影响的参数是:
   logtoconsole =
   assemblypath = d:\XBBSBirthdaySrv.exe
   logfile = d:\XBBSBirthdaySrv.InstallLog
正在安装服务 XBBSBirthdayService...
已成功安装服务 XBBSBirthdayService。
正在日志 Application 中创建 EventLog 源 XBBSBirthdayService...

“安装”阶段已成功完成，正在开始“提交”阶段。
查看日志文件的内容以获得 d:\XBBSBirthdaySrv.exe 程序集的进度。
该文件位于 d:\XBBSBirthdaySrv.InstallLog。
正在提交程序集“d:\XBBSBirthdaySrv.exe”。
受影响的参数是:
   logtoconsole =
   assemblypath = d:\XBBSBirthdaySrv.exe
   logfile = d:\XBBSBirthdaySrv.InstallLog

“提交”阶段已成功完成。

已完成事务处理安装。

C:\Windows\Microsoft.NET\Framework\v2.0.50727>
```

图 2—2—7　服务安装成功

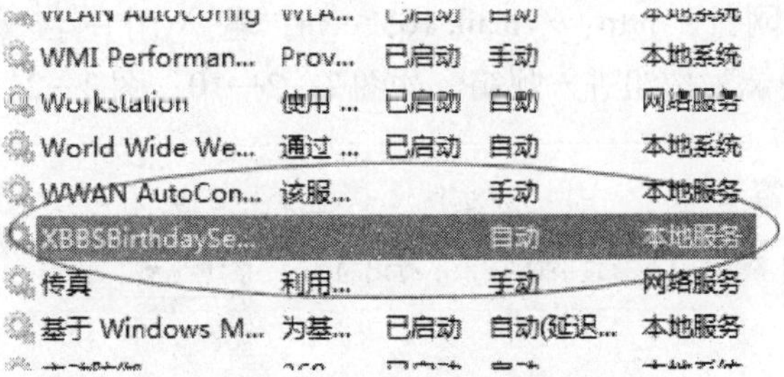

WMI Performan...	Prov...	已启动	手动	本地系统
Workstation	使用 ...	已启动	自动	网络服务
World Wide We...	通过 ...	已启动	自动	本地系统
WWAN AutoCon...	该服...		手动	本地服务
XBBSBirthdaySe...			自动	本地服务
传真	利用...		手动	网络服务
基于 Windows M...	为基...	已启动	自动(延迟...	本地服务

图 2—2—8　服务安装显示

```
INSERTINTO [XBBS] . [dbo] . [Member]
( [Name]
, [Email]
, [Birthday])
VALUES
('XBBSTest'
, 'xbbsbirthday@163. com'
    , '1990 -11 -1')
```

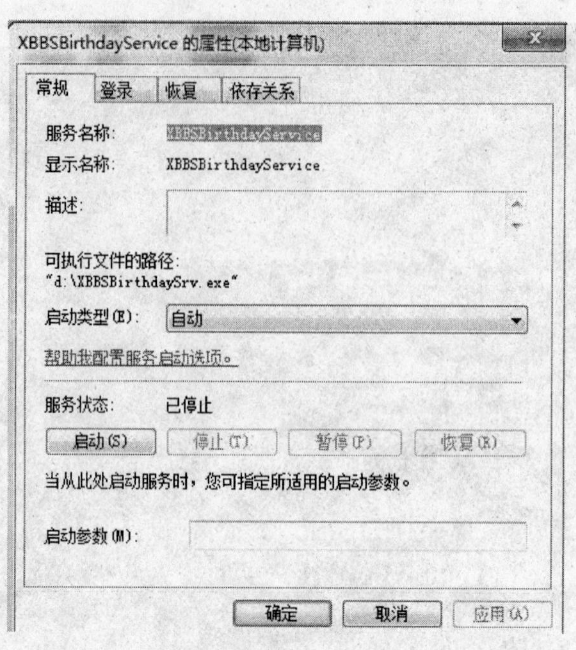

图 2—2—9　启动 XBBSBirthdaySrv 服务

由于在配置文件里设定的发送时间为每天的 21：30，所以暂时把测试计算机上的时间改为 21：30。

（6）检查邮箱。时间修改完成后稍等一两分钟，打开 xbbsbirthday@163.com 检查是否已经收到生日祝辞邮件。

在 ie 里输入网址：http：//mail.163.com，输入用户名 xbbsbirthday，密码 111111，单击“登录”按钮进入邮箱，如图 2—2—10、图 2—2—11 所示。

图 2—2—10　进入邮箱

可以看到已经成功收到了生日祝辞邮件。

（7）卸载服务。在命令行工具里输入卸载服务命令“InstallUtil.exe /u d：\XBBSBirthdaySrv.exe”，按 Enter 键，可以卸载服务，如图 2—2—12 所示。

XBBS祝您生日快乐

发件人：XBBS <xbbsbirthday@163.com>；

时　间：2010年10月31日 21:30（星期日）

收件人：XBBSTest <xbbsbirthday@163.com>；

尊敬的XBBSTest，您好：

明天是您的生日，在此祝您生日快乐，一切顺利！

XBBS全体工作人员

2010/10/31 21:30:52

图 2—2—11　打开邮件

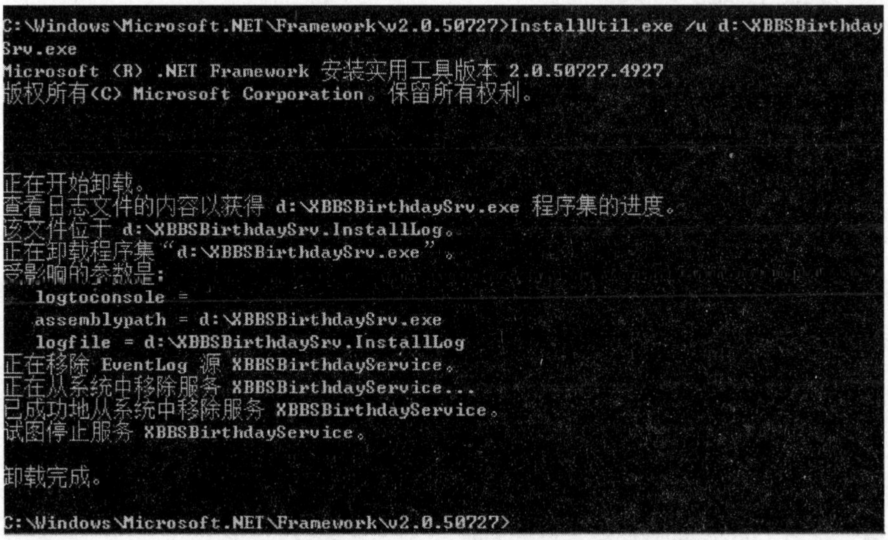

```
C:\Windows\Microsoft.NET\Framework\v2.0.50727>InstallUtil.exe /u d:\XBBSBirthday
Srv.exe
Microsoft (R) .NET Framework 安装实用工具版本 2.0.50727.4927
版权所有(C) Microsoft Corporation。保留所有权利。


正在开始卸载。
查看日志文件的内容以获得 d:\XBBSBirthdaySrv.exe 程序集的进度。
该文件位于 d:\XBBSBirthdaySrv.InstallLog。
正在卸载程序集"d:\XBBSBirthdaySrv.exe"。
受影响的参数是:
   logtoconsole =
   assemblypath = d:\XBBSBirthdaySrv.exe
   logfile = d:\XBBSBirthdaySrv.InstallLog
正在移除 EventLog 源 XBBSBirthdayService。
正在从系统中移除服务 XBBSBirthdayService...
已成功地从系统中移除服务 XBBSBirthdayService。
试图停止服务 XBBSBirthdayService。

卸载完成。

C:\Windows\Microsoft.NET\Framework\v2.0.50727>
```

图 2—2—12　卸载服务

3. 正式发布

（1）在 Visual Studio 的菜单里选择“生成”→“配置管理器”，如图 2—2—13 所示。

（2）将 XBBSBirthdaySrv 的“配置”属性均设置为“Release”，如图 2—2—14 所示。

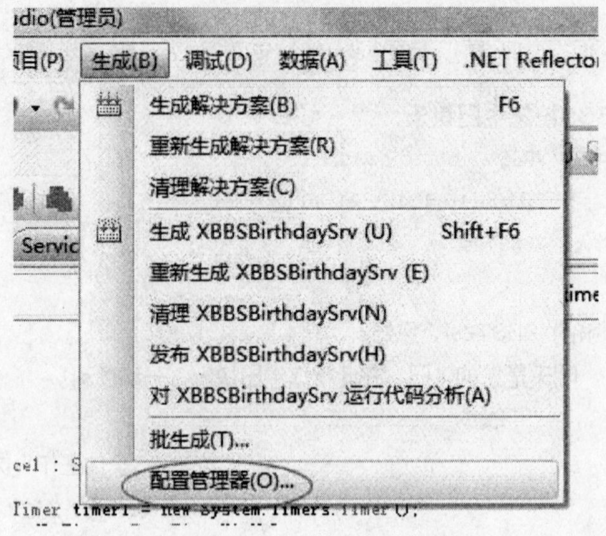

图 2—2—13　打开配置管理器

图 2—2—14　设置 XBBSBirthdaySrv 属性

(3) 保存配置并编译，编译生成的安装程序可在 XBBSBirthdaySrv 项目里的 Release 文件夹里找到。

老 C 提醒：

Windows Service 的调试不太方便，我们可以建一个 Windows 窗体项目进行调试，然后把调试成功的代码复制到 Service 项目中。

实操演练

1. 实操要求

根据本任务所学知识，开发一个可以定时关机的 Windows Service，关机前要弹出对话框提示。在项目中需要添加引用“System. Management”，在代码开头需要添加：

using System. Management;
using System. Runtime. InteropServices;
还需要导入系统类库：[DllImport（"user32. dll"）]
具体关机代码请在网上搜索。

2. 环境设置

Windows Service 应用程序。

3. 模拟时间

1 个课时。

4. 效果要求

学员巩固本任务所学知识，主要是让学员动手实验，通过实际操作，熟悉 C# 语言在 Windows Service 方面的应用。

工作任务三　抽奖应用程序开发

老 C：我现在给你介绍一个抽奖应用程序。

小 C：好的，什么是抽奖应用程序呢？

老 C：抽奖应用程序是指在给定的数据中随机或按一定规律抽出中奖信息，具体采用哪种方式要根据用户需求来进行。本例讲的抽奖应用程序是某婴幼儿食品有限公司针对一次市场活动而做的。

小 C：当用户买到奶粉时就可以上网或打客服电话进行查询，如果中奖可以选择奖品，是不是？

老 C：对。下面我们来进行这个应用的开发。

小 C：好的。

基础知识

抽奖应用程序一般是指在给定的数据中随机或按一定规律抽出中奖信息。在实际项目中多线程的应用越来越多，本例就是使用多线程使 13 万个产品编码同时在 13 个显示区域显示，达到快速遍历的目的。

工作步骤

第一步　需求分析

某婴幼儿食品有限公司进行促销活动，需要在一批易乐罐（13 万罐奶粉）中抽取幸运号码，中奖者将得到奖励。每个易乐罐都有一个唯一编号，并在出厂时印在包装内侧。在销售这些产品之前要在公证处的监督下抽出中奖的号码，因此需要开发一个可以随机抽取幸运号码并可以将抽取出来的幸运号码保存到本地的软件。同时为了显示公正性，要求软件在抽奖过程中，能够将中奖号码显示在软件的界面上，以便公证处使用录屏软件录制抽奖全过程。

第二步 系统设计

抽奖业务流程如图 2—3—1 所示。

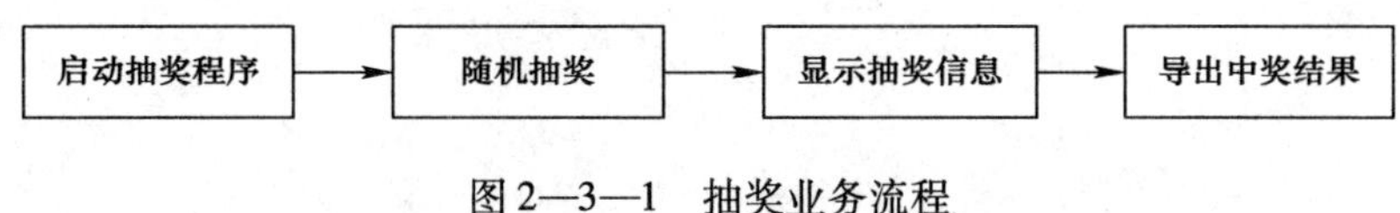

图 2—3—1 抽奖业务流程

流程很简单，不过在这里需要注意的是，为了在界面上显示中奖号码，需要使用多线程。为了方便该婴幼儿食品有限公司的工作人员查询中奖号码信息，要把中奖号码的导出格式规定为 txt 文本格式。

由于总共有 13 万个号码，会造成中奖号码显示时间过长的问题，为缩短显示时间和方便公证人员录制抽奖过程，可在软件界面上放置 13 个文本框，每个文本框分别显示 10 000 个号码，红色文字为中奖号码，黑色文字为非中奖号码，每秒显示 13 个中奖号码。

13 万个待抽奖号码保存在 Microsoft SQL Server 数据库中，表 2—3—1 为数据库设计。

表 2—3—1 **Encash**

字段名称	字段类型	是否为主键	是否允许为空	说明
SEG_ID	Int	是	否	自增
RON_VALUE	Int	否	否	易乐罐编号
ENCASH_TYPE	Varchar (1)	否	是	Y 为幸运号码

图 2—3—2 所示为表 Encash 里数据的截图。

从图中可以看出，主键字段 SEG_ID 的值从 600001 开始自增。

第三步 界面设计

本应用程序需要使用三个窗体：主窗体、抽奖窗体和保存中奖名单窗体，分别如图 2—3—3 ~ 图 2—3—5 所示。主程序窗体在程序启动时打开。抽奖窗体方便显示抽奖过程中的每一个号码，并将中奖号码用红色字体显示出来。保存中奖名单窗体导出数据，生成文件，并实时显示导出进度。

SEG_ID	RON_VALUE	ENCASH_TYPE
600001	50713703	NULL
600002	30606331	NULL
600003	45392493	NULL
600004	84707353	NULL
600005	97582294	NULL
600006	82190425	NULL
600007	34379392	NULL
600008	42456747	NULL
600009	65249885	NULL
600010	10116426	NULL

图 2—3—2　表 Encash 里数据的截图

图 2—3—3　主窗体

第四步　系统开发

本例中使用 C#代码进行开发，开发工具是 Microsoft Visual Studio 2008，数据库使用 Microsoft SQL Server 2008。

1. 创建一个 Windows Forms Application

打开 Microsoft Visual Studio 2008，“文件”→“新建”→“项目”，选择“Visual C#”→“Windows”，选择“Windows 窗体应用程序”，将项目名称改为“DumexAward”，如图 2—3—6 所示。

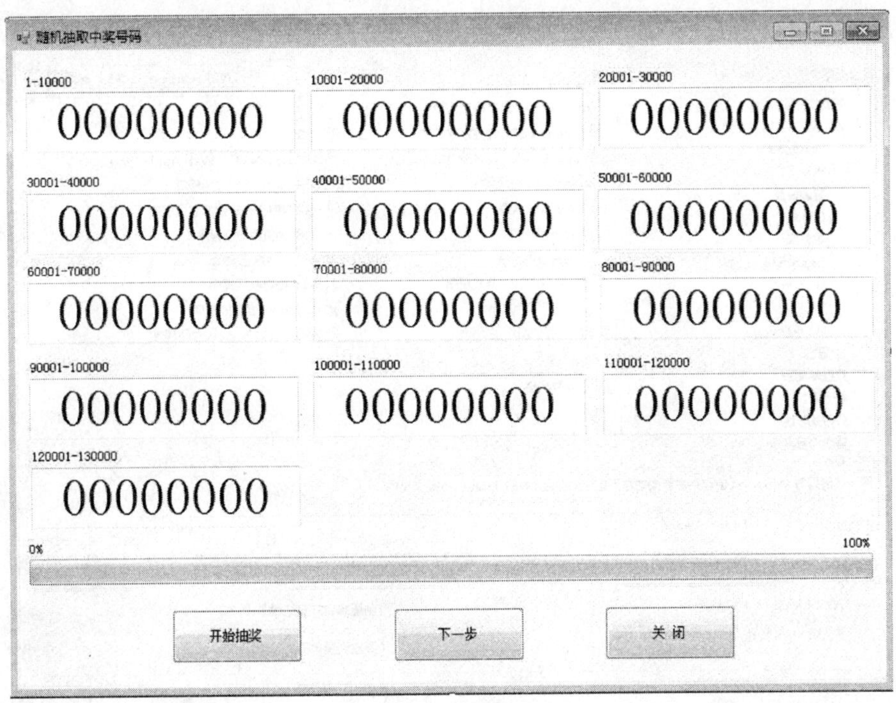

图 2—3—4　抽奖窗体

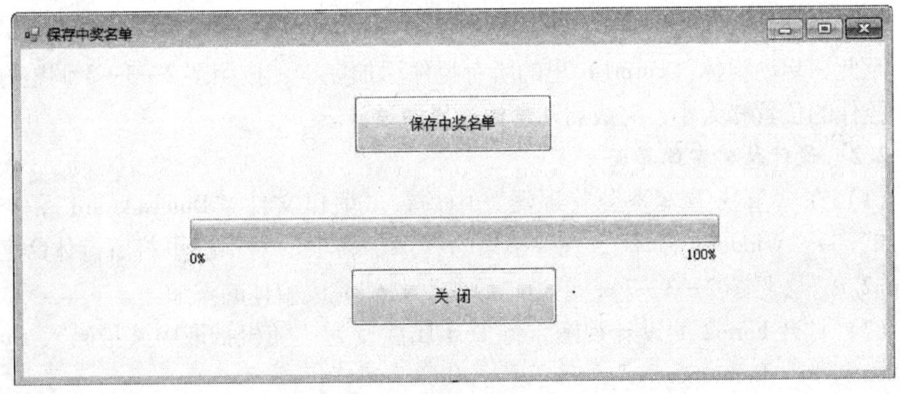

图 2—3—5　保存中奖名单窗体

2. 在 Visual Studio 里设计程序界面

2.1　设计启动窗体界面

在 Form1 的属性里设置 StartPosition 为“CenterScreen”，Text 为“易乐罐抽奖程序”，Size 为“739，304”。

打开 Form1 的设计视图，添加 2 个 Button，Name 属性分别为“btnLottery”“btnExit”，Text 属性分别为“随机抽取中奖号码”“退出抽奖程序”。

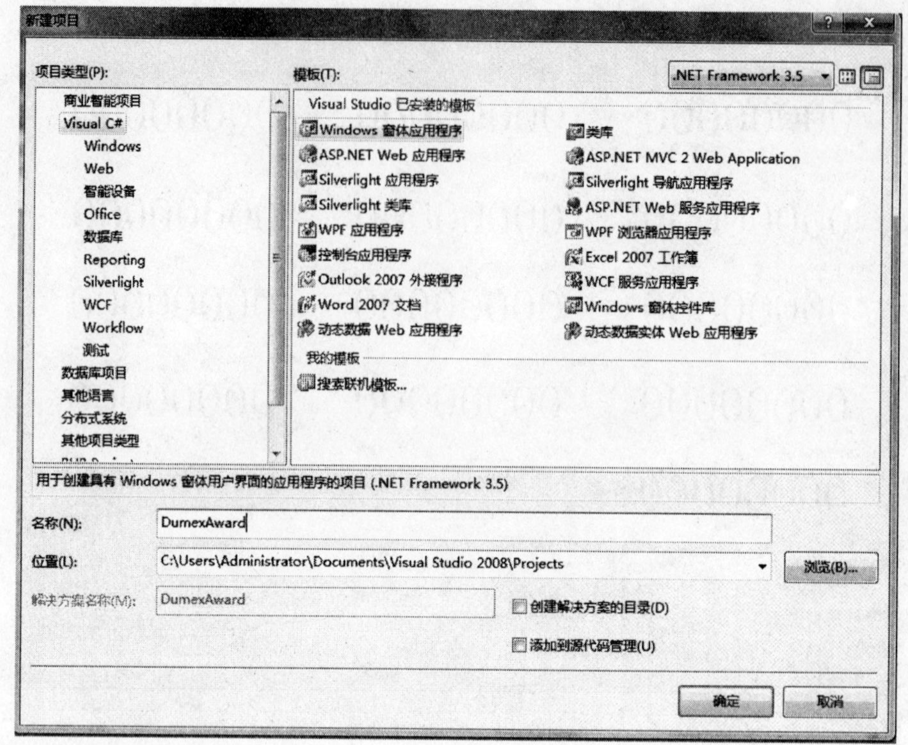

图 2—3—6　创建抽奖新项目

至此，启动窗体（Form1）里的所有控件添加完毕，按照图 2—3—3 调整好窗体上控件的位置和大小，完成启动窗体的界面设计。

2.2　设计抽奖窗体界面

（1）在“解决方案资源管理器”中，右击项目文件“DumexAward”，点选“添加”→“Windows 窗体”，在弹出来的“添加新项”对话框里将新窗体命名为“Form2. cs”（见图 2—3—7），单击“添加”按钮完成窗体的添加。

（2）打开 Form2 的设计视图，将 Text 属性设为“随机抽取中奖号码”，StartPosition 设为“CenterScreen”，Size 设为“808，604”。

（3）在 Form2 里添加 13 个 TextBox，Name 属性分别设为“textBox1”“textBox2”“textBox3”“textBox4”“textBox5”“textBox6”“textBox7”“textBox8”“textBox9”“textBox10”“textBox11”“textBox12”“textBox13”，Font 属性设为“Verdana，35pt”，Size 设为“247，54”，Text 设为“00000000”，TextAlign 设为“Center”。

（4）在 Form2 里添加 16 个 Label，Name 属性分别设为“label1”“label2”“label3”“label4”“label5”“label6”“label7”“label8”“label9”“label10”“label11” label12”“label13”“label14”“label15”“label16”，Text 属性分别设为“1 - 10000”“10001 - 20000”“20001 - 30000”“30001 - 40000”“40001 - 50000”“50001 - 60000”“60001 - 70000”“70001 - 80000”“80001 - 90000”“90001 - 100000”“100001 - 110000”“110001 -

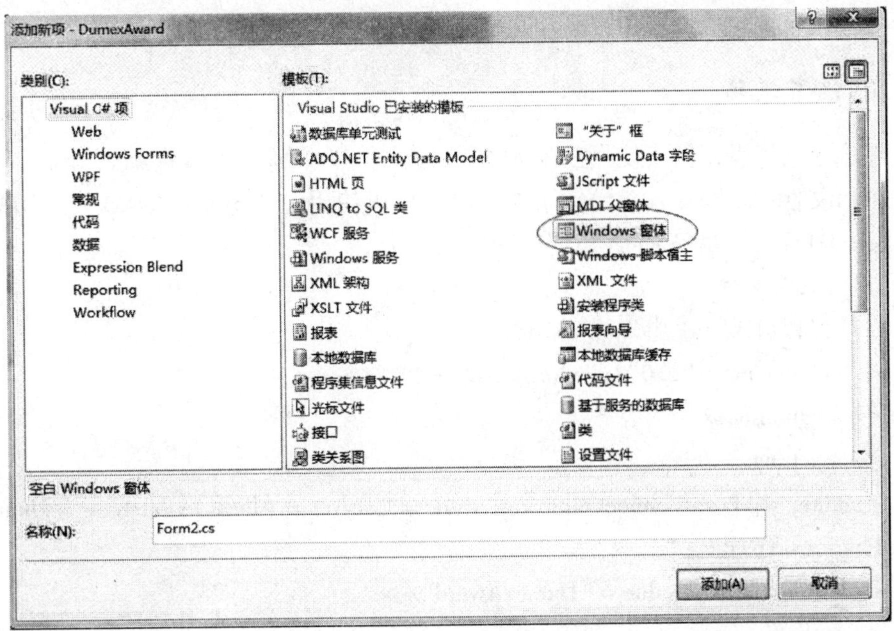

图 2—3—7　添加抽奖窗体

120000”“120001－130000”“0%”“100%”“”，将 label16 的 Font 属性设置为“宋体，10.5pt”，ForeColor 属性设置为“Red”。

（5）在 Form2 里添加 3 个 Button，Name 属性分别为“btnStart”“btnNext”“btnClose”，Text 属性分别为“开始抽奖”“下一步”“关闭”。

（6）在 Form2 里添加 1 个 ProgressBar，Size 属性设为“768，23”。

至此，抽奖窗体（Form2）里的所有控件添加完毕，按照图 2—3—4 调整好窗体上控件的位置和大小，完成抽奖窗体的界面设计。

2.3　保存中奖名单窗体界面

（1）在“解决方案资源管理器”中，右击项目文件“DumexAward”，点选“添加”→“Windows 窗体”，在弹出来的“添加新项”对话框里将新窗体命名为“Form3.cs”，单击“添加”按钮完成窗体的添加。

（2）打开 Form3 的设计视图，将 Text 属性设为“保存中奖名单”，StartPosition 设为“CenterScreen”，Size 设为“739，304”。

（3）在 Form3 里添加 3 个 Label，Name 属性分别设为“label1”“label2”“label3”，Text 属性分别设为“”“0%”“100%”，将 label1 的 ForeColor 属性设置为“Red”。

（4）在 Form3 里添加 2 个 Button，Name 属性分别为“btnSave”“btnClose”，Text 属性分别为“保存中奖名单”“关闭”。

（5）在 Form3 里添加 1 个 ProgressBar，Size 属性设置为“441，23”。

至此，保存中奖名单窗体（Form3）里的所有控件添加完毕，按照图 2—3—5

调整好窗体上控件的位置和大小，完成选择数据库窗体的界面设计。

3. 编写代码

在这个项目里，仍然使用三层架构的方式。在“解决方案资源管理器”中，右击项目文件“DumexAward”，添加三层架构里使用的“BLL”“DAL”“IDAL”“SqlServerDAL”“DALFactory”“Model”文件夹。

3.1 配置文件

在项目根目录下添加 App. config：

```
<? xmlversion = "1.0" encoding = "utf-8" ?>
<configuration>
<appSettings>
<addkey = "LocalConnectionString" value = "server = (local); database = DumexAward; uid = sa; pwd = ;" />
<addkey = "DAL" value = "DumexAward" />
</appSettings>
</configuration>
```

“LocalConnectionString”键的值是数据库连接字符串，“DAL”键的值是记录的数据层将要使用的反射路径。

3.2 启动窗体代码

在 Form1 的设计视图上分别双击“btnLottery”和“btnExit”，并加入以下代码：

```
private void btnLottery_Click(object sender, EventArgs e)
{
Form2 f2 = newForm2();
f2.Show();
}
private void btnExit_Click(object sender, EventArgs e)
{
Application.Exit();
}
```

btnLottery_Click 事件里的代码是为了打开抽奖窗体，btnExit_Click 事件里的代码是方便退出应用程序。

3.3 抽奖并显示抽奖信息

(1) 在 Form2 的设计视图上分别双击“btnStart”“btnNext”和“btnClose”，添加这三个按钮的事件。

(2) 在“解决方案资源管理器”里右击 SqlServerDAL 文件夹，“添加”→“添加类”，添加 SQLHelper. cs 类。

```
using System;
using System. Collections. Generic;
using System. Text;
using System. Data;
using System. Data. SqlClient;
using System. Collections;
using System. Configuration;

namespace DumexAward. SqlServerDAL
{
public abstract classSQLHelper
    {
public static readonly string CONN_STRING_NON_DTC =
ConfigurationManager. AppSettings[ "LocalConnectionString" ];
private static Hashtable parmCache =
Hashtable. Synchronized( newHashtable( ) );

publicstaticint ExecuteNonQuery( string connString, CommandType
cmdType, string cmdText, paramsSqlParameter[ ] cmdParms)
            {

SqlCommand cmd = new SqlCommand( );
                cmd. CommandTimeout = 0;
using( SqlConnection conn = new SqlConnection( connString) )
                {
                    PrepareCommand( cmd, conn, null, cmdType, cmdText,
cmdParms);
int val = cmd. ExecuteNonQuery( );
                    cmd. Parameters. Clear( );
return val;
                }
            }

public static int ExecuteNonQuery( SqlConnection conn, CommandType
cmdType, string cmdText, paramsSqlParameter[ ] cmdParms)
            {
```

```
SqlCommand cmd = new SqlCommand( ) ;
                cmd. CommandTimeout = 0 ;
              PrepareCommand( cmd , conn , null , cmdType , cmdText ,
cmdParms) ;

int val = cmd. ExecuteNonQuery( ) ;
          cmd. Parameters. Clear( ) ;
return val;
          }

public static int ExecuteNonQuery( SqlTransaction trans , CommandType
cmdType , string cmdText , paramsSqlParameter[ ] cmdParms)
          {

SqlCommand cmd = new SqlCommand( ) ;
                cmd. CommandTimeout = 0 ;
              PrepareCommand( cmd , trans. Connection , trans , cmdType ,
cmdText , cmdParms) ;
int val = cmd. ExecuteNonQuery( ) ;
          cmd. Parameters. Clear( ) ;
return val;
          }

public static SqlDataReader ExecuteReader( string connString ,
CommandType cmdType , string cmdText , paramsSqlParameter[ ] cmdParms)
          {
SqlCommand cmd = new SqlCommand( ) ;
                cmd. CommandTimeout = 0 ;
SqlConnection conn = new SqlConnection( connString) ;

try
            {
                    PrepareCommand( cmd , conn , null , cmdType , cmdText ,
cmdParms) ;
SqlDataReader rdr =
```

```
cmd. ExecuteReader( CommandBehavior. CloseConnection) ;
                    cmd. Parameters. Clear( ) ;
return rdr;
              }
catch
              {
                    conn. Close( ) ;
throw;
              }
          }

public static object ExecuteScalar( string connString, CommandType
cmdType, string cmdText, paramsSqlParameter[ ] cmdParms)
          {
SqlCommand cmd = new SqlCommand( ) ;
               cmd. CommandTimeout = 0;
using( SqlConnection conn = new SqlConnection( connString) )
              {
                    PrepareCommand( cmd, conn, null, cmdType, cmdText,
cmdParms) ;
object val = cmd. ExecuteScalar( ) ;
               cmd. Parameters. Clear( ) ;
return val;
              }
          }

public static object ExecuteScalar( SqlConnection conn, CommandType
cmdType, string cmdText, paramsSqlParameter[ ] cmdParms)
          {

SqlCommand cmd = new SqlCommand( ) ;
               cmd. CommandTimeout = 0;
               PrepareCommand( cmd, conn, null, cmdType, cmdText,
cmdParms) ;
object val = cmd. ExecuteScalar( ) ;
               cmd. Parameters. Clear( ) ;
```

```
return val;
        }

public static void CacheParameters(string cacheKey,
params SqlParameter[] cmdParms)
        {
                parmCache[cacheKey] = cmdParms;
        }

public static SqlParameter[] GetCachedParameters(string cacheKey)
        {
SqlParameter[] cachedParms = (SqlParameter[])parmCache[cacheKey];

if(cachedParms == null)
returnnull;

SqlParameter[] clonedParms = new SqlParameter[cachedParms.Length];

for(int i = 0, j = cachedParms.Length; i < j; i++)
                clonedParms[i] =
(SqlParameter)((ICloneable)cachedParms[i]).Clone();

return clonedParms;
        }

private static void PrepareCommand(SqlCommand cmd, SqlConnection conn,
SqlTransaction trans, CommandType cmdType, string cmdText,
SqlParameter[] cmdParms)
        {

if(conn.State != ConnectionState.Open)
                conn.Open();

                cmd.Connection = conn;
```

```
            cmd. CommandText = cmdText;
if(trans !  =null)
                cmd. Transaction = trans;

            cmd. CommandType = cmdType;

if(cmdParms !  =null)
            {
foreach(SqlParameter parm in cmdParms)
                    cmd. Parameters. Add(parm);
            }
        }
public static DataSet ExecutedataSet(string connString,CommandType
cmdType,string cmdText,paramsSqlParameter[ ] cmdParms)
        {
SqlCommand cmd = new SqlCommand();
DataSet ds = new DataSet();
using(SqlConnection conn = new SqlConnection(connString))
            {
try
                {
                    PrepareCommand(cmd,conn,null,cmdType,
cmdText,cmdParms);
SqlDataAdapter aqlda = new SqlDataAdapter(cmd);
                    aqlda. Fill(ds);
                    cmd. Parameters. Clear();
return ds;
                }
catch
                {
                    conn. Close();
throw;
                }
            }
        }
    }
```

```
}
```

（SQLHelper. cs）

（3）在“解决方案资源管理器”里右击 IDAL 文件夹，“添加”→“添加类”，添加 IEncash. cs 类，并将这个类改为接口。

```
using System;
using System.Data;
using DumexAward.Model;

namespace DumexAward.IDAL
{
public interface IEncash
    {
DataSet Getron_value( );
DataTable GetDataTable( );
string Process_Do(int rani);
    }
}
```

（IEncash. cs）

Getron_value（）方法是获取数据表 Encash 里的 ron_value 字段里所有的幸运号码数据，以便导出到 txt 格式文件里。

GetDataTable（）方法是获取数据表 Encash 里的所有数据，以便在抽奖窗体界面上显示幸运号码信息。

Process_Do（int rani）方法是随机抽取幸运号码，并在数据表 Encash 里的 ENCASH_TYPE 字段里标识“Y”，在 Process_Do（int rani）方法里将会执行存储过程“PRO_ENCASH”。

（4）打开“SQL Server Management Studio”，再打开“DumexAward”数据库，选择“新建查询”，执行以下创建存储过程“PRO_ENCASH”的代码：

```
CREATEPROCEDUREPRO_ENCASH
  @P_SEQint
AS
BEGIN
    UPDATEENCASH
SETENCASH_TYPE = NULL
UPDATEENCASH
SETENCASH_TYPE =' Y'
WHERESEG_ID < =(600000 + 78000)
```

```
AND(SEG_ID - 600000 -@P_SEQ)% 3 =0
UPDATEENCASH
SETENCASH_TYPE =' Y'
WHERESEG_ID >(600000 +78000)
AND(SEG_ID - 600000 -@P_SEQ)%4 =0
END
GO
```

(5) 在“解决方案资源管理器”里右击 SqlServerDAL 文件夹，“添加”→“添加类”，添加 SEncash. cs 类，继承 IEncash 接口并实现接口方法。

```
using System;
using System. Data;
using System. Data. SqlClient;

using DumexAward. IDAL;
using DumexAward. Model;

namespace DumexAward. SqlServerDAL
{
public class SEncash: IEncash
    {
public DataSet Getron_value()
            {
DataSet data = new DataSet();
string tmpSQL = "select ron_value from encash t where
t. encash_type ='Y' order by t. seg_id";

using(SqlDataAdapter dsCommand = new SqlDataAdapter())
                {
                    try{
                            dsCommand. SelectCommand = new SqlCommand();
                            dsCommand. SelectCommand. CommandText = tmpSQL;
                            dsCommand. SelectCommand. Connection =
new SqlConnection(SQLHelper. CONN_STRING_NON_DTC);
                            dsCommand. Fill(data);
                    }
                    catch(SqlException err){
```

```
                    System. Console. WriteLine( err. Message) ;
                }
            }
return data;
        }

public DataTable GetDataTable( )
        {
DataSet data = new DataSet( ) ;
string tmpSQL = " select  *  from encash t order by t. seg_id" ;

using( SqlDataAdapter dsCommand = new SqlDataAdapter( ) )
            {
try
                {
                        dsCommand. SelectCommand = new SqlCommand( ) ;
                        dsCommand. SelectCommand. CommandText = tmpSQL;
                        dsCommand. SelectCommand. Connection =
new SqlConnection( SQLHelper. CONN_STRING_NON_DTC) ;
                        dsCommand. Fill( data) ;
return data. Tables[ 0] ;
                }
catch( SqlException err)
                {
                        System. Console. WriteLine( err. Message) ;
                }
            }
returnnull;
        }

public string Process_Do( int rani)
        {
string returnvalue = " " ;
SqlParameter[ ] parm = new SqlParameter[ ] {
new SqlParameter( " p_seq" , SqlDbType. Float)
                } ;
```

```
                parm[0]. Value = Convert. ToSingle(rani);
using(SqlConnection conn =
new SqlConnection(SQLHelper. CONN_STRING_NON_DTC))
        {
                conn. Open();
using(SqlTransaction trans = conn. BeginTransaction())
                {
try
                    {
SQLHelper. ExecuteNonQuery(trans,CommandType. StoredProcedure,
"PRO_ENCASH",parm);
                        trans. Commit();
                    }
catch(SqlException err)
                    {
                        trans. Rollback();
                        returnvalue = err. Message;
                    }
                }
        }
return returnvalue;
    }
  }
}
```

(SEncash. cs)

(6) 在“解决方案资源管理器”里右击 BLL 文件夹，“添加”→“添加类”，添加 BEncash. cs 类，并实现调用数据层的方法。

```
using System;
using System. Data;

using DumexAward. Model;
using DumexAward. DALFactory;
using DumexAward. IDAL;

namespace DumexAward. BLL
{
```

```
public class BEncash
    {
public DataSet Getron_value()
        {
IEncash dalf = CreateInstance. CreateEncash();
return dalf. Getron_value();
        }
public DataTable GetDataTable()
        {
IEncash dalf = CreateInstance. CreateEncash();
return dalf. GetDataTable();
        }
public string Process_Do(int rani)
        {
IEncash dalf = CreateInstance. CreateEncash();
return dalf. Process_Do(rani);
        }
    }
}
```

(BEncash. cs)

(7) 打开 Form2 的代码文件，添加以下代码：

```
using System;
using System. Collections. Generic;
using System. ComponentModel;
using System. Data;
using System. Drawing;
using System. Linq;
using System. Text;
using System. Windows. Forms;
using System. Threading;
using DumexAward. BLL;
namespace DumexAward
{
public partial classForm2 : Form
    {
DataTable dt;
```

```
bool a = false;
bool b = false;
bool c = false;
bool d = false;
bool e = false;
bool f = false;
bool g = false;
bool h = false;
bool ii = false;
bool j = false;
bool k = false;
bool l = false;
bool m = false;

int anums = 0;
int bnums = 0;
int cnums = 0;
int dnums = 0;
int enums = 0;
int fnums = 0;
int gnums = 0;
int hnums = 0;
int inums = 0;
int jnums = 0;
int knums = 0;
int lnums = 0;
int mnums = 0;

bool isrun = true;

public Form2()
    {
        InitializeComponent();
    }
private void btnStart_Click(object sender, EventArgs e)
    {
```

```
                btnStart. Enabled = false;
                btnNext. Enabled = false;
                label16. Text = "正在准备数据,请稍候..." ;
Application. DoEvents( ) ;
                progressBar1. Minimum = 0;
                progressBar1. Maximum = 10000;
                progressBar1. Step = 1;
                BLL. BEncash be = newBEncash( ) ;
Random rand;
int temp = -1;
string tmpt =
DateTime. Now. Ticks. ToString( ). Substring(12). Remove(2) ;
                   rand = newRandom( temp * ( (int) DateTime. Now. Ticks) ) ;
int tt = rand. Next(1,3) ;
string ret = be. Process_Do( tt) ;
if( ret ! = "" )
MessageBox. Show( ret) ;
else
                {
                          dt = be. GetDataTable( ) ;
                          label16. Text = "数据准备成功,正在抽奖..." ;
Application. DoEvents( ) ;
Thread thread = new Thread( newThreadStart( runone) ) ;
                     thread. Start( ) ;
Thread threada = new Thread( newThreadStart( runtwo) ) ;
                     threada. Start( ) ;
Thread threadb = new Thread( newThreadStart( runthree) ) ;
                     threadb. Start( ) ;
Thread threadc = new Thread( newThreadStart( runfour) ) ;
                     threadc. Start( ) ;
Thread threadd = newThread( new ThreadStart( runfive) ) ;
                      threadd. Start( ) ;
Thread threade = newThread( new ThreadStart( runsix) ) ;
                      threade. Start( ) ;
Thread threadf = newThread( new ThreadStart( runseven) ) ;
                      threadf. Start( ) ;
```

```
Thread threadg = newThread( new ThreadStart( runeight) ) ;
                    threadg. Start( ) ;
Thread threadh = newThread( new ThreadStart( runnine) ) ;
                    threadh. Start( ) ;
Thread threadi = newThread( new ThreadStart( runten) ) ;
                    threadi. Start( ) ;
Thread threadj = newThread( new ThreadStart( runeleven) ) ;
                    threadj. Start( ) ;
Thread threadk = newThread( new ThreadStart( runtwelve) ) ;
                    threadk. Start( ) ;
Thread threadl = newThread( new ThreadStart( runthirteen) ) ;
                    threadl. Start( ) ;
                }
            }

private void btnNext_Click( object sender, EventArgs e)
        {
Form3 f3 = new Form3( ) ;
                f3. Show( ) ;
            }
private void btnClose_Click( object sender, EventArgs e)
        {
                isrun = false;
this. Close( ) ;
            }
protected override void OnClosing( CancelEventArgs e)
        {
                    isrun = false;
base. OnClosing( e) ;
            }

public delegate void treeinvoke( ) ;
private void runone( )
        {
for( int i =0;i <10000;i + + )
                {
```

```
anums =
Convert.ToInt32(dt.Rows[i]["ron_value"].ToString());
if(dt.Rows[i]["encash_type"].ToString() == "Y")
{
if(isrun)
{
textBox1.BeginInvoke(new treeinvoke(showtext1a));
progressBar1.BeginInvoke(new treeinvoke(showstep));
}
if(! isrun)
i = 130000;
Thread.Sleep(1000);
}
else
{
if(isrun)
{
textBox1.BeginInvoke(new treeinvoke(showtext1));
progressBar1.BeginInvoke(new treeinvoke(showstep));
}
if(! isrun)
i = 130000;
Thread.Sleep(500);
}
}
a = true;
if(isrun)
{
textBox1.BeginInvoke(new treeinvoke(showfinisha));
if(a & b & c & d & e & f & g & h & ii & j & k & l & m)
{
label16.BeginInvoke(new treeinvoke(showmessage));
}
}
```

```
        }
void showtext1()
        {
                textBox1. ForeColor = Color. Black;
                textBox1. Text = anums. ToString();
Application. DoEvents();
        }
void showtext1a()
        {
                textBox1. ForeColor = Color. Red;
                textBox1. Text = anums. ToString();
Application. DoEvents();
        }
void showfinisha()
        {
                textBox1. ForeColor = Color. Black;
                textBox1. Text = "00000000";
Application. DoEvents();
        }
void showmessage()
        {
                label16. Text = "抽奖完成,请点击"下一步",保存中奖名单。
";
                btnStart. Enabled = true;
                btnNext. Enabled = true;
                dt. Dispose();
Application. DoEvents();
        }
void showstep()
        {
                progressBar1. Value + = progressBar1. Step;
        }

private void runtwo()
        {
for(int i = 10001;i < 20000;i + +)
```

```
{
        bnums =
Convert.ToInt32(dt.Rows[i]["ron_value"].ToString());
if(dt.Rows[i]["encash_type"].ToString() == "Y")
        {
if(isrun)
            {

textBox2.BeginInvoke(new treeinvoke(showtext2a));
            }
if(! isrun)
                i = 130000;
Thread.Sleep(1000);
        }
else
        {
if(isrun)
            {

textBox2.BeginInvoke(new treeinvoke(showtext2));
            }
if(! isrun)
                i = 130000;
Thread.Sleep(500);
        }
    }
        b = true;
if(isrun)
    {
            textBox2.BeginInvoke(new treeinvoke(showfinishb));
if(a & b & c & d & e & f & g & h & ii & j & k & l & m)
label16.BeginInvoke(new treeinvoke(showmessage));
    }
}
void showtext2()
    {
```

```
                textBox2. ForeColor = Color. Black;
                textBox2. Text = bnums. ToString( ) ;
Application. DoEvents( ) ;
        }
void showtext2a( )
        {
                textBox2. ForeColor = Color. Red;
                textBox2. Text = bnums. ToString( ) ;
Application. DoEvents( ) ;
        }
void showfinishb( )
        {
                textBox2. ForeColor = Color. Black;
                textBox2. Text = "00000000" ;
Application. DoEvents( ) ;
        }

private void runthree( )
        {
for( int i =20001;i <30000;i ++ )
        {
                cnums =
Convert. ToInt32( dt. Rows[ i] [ "ron_value" ]. ToString( ) ) ;
if( dt. Rows[ i] [ "encash_type" ]. ToString( ) = = "Y")
                {
if( isrun)
                        {

textBox3. BeginInvoke( new treeinvoke( showtext3a) ) ;
                        }
if( ! isrun)
                                i =130000;
Throad. Sleep(1000) ;
                        }
else
                        {
```

```
if(isrun)
                {
textBox3.BeginInvoke(new treeinvoke(showtext3));
                }
if(!isrun)
                    i = 130000;
Thread.Sleep(500);
            }
        }
        c = true;
if(isrun)
        {
            textBox3.BeginInvoke(new treeinvoke(showfinishc));
if(a & b & c & d & e & f & g & h & ii & j & k & l & m)

label16.BeginInvoke(new treeinvoke(showmessage));
        }
    }
void showtext3()
    {
        textBox3.ForeColor = Color.Black;
        textBox3.Text = cnums.ToString();
Application.DoEvents();
    }
void showtext3a()
    {
        textBox3.ForeColor = Color.Red;
        textBox3.Text = cnums.ToString();
Application.DoEvents();
    }
void showfinishc()
    {
        textBox3.ForeColor = Color.Black;
        textBox3.Text = "00000000";
Application.DoEvents();
```

```
}
private void runfour( )
{
for( int i =30001 ;i <40000 ;i + + )
{
dnums =
Convert. ToInt32( dt. Rows[ i] [ " ron_value" ]. ToString( ) ) ;
if( dt. Rows[ i] [ " encash_type" ]. ToString( ) = = " Y" )
{
if( isrun)
{
textBox4. BeginInvoke( new treeinvoke( showtext4a) ) ;
}
if( ! isrun)
i = 130000;
Thread. Sleep( 1000) ;
}
else
{
if( isrun)
{
textBox4. BeginInvoke( new treeinvoke( showtext4) ) ;
}
if( ! isrun)
i = 130000;
Thread. Sleep( 500) ;
}
}
d = true;
if( isrun)
{
textBox4. BeginInvoke( new treeinvoke( showfinishd) ) ;
if( a & b & c & d & e & f & g & h & ii & j & k & l & m)
```

```
label16. BeginInvoke( new treeinvoke( showmessage) ) ;
            }
        }
void showtext4( )
        {
                textBox4. ForeColor = Color. Black;
                textBox4. Text = dnums. ToString( ) ;
Application. DoEvents( ) ;
        }
void showtext4a( )
        {
                textBox4. ForeColor = Color. Red;
                textBox4. Text = dnums. ToString( ) ;
Application. DoEvents( ) ;
        }
void showfinishd( )
        {
                textBox4. ForeColor = Color. Black;
                textBox4. Text = "00000000" ;
Application. DoEvents( ) ;
        }

private void runfive( )
        {
for( int i =40001;i <50000;i ++ )
            {
                    enums =
Convert. ToInt32( dt. Rows[ i] [ "ron_value" ]. ToString( ) ) ;
if( dt. Rows[ i] [ "encash_type" ]. ToString( ) = = "Y" )
                {
if( isrun)
                    {

textBox5. BeginInvoke( new treeinvoke( showtext5a) ) ;
                }

if( ! isrun)
```

```
                    i = 130000;
Thread. Sleep(1000);
                }
else
                {
if(isrun)
                    {

textBox5. BeginInvoke(new treeinvoke(showtext5));
                    }
if(! isrun)
                        i = 130000;
Thread. Sleep(500);
                }
            }
            e = true;
if(isrun)
            {
                textBox5. BeginInvoke(new treeinvoke(showfinishe));
if(a & b & c & d & e & f & g & h & ii & j & k & l & m)

label16. BeginInvoke(new treeinvoke(showmessage));
            }
        }
void showtext5()
        {
            textBox5. ForeColor = Color. Black;
            textBox5. Text = enums. ToString();
Application. DoEvents();
        }
void showtext5a()
        {
            textBox5. ForeColor = Color. Red;
            textBox5. Text = enums. ToString();
Application. DoEvents();
        }
```

```
void showfinishe( )
        {
            textBox5. ForeColor = Color. Black;
            textBox5. Text = "00000000" ;
Application. DoEvents( ) ;
        }

private void runsix( )
        {
for( int i = 50001 ;i < 60000 ;i ++ )
            {
                fnums =
Convert. ToInt32( dt. Rows[ i] [ "ron_value" ]. ToString( ) ) ;
if( dt. Rows[ i] [ "encash_type" ]. ToString( ) = = "Y" )
                {
if( isrun)
                    {

textBox6. BeginInvoke( newtreeinvoke( showtext6a) ) ;
                    }
if( ! isrun)
                        i = 130000;
Thread. Sleep( 1000) ;
                }
else
                {
if( isrun)
                    {

textBox6. BeginInvoke( new treeinvoke( showtext6) ) ;
                    }
if( ! isrun)
                        i = 130000;
Thread. Sleep( 500) ;
                }
            }
```

```
            f = true;
if(isrun)
            {
                    textBox6. BeginInvoke(new treeinvoke(showfinishf));
if(a & b & c & d & e & f & g & h & ii & j & k & l & m)

label16. BeginInvoke(new treeinvoke(showmessage));
            }
        }
void showtext6()
        {
            textBox6. ForeColor = Color. Black;
            textBox6. Text = fnums. ToString();
Application. DoEvents();
        }
void showtext6a()
        {
            textBox6. ForeColor = Color. Red;
            textBox6. Text = fnums. ToString();
Application. DoEvents();
        }
void showfinishf()
        {
            textBox6. ForeColor = Color. Black;
            textBox6. Text = "00000000";
Application. DoEvents();
        }

private void runseven()
        {
for(int i = 60001;i < 70000;i + +)
            {
                    gnums =
Convert. ToInt32(dt. Rows[i]["ron_value"]. ToString());
if(dt. Rows[i]["encash_type"]. ToString() = = "Y")
                    {
```

```
if(isrun)
                {
textBox7.BeginInvoke(new treeinvoke(showtext7a));
                }
if(! isrun)
                                i = 130000;
Thread.Sleep(1000);
            }
else
            {
if(isrun)
                {
textBox7.BeginInvoke(new treeinvoke(showtext7));
                }
if(! isrun)
                                i = 130000;
Thread.Sleep(500);
            }
        }
        g = true;
if(isrun)
        {
            textBox7.BeginInvoke(newtreeinvoke(showfinishg));
if(a & b & c & d & e & f & g & h & ii & j & k & l & m)

label16.BeginInvoke(new treeinvoke(showmessage));
        }
    }
void showtext7()
    {
        textBox7.ForeColor = Color.Black;
        textBox7.Text = gnums.ToString();
Application.DoEvents();
    }
```

```
void showtext7a( )
        {
            textBox7. ForeColor = Color. Red;
            textBox7. Text = gnums. ToString( );
Application. DoEvents( );
        }
void showfinishg( )
        {
            textBox7. ForeColor = Color. Black;
            textBox7. Text = "00000000";
Application. DoEvents( );
        }

private void runeight( )
        {
for( int i = 70001;i < 80000;i + + )
          {
                    hnums =
Convert. ToInt32( dt. Rows[ i][ "ron_value" ]. ToString( ) );
if( dt. Rows[ i][ "encash_type" ]. ToString( ) = = "Y" )
                  {
if( isrun)
                          {

textBox8. BeginInvoke( new treeinvoke( showtext8a) );
                          }
if( ! isrun)
                                  i = 130000;
Thread. Sleep( 1000);
                      }
else
                  {
if( isrun)
                          {

textBox8. BeginInvoke( new treeinvoke( showtext8) );
```

```
                    }
if(! isrun)
                                i = 130000;
Thread. Sleep(500);
                    }
                }
                h = true;
if(isrun)
                {
                    textBox8. BeginInvoke(new treeinvoke(showfinishh));
if(a & b & c & d & e & f & g & h & ii & j & k & l & m)

label16. BeginInvoke(new treeinvoke(showmessage));
                }
            }
void showtext8()
            {
                textBox8. ForeColor = Color. Black;
                textBox8. Text = hnums. ToString();
Application. DoEvents();
            }
void showtext8a()
            {
                textBox8. ForeColor = Color. Red;
                textBox8. Text = hnums. ToString();
Application. DoEvents();
            }
void showfinishh()
            {
                textBox8. ForeColor = Color. Black;
                textBox8. Text = "00000000";
Application. DoEvents();
            }

private void runnine()
            {
```

```
for( int i = 80001 ; i < 90000 ; i + + )
            {
                    inums =
Convert. ToInt32( dt. Rows[ i ][ " ron_value" ]. ToString( ) ) ;
if( dt. Rows[ i ][ " encash_type" ]. ToString( ) = = " Y" )
                    {
if( isrun)
                         {

textBox9. BeginInvoke( new treeinvoke( showtext9a) ) ;
                         }
if( ! isrun)
                              i = 130000 ;
Thread. Sleep( 1000) ;
                    }
else
                    {
if( isrun)
                         {

textBox9. BeginInvoke( new treeinvoke( showtext9) ) ;
                         }
if( ! isrun)
                              i = 130000 ;
Thread. Sleep( 500) ;
                    }
               }
               ii = true;
if( isrun)
               {
                    textBox9. BeginInvoke( new treeinvoke( showfinishi) ) ;
if( a & b & c & d & e & f & g & h & ii & j & k & l & m)

label16. BeginInvoke( new treeinvoke( showmessage) ) ;
               }
            }
```

```
void showtext9()
        {
                textBox9.ForeColor = Color.Black;
                textBox9.Text = inums.ToString();
Application.DoEvents();
        }
void showtext9a()
        {
                textBox9.ForeColor = Color.Red;
                textBox9.Text = inums.ToString();
Application.DoEvents();
        }
void showfinishi()
        {
                textBox9.ForeColor = Color.Black;
                textBox9.Text = "00000000";
Application.DoEvents();
        }

private void runten()
        {
for(int i =90001;i < 100000;i + +)
            {
                    jnums =
Convert.ToInt32(dt.Rows[i]["ron_value"].ToString());
if(dt.Rows[i]["encash_type"].ToString() = = "Y")
                    {
if(isrun)
                        {

textBox10.BeginInvoke(new treeinvoke(showtext10a));
                        }
if(! isrun)
                            i = 130000;
Thread.Sleep(1000);
                    }
```

```
else
        {
if(isrun)
            {
textBox10.BeginInvoke(new treeinvoke(showtext10));
            }
if(! isrun)
                i = 130000;
Thread.Sleep(500);
        };
    }
    j = true;
if(isrun)
    {
textBox10.BeginInvoke(new treeinvoke(showfinishj));
if(a & b & c & d & e & f & g & h & ii & j & k & l & m)
label16.BeginInvoke(new treeinvoke(showmessage));
    }
  }
void showtext10()
  {
      textBox10.ForeColor = Color.Black;
      textBox10.Text = jnums.ToString();
Application.DoEvents();
  }
void showtext10a()
  {
      textBox10.ForeColor = Color.Red;
      textBox10.Text = jnums.ToString();
Application.DoEvents();
  }
void showfinishj()
  {
```

```
                textBox10. ForeColor = Color. Black;
                textBox10. Text = "00000000";
Application. DoEvents( );
        }

private void runeleven( )
        {
for( int i = 100001;i < 110000;i + + )
            {
                knums =
Convert. ToInt32( dt. Rows[ i][ "ron_value" ]. ToString( ) );
if( dt. Rows[ i][ "encash_type" ]. ToString( ) = = "Y" )
                {
if( isrun)
                    {
textBox11. BeginInvoke( new treeinvoke( showtext11a) );
                    }
if( ! isrun)
                        i = 130000;
Thread. Sleep( 1000);
                }
else
                {
if( isrun)
                    {
textBox11. BeginInvoke( new treeinvoke( showtext11) );
                    }
if( ! isrun)
                        i = 130000;
Thread. Sleep( 500);
                }
            }
                k = true;
if( isrun)
```

```
            {
textBox11. BeginInvoke( new treeinvoke( showfinishk) ) ;
if( a & b & c & d & e & f & g & h & ii & j & k & l & m)

label16. BeginInvoke( new treeinvoke( showmessage) ) ;
            }
        }
void showtext11( )
        {
            textBox11. ForeColor = Color. Black;
            textBox11. Text = knums. ToString( ) ;
Application. DoEvents( ) ;
        }
void showtext11a( )
        {
            textBox11. ForeColor = Color. Red;
            textBox11. Text = knums. ToString( ) ;
Application. DoEvents( ) ;
        }
void showfinishk( )
        {
            textBox11. ForeColor = Color. Black;
            textBox11. Text = "00000000" ;
Application. DoEvents( ) ;
        }

private void runtwelve( )
        {
for( int i = 110001 ;i < 120000 ;i ++ )
            {
                lnums =
Convert. ToInt32( dt. Rows[ i] [ "ron_value" ]. ToString( ) ) ;
if( dt. Rows[ i] [ "encash_type" ]. ToString( ) = = "Y" )
                {
if( isrun)
```

```
                    }
textBox12. BeginInvoke( new treeinvoke( showtext12a) ) ;
                    }
if( ! isrun)
                              i = 130000 ;
Thread. Sleep(1000) ;
                    }
else
                    {
if( isrun)
                    {
textBox12. BeginInvoke( new treeinvoke( showtext12) ) ;
                    }
if( ! isrun)
                              i = 130000 ;
Thread. Sleep(500) ;
                    }
               }
               l = true;
if( isrun)
               {
textBox11. BeginInvoke( new treeinvoke( showfinishl) ) ;
if( a & b & c & d & e & f & g & h & ii & j & k & l & m)
label16. BeginInvoke( new treeinvoke( showmessage) ) ;
               }
          }
void showtext12( )
          {
               textBox12. ForeColor = Color. Black ;
               textBox12. Text = lnums. ToString( ) ;
Application. DoEvents( ) ;
          }
```

```
void showtext12a( )
        {
                textBox12. ForeColor = Color. Red;
                textBox12. Text = lnums. ToString( ) ;
Application. DoEvents( ) ;
        }
void showfinishl( )
        {
                textBox12. ForeColor = Color. Black;
                textBox12. Text = "00000000" ;
Application. DoEvents( ) ;
        }

private void runthirteen( )
        {
for( int i = 120001 ; i < 130000 ; i ++ )
          {
                    mnums =
Convert. ToInt32( dt. Rows[ i ] [ "ron_value" ]. ToString( ) ) ;
if( dt. Rows[ i ] [ "encash_type" ]. ToString( ) = = "Y" )
                    {
if( isrun)
                        {

textBox13. BeginInvoke( new treeinvoke( showtext13a) ) ;
                        }
if( ! isrun)
                                i = 130000;
Thread. Sleep( 1000) ;
                    }
else
                    {
if( isrun)
                        {

textBox13. BeginInvoke( new treeinvoke( showtext13) ) ;
```

```
                    }
if(! isrun)
                        i = 130000;
Thread. Sleep(500);
                }
            }
            m = true;
if(isrun)
            {

textBox11. BeginInvoke(new treeinvoke(showfinishm));
if(a & b & c & d & e & f & g & h & ii & j & k & l & m)

label16. BeginInvoke(new treeinvoke(showmessage));
            }
        }
void showtext13()
        {
            textBox13. ForeColor = Color. Black;
            textBox13. Text = mnums. ToString();
Application. DoEvents();
        }
void showtext13a()
        {
            textBox13. ForeColor = Color. Red;
            textBox13. Text = mnums. ToString();
Application. DoEvents();
        }
void showfinishm()
        {
            textBox13. ForeColor = Color. Black;
            textBox13. Text = "00000000";
Application. DoEvents();
        }
    }
    }
```

(Form2. cs)

从以上代码可以看出，在 Form2. cs 里使用了多线程技术，13 个线程同时在 13 个文本框里显示幸运号码（红色号码为幸运号码，黑色号码为非幸运号码）。

每一个线程都分别使用了 showtext * ( )、showtext * a ( )、showfinish * ( ) 来显示对应文本框里的信息。showtext * ( ) 方法显示非幸运号码，showtext * a ( ) 方法显示幸运号码，showfinish * ( ) 在程序运行完毕后显示初始信息。

老 C 提醒：

这里值得注意的是我们重写了窗体的 OnClosing 事件，在事件里将isrun 变量设置为 false，isrun 变量标志线程是否正在运行当中，当 isrun 为 false 时，线程停止。

3.4 保存中奖名单

在 Form3 的设计视图上分别双击 “btnSave” 和 “btnClose”，添加这两个按钮的事件。

打开 Form3 的代码文件，添加以下代码：

```
using System;
using System. Collections. Generic;
using System. ComponentModel;
using System. Data;
using System. Drawing;
using System. Linq;
using System. Text;
using System. Windows. Forms;
using System. Threading;
using System. IO;
using DumexAward. BLL;

namespace DumexAward
{
public partial class Form3:Form
    {
DataTable dt;
bool isrun = true;
bool isruna = false;
```

```
public Form3( )
        {
            InitializeComponent( );
        }

private void btnSave_Click( object sender,EventArgs e)
        {
SaveFileDialog fbd1 = new SaveFileDialog( );
            fbd1. RestoreDirectory = true;
            fbd1. Filter = "文本文件( *. txt) | *. txt";
if( fbd1. ShowDialog( ) = = DialogResult. OK)
            {
                btnSave. Enabled = false;
                btnClose. Enabled = false;
                label1. Text = "正在保存中奖名单,请稍候…";
                btnSave. Tag = fbd1. FileName;
                isrun = true;
Application. DoEvents( );
Thread thread = new Thread( new ThreadStart( createfile) );
                thread. Start( );
                progressBar1. Minimum = 0;
                progressBar1. Maximum = 100;
                progressBar1. Step = 5;
                progressBar1. Value = 0;
for( int i = 0;i < 20;i + + )
                {
                progressBar1. Value + = progressBar1. Step;
Thread. Sleep(100);
Application. DoEvents( );
                }
                isrun = false;
if( isruna)
                {
                    btnSave. Enabled = true;
                    btnClose. Enabled = true;
                    label1. Text = "中奖名单保存成功。";
```

```
            }
        }
    }

private void btnClose_Click(object sender,EventArgs e)
    {
this.Close();
    }

public void createfile()
    {
        isruna = false;
        BLL.BEncash be = new BEncash();
        dt = be.Getron_value().Tables[0];
        DtToFile(dt,btnSave.Tag.ToString());
        isruna = true;
if(! isrun)
        {
            btnSave.BeginInvoke(new treeinvoke(enable1));
            btnClose.BeginInvoke(new treeinvoke(enable4));
            label1.BeginInvoke(new treeinvoke(showa));
        }
        dt.Dispose();
    }

void showa()
    {
        label1.Text = "中奖名单保存成功。";
    }
void enable1()
    {
        btnSave.Enabled = true;
    }

void enable4()
    {
```

```
            btnClose. Enabled = true;
        }
    public delegate void treeinvoke( );

    public void DtToFile( DataTable dt,String sFileName)
        {
    StringBuilder sb = new StringBuilder( );
    for( int j =0;j < dt. Rows. Count;j ++ )
            {
                sb. Append( dt. Rows[ j][0]. ToString( ) );
                sb. Append( " \r\n" );
            }
    StreamWriter writer = new StreamWriter( sFileName,true,
    Encoding. UTF8);
                writer. Write( sb. ToString( ) );
                writer. Flush( );
                writer. Close( );
        }
      }
}
```

(Form3. cs)

代码很简单，先使用 BEncash. Getron_value（）方法获取数据库中所有的幸运号码，再使用 . net 里自带的 StreamWriter 类进行文件操作，把幸运号码写入文本文件中。

第五步 系统测试

步骤同前，此处不再赘述。

第六步 安装与部署

1. 编译整个解决方案

在“解决方案资源管理器”里右击 DumexAward 项目，在菜单里选择“属性”，将“配置”设为“Release”，保存项目配置。按“Shift + F6”组合键编译 DumexAward 项目。

2. 建立安装项目

（1）在“解决方案资源管理器”里右击解决方案，“添加”→“新建项目”，在弹出的对话框里选择“其他项目类型”→“安装和部署”，添加一个“安装项目”，项目名称为“DumexAwardSetup”，如图2—3—8所示。完成后即可进入安装项目文件系统，如图2—3—9所示。

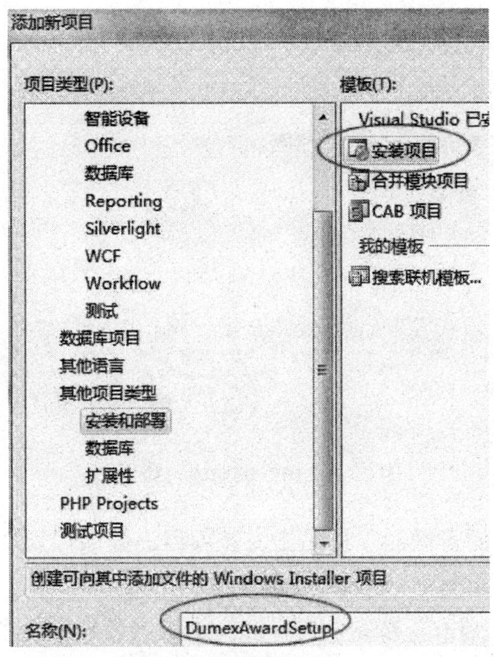

图2—3—8　添加按照项目

图2—3—9　进入文件系统

（2）双击“应用程序文件夹”，在右边的空白处右击，在弹出来的菜单里选择“添加”→“项目输出”，选择“DumexAward”中的“主输出”，单击“确定”按钮完成添加主输出，如图2—3—10所示。

（3）在“解决方案资源管理器”里选中安装项目，按F4键显示安装项目的属性。在属性里可以设置一些安装信息，如图2—3—11所示。

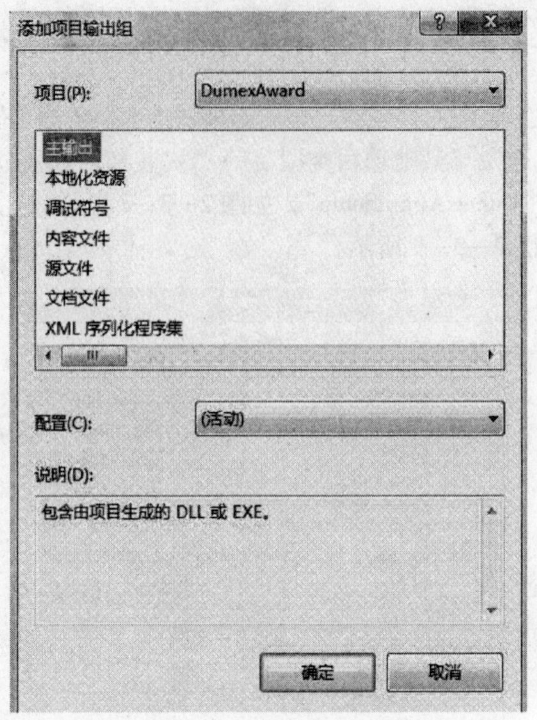

图 2—3—10　添加项目输出组

在“解决方案资源管理器”里右击安装项目，选择“属性”，在这里可以设置安装包的一些属性，如图 2—3—12 所示。

(4) 单击“系统必备”按钮，可以选择设定安装程序的系统必备组件。

设置完成后，在“解决方案资源管理器”里右击安装项目，选择“生成”编译项目生成安装文件。

3. 进行安装测试

打开 DumexAwardSetup 项目里的 debug 文件夹，双击“setup. exe”进行安装，进入如图 2—3—13 所示页面。

单击“下一步”按钮直至单击“完成”按钮完成安装。

找到安装文件夹下的“DumexAward. exe”，双击运行测试抽奖程序是否正常。

注：卸载安装程序，可以再次双击 debug 文件夹下的“setup. exe”进行卸载。

4. 正式发布

(1) 在 Visual Studio 的菜单里选择“生成”→“配置管理器”，如图 2—3—14 所示。

(2) 将 DumexAward 和 DumexAwardSetup 的“配置”属性均设置为“Release”，如图 2—3—15 所示。

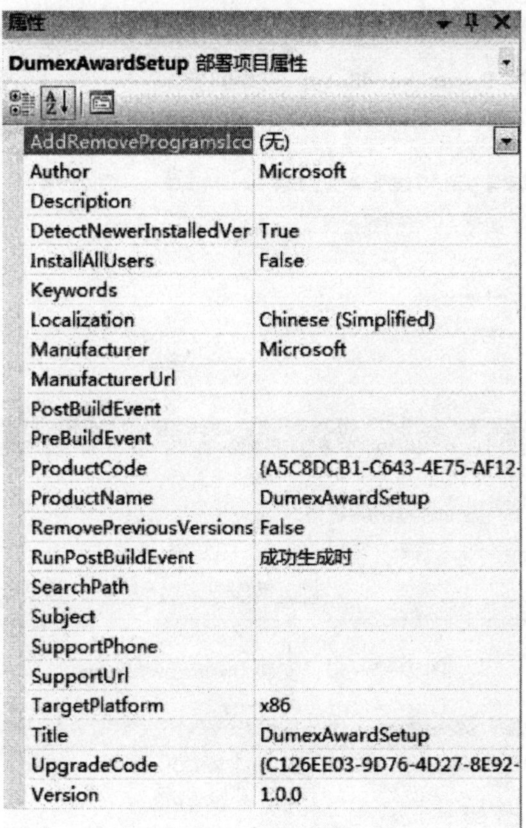

图 2—3—11　设置安装信息

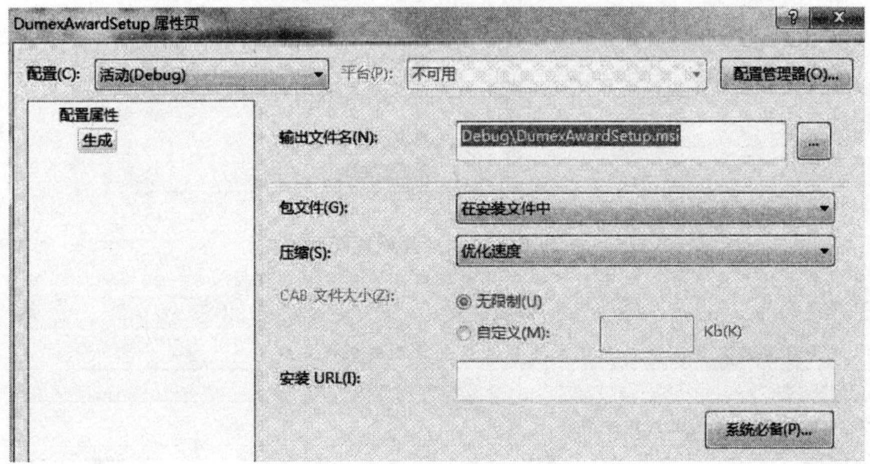

图 2—3—12　设置安装包属性

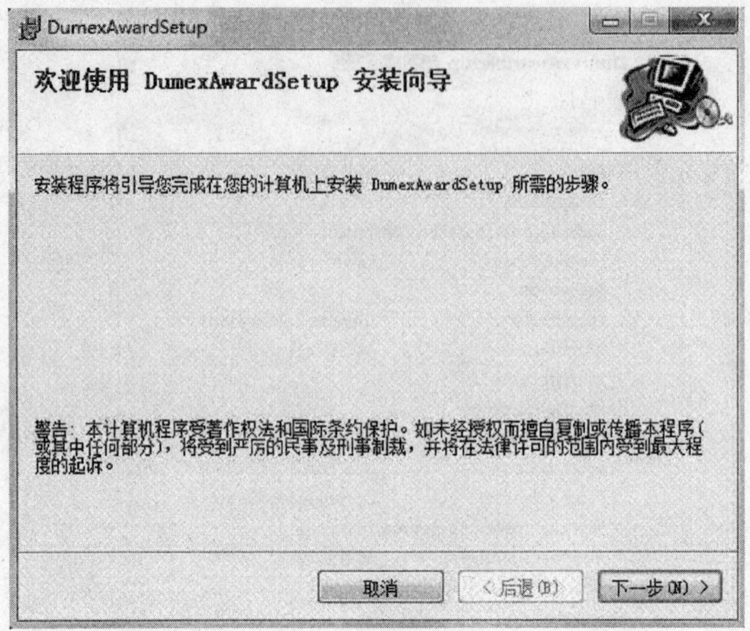

图 2—3—13　安装 DumexAwardSetup

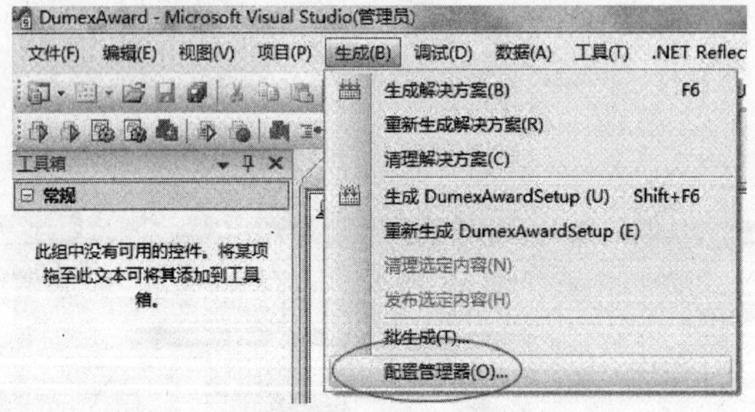

图 2—3—14　打开配置管理器

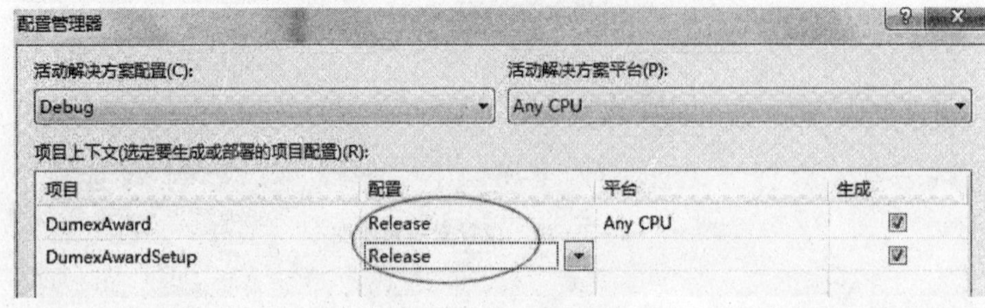

图 2—3—15　属性设置

（3）保存配置并编译，编译生成的安装程序可在 DumexAwardSetup 项目里的 Release 文件夹里找到。

实操演练

1. 实操要求

根据本任务所学知识，开发一个抽奖应用程序，达到可以在 10 个固定号码中抽取出 2 个随机号码的效果。

2. 环境设置

Windows 桌面应用程序。

3. 模拟时间

1 个课时。

4. 效果要求

学员巩固本任务所学知识，主要是让学员动手实验，通过实际操作，熟悉 C# 语言的应用。

练 习 题

单项选择题

1. 为了提高性能，在使用 DataAdapter 填充 DataSet 前，可以将（　　）属性值设为 false。

A. DataSet 对象的 EnforceConstraints

B. DataSet 对象的 CaseSensitive

C. DataAdapter 对象的 AcceptChangesDuringFill

D. DataAdapter 对象的 MissingSchemaAction

2. 如果远端的 XML Web Service 进行了安全性设置，要求调用者必须经过身份验证，则在客户端代码中应该包含（　　）。

A. 创建用户名和密码的代码

B. 将客户端凭据传递给 XML Web Service 的代码

C. 向 Microsoft 注册的代码

D. 登录到 XML Web Service 所属计算机的方法

3. 用 C#开发 Windows Service 多线程，需要引用的系统类库是（　　）。

A. System. Threading

B. System. Drawing

C. System. ComponentModel

D. System. Collections

4. 在多线程应用中，改变界面控件的值，需要执行（　　）函数，可以实时在界面显示出来。

A. Application. DoEvents（）;

B. Application. EnableVisualStyles（）;

C. Application. ExitThread（）;

D. Applicstion. Restart（）;

参考答案

1. A　2. B　3. A　4. A

岗位职责三
智能设备项目开发

基础技能要点

了解嵌入式开发平台

熟练使用 Microsoft Visual Studio 开发工具

对 Microsoft SQL Mobile 有一定的认识

核心技能要点

熟练使用 C#开发语言

熟练使用 Microsoft Visual Studio 开发工具进行智能设备上的软件开发

掌握 Microsoft SQL Mobile 的使用

工作任务一　凯撒密码加/解密程序

老 C：近日，权威调查机构 IDC 发布智能手机市场份额预测报告，报告称到 2015 年，Windows Phone 手机市场份额将超过 iPhone，所以 Windows CE 平台下的应用开发将会有广泛应用。

小 C：那您就介绍一下嵌入式开发吧。

老 C：好的，下面以凯撒密码加/解密为例给你讲解一个嵌入式项目的开发和发布过程。

小 C：好的。

基础知识

嵌入式开发就是指在嵌入式操作系统下进行开发，一般常用的系统有 WinCE，Symbian，Android，iOS 等，都有相应的 SDK 开发包。用单片机汇编开发也算是嵌入式，用高级一点的处理器，如 arm7，arm9，powerpc 等开发起来，不过要加操作系统而已，也属于嵌入式的开发。

. NET 的嵌入式开发是针对 Windows CE/Mobile 平台的开发。

凯撒密码是一种最古典且最广为人知的加密技术。它是一种置换密码，通过将字母按顺序向后偏移 *n* 位起到加密作用，如果位移为 3，则应将字母 A 换作字母 D，将字母 B 换作字母 E，以此类推。

例如：Hzbeor，max uxlm！此处采用了 19 位的位移，解密后即为 Ogilvy，the best！

工作步骤

第一步　需求分析

某公司在奥林匹克森林公园举行一次野外活动，活动为闯关类型，其中一关是一封密码信，需要小组成员解密后才能知道下一关的任务地点。

如果依靠人工来解密，当位移为 10 位以上时，需要耗费很长时间找到位移，并需要单个字母解出来连在一起。如果做一个程序来解密，省时快速，能够为小组赢得时间来闯关。

考虑到野外活动不方便携带笔记本电脑等比较重的设备，准备使用 Windows Mobile 系统的手机来实现。因为手机操作系统使用 Windows Mobile 的比较多，另外，Windows Mobile 下可以使用 . NET 开发，方便快捷。

关于需求分析的方法等可参考本书岗位职责一工作任务一中的需求分析部分。

老 C 提醒：

嵌入式应用无处不在。现在越来越多的人使用智能手机，手机操作系统中 Windows CE 操作系统占很大比例。用 . NET 开发嵌入式应用程序的需求会越来越多，大家可以发挥自己的想象，在智能移动设备上开发出更多、更好、更有创意的应用程序。

第二步　界面设计

根据需求来看，界面不需要华丽，只需简洁好用就可以，所以可以设计一个如图 3—1—1 所示的界面。

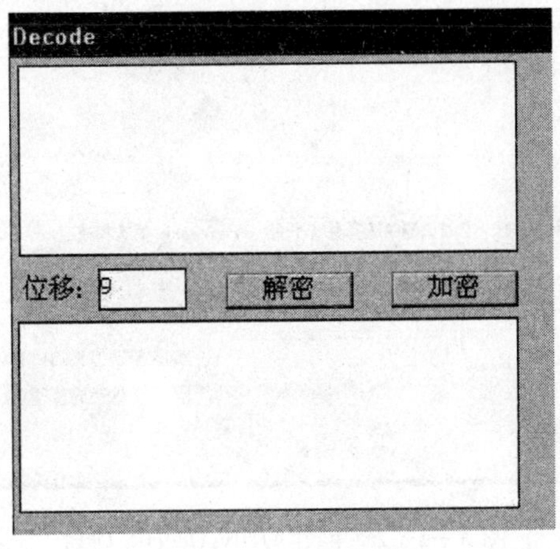

图 3—1—1　界面窗体

窗体大小应根据手机屏幕大小设置。上方输入框录入加密后的文字，下方显示解密结果。位移可以快速输入。这里为什么不用“DomainUpDown”控件呢？因为在手机上使用，屏幕比较小，点击上下箭头时不易准确点到，所以直接利用输入框通过键盘或屏幕输入会更快捷。

第三步　系统开发

老 C 提醒：

开发过程一定要亲自动手，直到成功部署到智能设备。不能只是运行本书附带的现成例子。

本例中使用 C#代码进行开发，开发平台是 Visual Studio 2008。

1. 创建一个智能设备项目

如图 3—1—2 所示，项目名称为 OgilvyDecode。

根据智能设备选择目标平台和 .NET Compact Framework 版本，如图 3—1—3 所示。

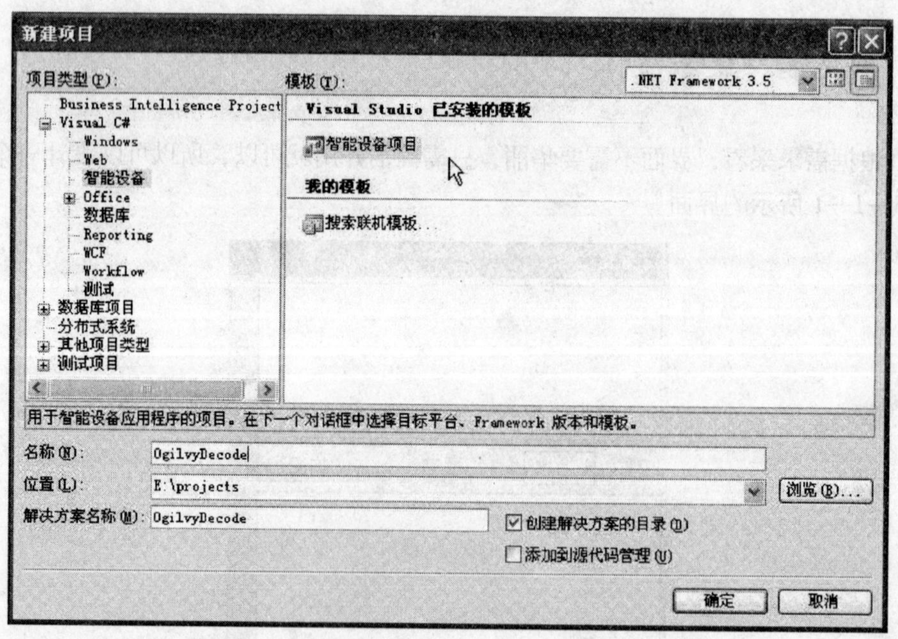

图 3—1—2　创建 OgilvyDecode 项目

2. 设计程序界面

在窗体上添加两个输入框，textbox1 用来输入密码文本，textbox2 用来显示加/

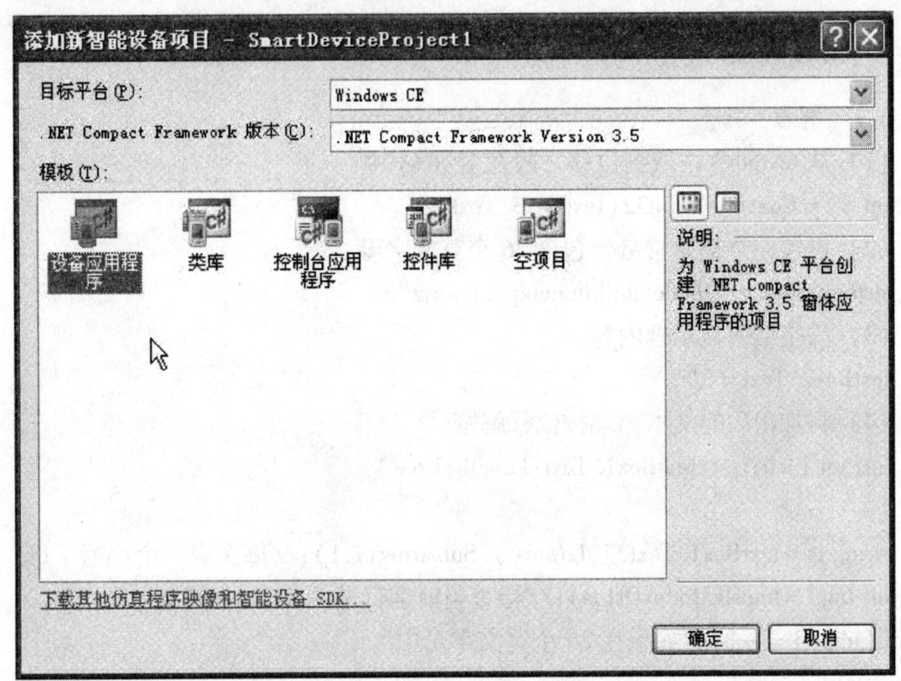

图3—1—3　选择目标平台和程序版本

解密结果，并设置 textbox 的属性 Multiline 为 True。添加位移输入框 textbox3；添加两个按钮“解密”和“加密”，如图3—1—4所示。

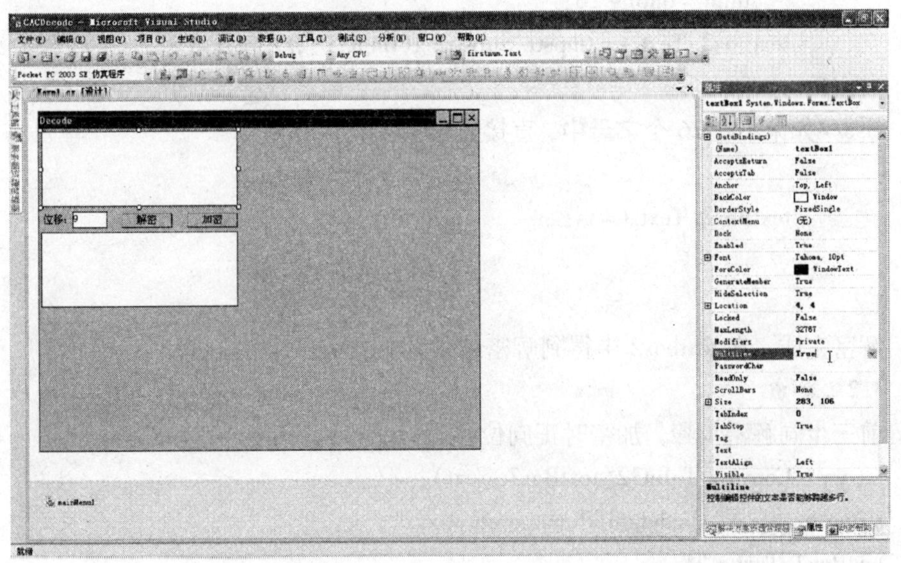

图3—1—4　界面设计

3. 编写代码

3.1 解密

（1）从 textbox3 中取到位移，放在变量 wy 中。

```
int wy = Convert. ToInt32( textBox3. Text) ;
```

（2）设置一个初始常量，包含 26 个英文字母。

```
string tmpstr = " abcdefghijklmnopqrstuvwxyz" ;
```

（3）清空结果显示框内容。

```
textBox2. Text = "" ;
```

（4）将加密后的文本循环按位移解密。

```
for( int i =0;i  < textBox1. Text. Length;i ++ )
{
string ts = textBox1. Text. ToLower( ). Substring( i,1) ;//每次取一个小写字母
int tmpi = tmpstr. IndexOf( ts) ;//检查当前字符是否在 26 个英文字母中
if( tmpi ! = -1)//如果在 26 个英文字母中
{
        tmpi - = wy;//按照位移反向移动

if( tmpi  <0)//如果得到的索引小于 0，则加 26
            tmpi = tmpi +26;
        textBox2. Text += tmpstr. Substring( tmpi,1) ;//得到解密后的字符
    }
else//如果不在 26 个字母中，直接显示
    {
        textBox2. Text += ts;
    }
}
```

解密完成，在 textbox2 中得到解密结果。

3.2 加密

前三步同解密步骤，加密时正向位移。

```
int wy = Convert. ToInt32( textBox3. Text) ;
string tmpstr = " abcdefghijklmnopqrstuvwxyz" ;
textBox2. Text = "" ;
for( int i =0;i < textBox1. Text. Length;i ++ )
{
  string ts = textBox1. Text. ToLower( ). Substring( i,1) ;
```

```
    int tmpi = tmpstr. IndexOf( ts ) ;
    if( tmpi ! =-1)
    {
      tmpi += wy;
      if( tmpi >25)
          tmpi = tmpi -26;
      textBox2. Text += tmpstr. Substring( tmpi,1) ;
    }
    else
    {
        textBox2. Text += ts;
    }
}
```

整个加/解密的开发到此结束。

4. 调试

在 Microsoft Visual Studio 平台上，可以很方便地调试项目。对于智能设备的项目，即使没有真正的硬件设备，也可以在 VS 自带的模拟器中进行调试。

（1）在菜单中选择“调试→启动调试”或直接按 F5 键即可。启动调试后出现的界面，如图 3—1—5 所示。

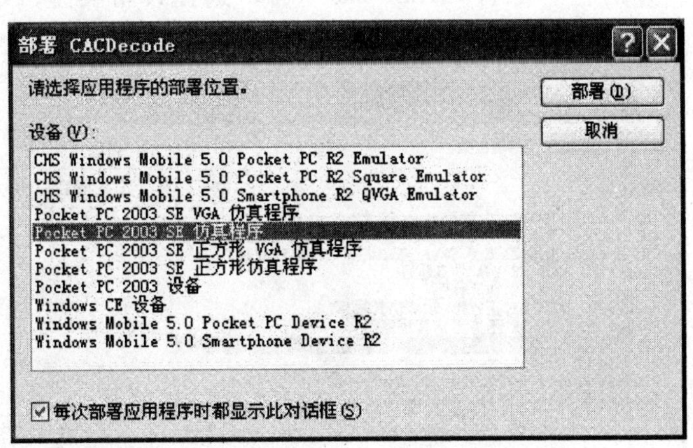

图 3—1—5　启动调试后界面

调试部署后自动打开模拟器，并运行当前程序，如图 3—1—6 所示。

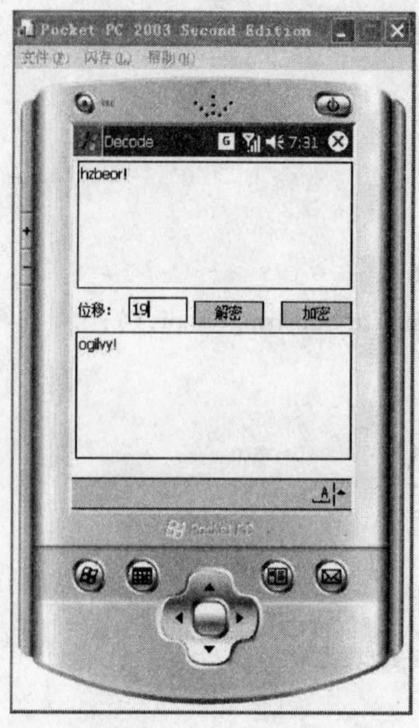

图 3—1—6　模拟器界面

注：模拟器屏幕大小不一定跟实际硬件设备相同，请根据设备屏幕大小进行设置。

（2）如果在真实设备上进行调试，需要先将设备与计算机通过 Microsoft ActiveSync 连接，然后在“部署 CACDecode”窗口选择设备类型，如图 3—1—7 所示。

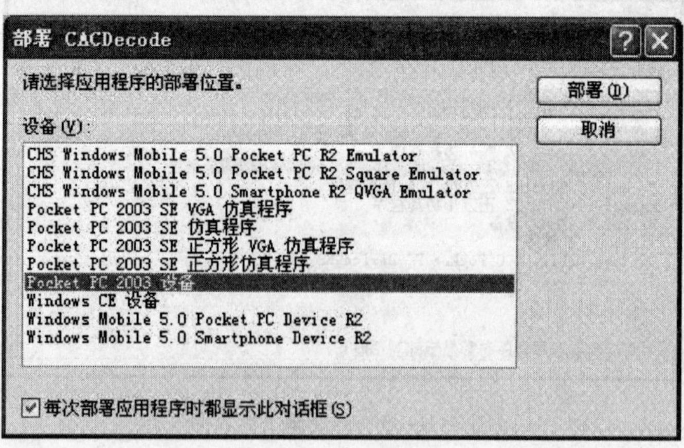

图 3—1—7　选择设备类型

同样，部署成功后程序会自动在设备上运行，此时可进行调试，如图 3—1—8 所示。

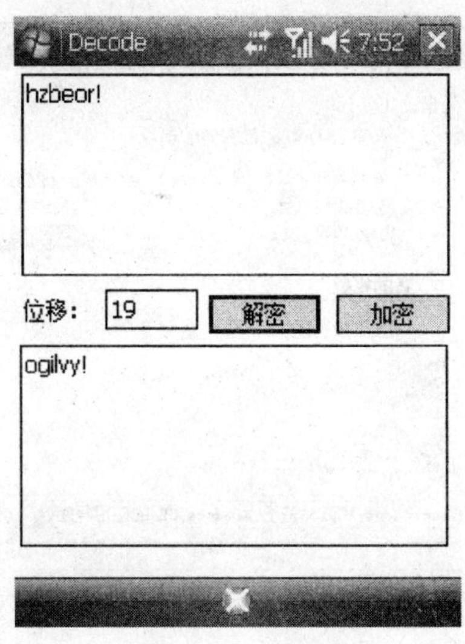

图 3—1—8 调试界面

注：调试过程中可以在代码行设置断点进行跟踪。

第四步　安装与部署

> **老 C 提醒：**
>
> 建议大家将多种部署方式都做一遍，这样才能在实践中体验到真实的不同点，也会为以后的工作积累经验。

嵌入式应用程序的安装部署可以联机部署也可以打包安装。联机部署如第三步中图 3—1—7 所示，部署成功后就可以使用，非常方便。

下面介绍打包安装。

（1）在解决方案中新建项目，选择“其他项目类型”→“安装和部署”→“智能设备 CAB 项目”，如图 3—1—9 所示。

（2）在“应用程序文件夹”上右击，选择“添加”→“项目输出”，如图 3—1—10 所示。

（3）“Program Files”中也可以添加项目输出或其他快捷方式。选择项目“主输出”，如图 3—1—11 所示。

（4）设置完安装项目后就可以生成安装包了，如图 3—1—12 所示。

生成成功后默认在安装项目的 Debug 目录会有 . CAB 的安装包，如图 3—1—13 所示。

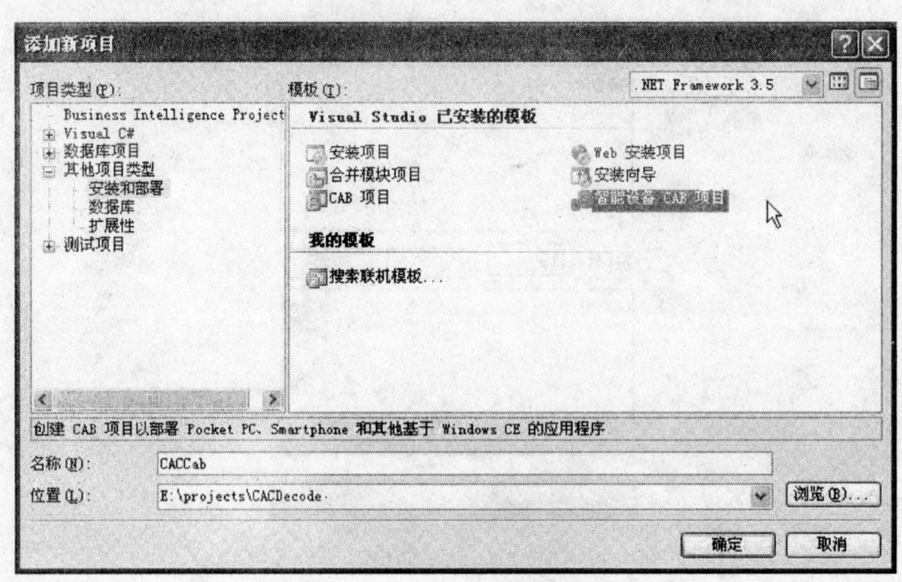

图 3—1—9 建立打包安装新项目

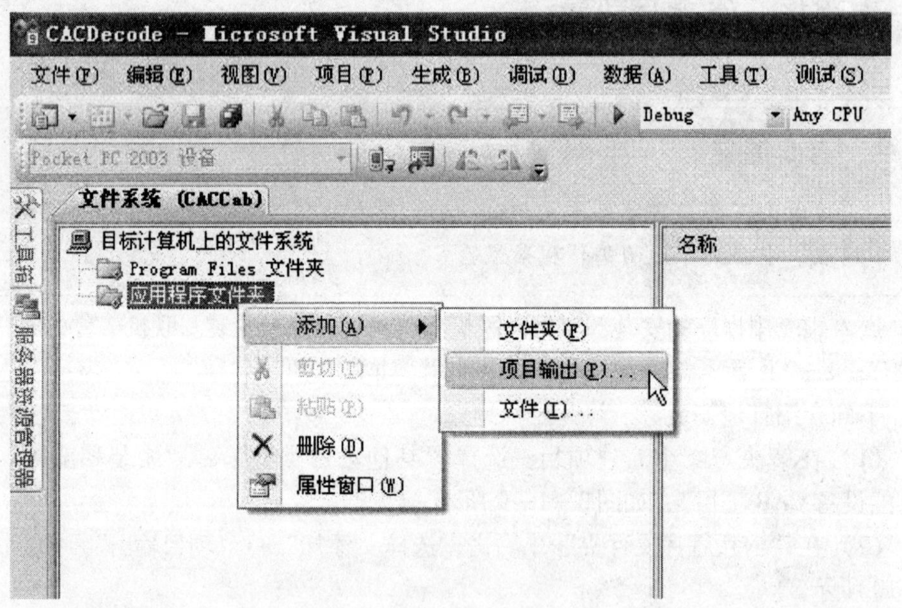

图 3—1—10 添加项目输出

（5）将 CACCab. CAB 安装包复制到需要安装的设备上运行安装即可。

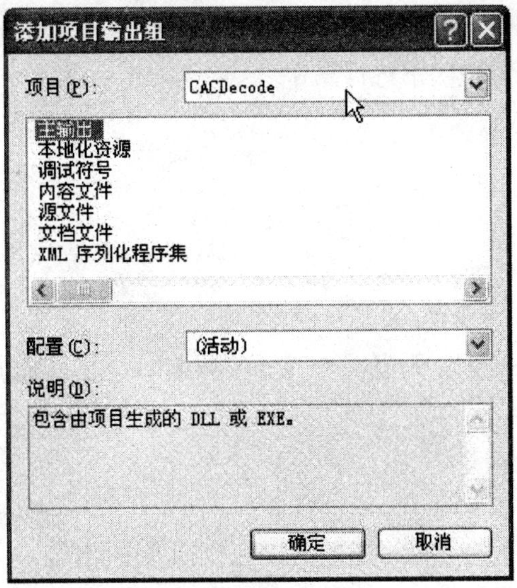

添加项目输出组
项目(P):
CACDecode
主输出
本地化资源
调试符号
内容文件
源文件
文档文件
XML 序列化程序集
配置(C):
(活动)
说明(D):
包含由项目生成的 DLL 或 EXE。
确定
取消

图 3—1—11　添加项目输出组界面

解决方案资源管理器 - CACCab
解决方案'CACDecode' (2 个项目)
CACDecode
生成(U)
重新生成(E)
视图(W)
添加(D)
将解决方案添加到源代码管理(A)...
移除(V)
重命名(M)
属性(R)

图 3—1—12　生成安装包

看(V) 收藏(A) 工具(T) 帮助(H)
搜索
文件夹
文件夹同步
\CACDecode\CACCab\Debug
CabWiz.log
文本文档
1 KB
CACCab.CAB
10 KB
CACCab.inf
安装信息
2 KB

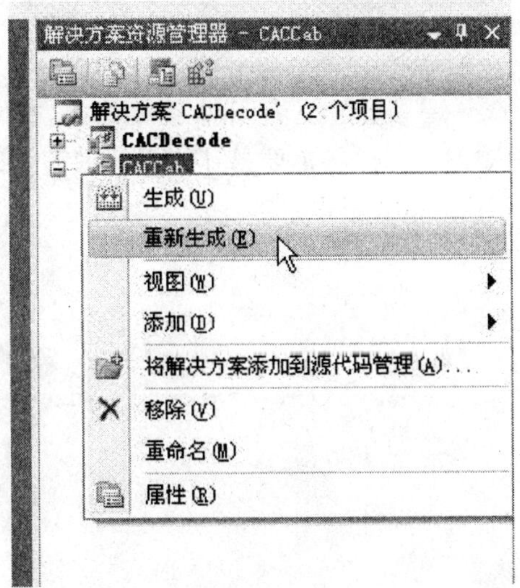

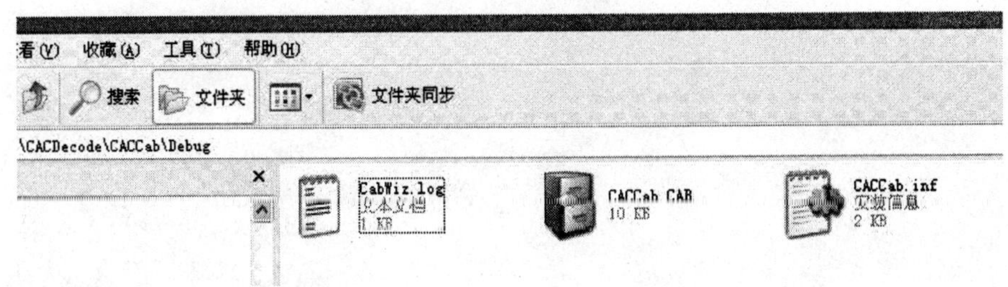

图 3—1—13　安装项目的 Debug 目录

与 Windows CE 设备进行联机部署需要先在计算机上安装 Microsoft ActiveSync 同步软件，请参考设备说明书进行操作。

实操演练

1. 实操要求

根据本任务所学知识，开发一个 Windows Phone 上的加/解密数字的应用，达到移位置换的效果。

2. 环境设置

每个人都要写，没有智能设备的可以在模拟器中测试。

3. 模拟时间

1 个课时。

4. 效果要求

学员巩固掌握所学知识，本任务主要是让学员认识智能设备上的应用开发，熟悉 C#语言的应用。

工作任务二　智能设备与远程硬件间的蓝牙/ZigBee 通信

小 C：　什么是蓝牙和 ZigBee 呢？

老 C：　蓝牙或 ZigBee 用于智能设备与远程设备间的通信。

小 C：　那您给我们详细介绍吧。

老 C：　好的。由于 ZigBee 设备应用不普遍，此处我们使用蓝牙设备通信为例给你讲解一个嵌入式项目和 Windows 窗体应用程序的开发和发布过程。ZigBee 通信的开发与此相同。

基础知识

蓝牙是一种支持设备短距离通信（一般 10 m 内）的无线电技术。能在包括移动电话、PDA、无线耳机、笔记本电脑、相关外设等众多设备之间进行无线信息交换。利用蓝牙技术，能够有效地简化移动通信终端设备之间的通信，也能够成功地简化设备与因特网之间的通信，从而使数据传输变得更加迅速高效，为无线通信拓宽道路。蓝牙采用分散式网络结构以及快跳频和短包技术，支持点对点及点对多点通信，在全球通用的 2. 4 GHz ISM（即工业、科学、医学）频段工作。其数据速率为 1 Mbps，采用时分双工传输方案实现全双工传输。

Zigbee 是 IEEE 802. 15. 4 协议的代名词。根据这个协议规定的技术是一种短距离、低功耗的无线通信技术。这一名称来源于蜜蜂的八字舞，由于蜜蜂（bee）是靠飞翔和“嗡嗡”（zig）地抖动翅膀的“舞蹈”来与同伴传递花粉所在方位信息的，也就是说蜜蜂依靠这样的方式构成了群体中的通信网络。其特点是近距离、低复杂度、自组织、低功耗、低数据速率、低成本。主要适用于自动控制和远程控制领域，可以嵌入各种设备。简而言之，ZigBee 就是一种便宜的、低功耗的近距离无线组网通信技术。

蓝牙或 ZigBee 的通信，都是通过虚拟的 COM 口来进行。不管蓝牙还是 ZigBee 硬件需要两个设备都安装才可以使用。就像无线网卡一样，两个设备都有无线网卡才能通过无线网卡进行通信。同样，两台安装有蓝牙的设备间就可以通过蓝牙进行通信。

工作步骤

第一步　需求分析

某工厂现有机床若干，自动化加工过程中需要多人实时看管，即使这样也会存在实时发现不了运行故障的情况。因此急需添加一种实时监控设备，对所有设备的运行状态进行实时监控。

考虑到现有设备已经部署并正常运行，在车间不宜另外布置线路。所以需要通过无线通信实现。

WiFi 功耗过大，应用在智能设备上电池续航时间过短；ZigBee 功耗非常小，在低耗电待机模式下，两节 5 号干电池可支持 1 个节点工作 6～24 个月，甚至更长，这是 Zigbee 的突出优势。相比之下，蓝牙能工作数周，WiFi 可工作数小时。但在智能设备上加装 ZigBee 模块，不但加装复杂，而且要破坏设备外形，会给使用者带来不便，一般智能设备都带有蓝牙，不需要另外加装，所以最终选择蓝牙通信。

一个车间有 8 个机床，由一个工人来监控，就是一台智能设备需要与 8 个机床建立蓝牙连接，实时接收机床的工作状态数据并显示。

增加这个蓝牙监控功能需要在机床添加蓝牙模块，将机床工作状态中的几个参数通过蓝牙实时发送，智能设备实时接收并显示。

老 C 提醒：

在实际应用中，一定要考虑现有设备和真正需求，考虑全面才能做出实用的程序。

第二步　界面设计

根据需求来看，界面不需要华丽，只需简洁好用就可以。报警时的文字要突出显示。所以可以设计一个如图 3—2—1 所示的界面。

窗体大小应根据智能设备屏幕大小设置。文本框实时显示各个设备的状态，如出现故障，则显示故障码，并通过声音报警。

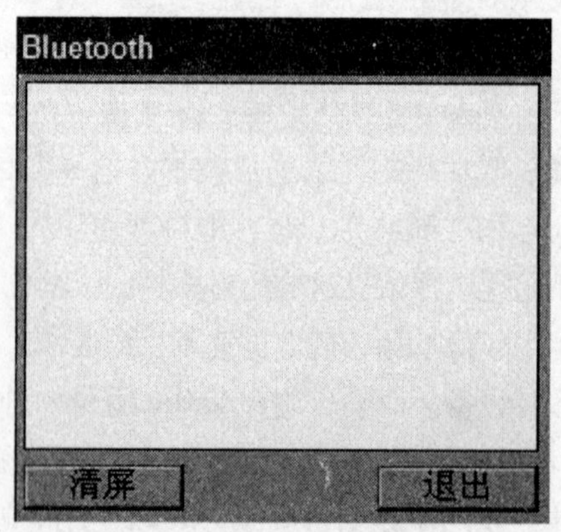

图 3—2—1　蓝牙界面

第三步　系统开发

老C提醒：

大家一定要亲自动手进行开发，直到成功部署到智能设备。不能只是运行本书附带的现成例子。有条件的话应配置模拟器和真机。

本例中使用C#代码进行开发，开发平台是Visual Studio 2008。

1. 创建一个智能设备项目

如图3—2—2所示，项目名称为CACDecode。

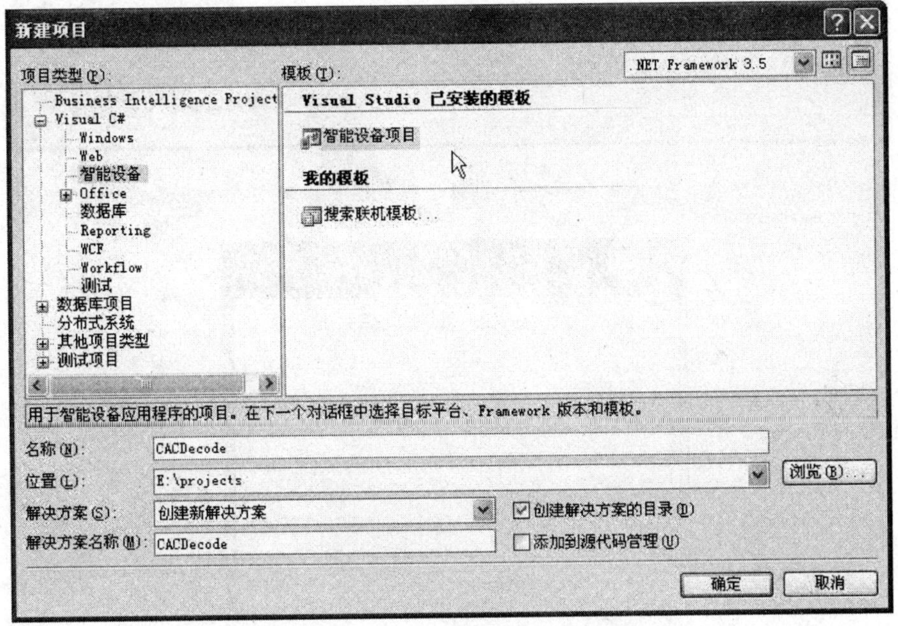

图3—2—2　创建智能设备项目

根据智能设备选择目标平台和.NET Compact Framework版本，如图3—2—3所示。

2. 设计程序界面

如图3—2—4所示，在窗体上添加一个显示框，textbox1用来显示故障信息，包括机床设备编号和故障码。设置textbox1的属性Multiline为True。添加两个按钮“清屏”和“退出”。

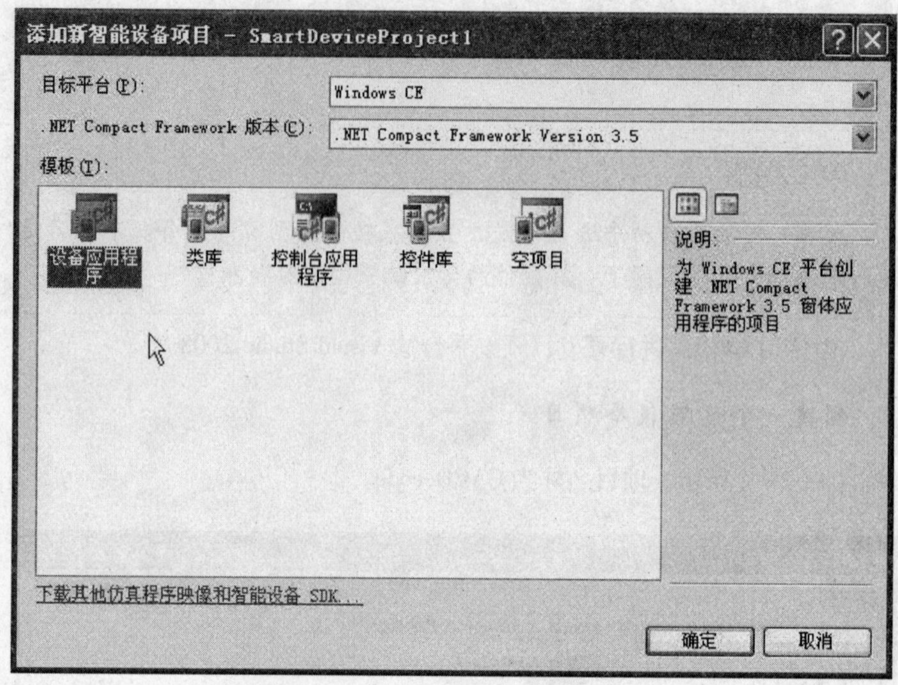

图 3—2—3　选择平台及程序版本

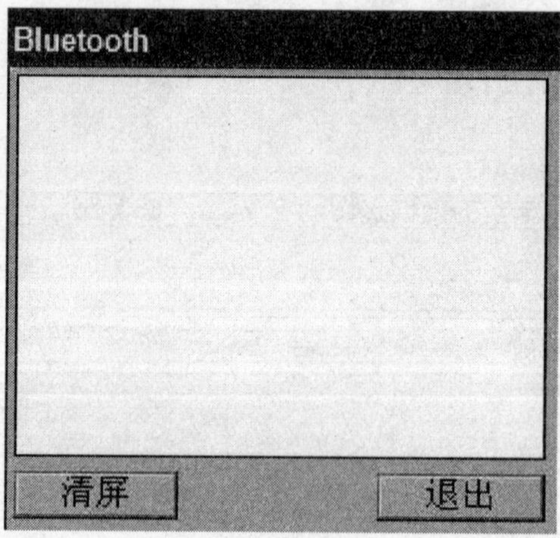

图 3—2—4　程序界面

3. 编写代码

（1）初始化 8 台机床上的蓝牙设备。先初始化以下几个变量：

```
bool Receive1 = false;
bool Receive2 = false;
bool Receive3 = false;
```

```
…

SerialPort serialPort1 = new SerialPort("COM");
SerialPort serialPort2 = new SerialPort("COM2");
SerialPort serialPort3 = new SerialPort("COM3");
…
```

其中"Receive1" ~ "Receive8"控制是否获取指定设备的数据。"serialPort1" ~ "serialPort8"定义8个机床蓝牙设备的接口。

(2) 连接设备，并在每一个单独的线程中运行（这里用"COM2"端口来举例说明)。

```
serialPort2. Open();
Receive2 = true;
Thread tReceive2 = new Thread(new ThreadStart(ReceiveData2));
tReceive2. IsBackground = true;//设置线程后台运行
tReceive2. Start();
…
private void ReceiveData2()
{
  while(Receive2)
  {
    byte[] sendmsg = new byte[12];//定义12字节长度的变量,用来存放取数据的命令
    //此处的字节长度完全根据实际需求来定义,也可以是6个字节
    sendmsg[0] =0x0A;
    sendmsg[1] =0x31;
    sendmsg[2] =0x00;
    sendmsg[3] =0x00;
    sendmsg[4] =0x00;
    sendmsg[5] =0x00;
    sendmsg[6] =0x00;
    sendmsg[7] =0x00;
    sendmsg[8] =0x00;
    sendmsg[9] =0x00;
    sendmsg[10] =0x09;
    sendmsg[11] =0xB6;
    serialPort2. Write(sendmsg,0,12);//按机床上事先设置好的命令发送
```

```
        byte[]recmsg = new byte[12];
        int tmpi = 0;
        for (int i = 0;i < 10;i + + )//设置最多读取次数为 10
        {
            if( serialPort2. BytesToRead >= 12)
                {
                i = 10;//取到数据停止读取
                    tmpi = serialPort2. Read( recmsg,0,12);//读取 12 字节的数据
                }
            Thread. Sleep(1);
        }
        byte[] d1 = new byte[2];
        d1[0] = recmsg[3];
        d1[1] = recmsg[2];
        int N = BitConverter. ToInt16( d1,0);//设备编号

        byte[] d2 = new byte[4];
        d2[0] = recmsg[7];
        d2[1] = recmsg[6];
        d2[2] = recmsg[5];
        d2[3] = recmsg[4];
        int M = BitConverter. ToInt32( d2,0);//故障码，0 为正常

        if (M >0)//M >0 时设备故障，1:故障 A，2:故障 B，以此类推
        {
            Showmsg sm = new Showmsg( Show1);
            this. Invoke( sm,new object[] { N,M });
        }
        Thread. Sleep(990);
    }
}
private delegate void Showmsg( int n,int m);
private void Show1( int n,int m)//显示故障码并报警
{
    textBox1. Text + = n. ToString( ) + " :" + m. ToString( ) + " \r\n" ;
    using( SoundPlayer sp = new SoundPlayer( " Dogbark. wav" ))//设置报警声音路径
```

和文件名称

```
    {
        sp.Load();
        sp.Play();
        Thread.Sleep(3000);
    }
}
```

(3) 清屏按钮代码。

```
textBox1.Text = "";
```

(4)退出按钮代码。

```
Receive1 = false;
Receive2 = false;
Receive3 = false;
Receive4 = false;
Receive5 = false;
Receive6 = false;
Receive7 = false;
Receive8 = false;
Application.Exit();
```

退出之前将接收数据的变量置为 false。

4. 调试

在 Microsoft Visual Studio 平台上可以很方便地调试项目。对于智能设备的项目，即使没有真正的硬件设备，也可以在 VS 自带的模拟器中进行调试。

具体步骤参见岗位职责三工作任务一的工作步骤第三步。

第四步 安装与部署

参见岗位职责三工作任务一的工作步骤第四步。

老 C 提醒：

Windows 的嵌入式开发并没有想象中那么难，只要多加练习和学习(因特网上可以非常方便地找到相关学习资料)，相信你很快就会成为 Windows 嵌入式开发的高手。

实操演练

1. 实操要求

开发两个程序，一个是智能客户端的发送接收，另一个是计算机端的接收发送。

做这个实例的目的是测试蓝牙通信，如果有两台有蓝牙的智能设备能够建立连接，并且可以用 COM 口通信，那就可以做两个智能设备的应用来测试。当然两个设备端的应用要有分工，接收到数据要进行判断处理。本书中有两个例子，是通过测试的。

2. 环境设置

每4 人组成一个小组，两个人负责写智能客户端程序，两个人负责写机床端程序。写好后连接蓝牙，建立 COM 端口，进行测试。

3. 模拟时间

1 个课时。

4. 效果要求

学员巩固学习到的知识，以后遇到类似的项目可以轻松完成。

练 习 题

单项选择题

1. Windows 嵌入式开发的应用程序要在智能设备上运行，最需要安装的基本组件是（　　）。

A. Net Framework　　B. SQL Mobile

C. QQ　　D. MSN

2. 蓝牙通信的有效距离一般是（　　）m。

A. 20　　B. 10

C. 30　　D. 50

3. Zigbee 通信的有效距离一般是（　　）m。

A. 10 ~ 100　　B. 50 ~ 200

C. 100 ~ 1 200　　D. 500 ~ 1 800

4. COM 端口间传递数据，接收到的数据顺序是（　　）。

A. 随机　　　　B. 中间向两端

C. 顺序　　　　D. 倒序

5. 蓝牙与 Zigbee 相比，(　　) 的功耗更大。

A. 蓝牙　　　　B. Zigbee

参考答案

1. A　2. B　3. C　4. D　5. A

软件开发工程师实训考核模拟试卷

一、单项选择题（本大题共 30 小题，每小题 1 分，共 30 分）

1. 你正在开发一个 Web 应用。这个 Web 应用使用 GridView 控件显示数据。现在，你可以增加一个 Web 窗体，然后通过拖放在服务资源管理器的数据链接树上的表到这个 Web 窗体上来进行数据的显示。为此，你需要增加链接对话框创建一个数据链接。在整个处理的过程中，你需要为你的数据源配置数据提供程序。请问，你应该怎么做？（　　）

A. 在链接上右击，然后单击属性，修改数据链接的数据提供程序属性

B. 单击“更改”按钮，然后为选择的数据源改变数据提供程序属性

C. 单击“高级”按钮，然后改变 Data Source 属性值为目标提供程序属性

D. 单击“高级”按钮，然后改变 Application Name 属性值为目标提供程序属性

2. NET 安全框架中，应用程序所属的“角色”是指（　　）。

A. 启动该程序的用户必须处于的 Windows 本地组

B. 该程序运行时使用哪个 Windows 用户账号访问系统资源

C. NET 框架定义的一组 Principal 对象的集合，符合这些 Principal 的程序就属于该角色

D. NET 框架定义的一组资源对象的集合，处于该组的程序可以访问该组的资源

3. C#程序中，（　　）预处理指令用于条件编译。

A. #if　　B. #ifdef　　C. #Region　　D. #error

4. 作为程序员，你需要为公司开发一套供员工使用的个人信息管理软件。软件需求之一是：令每个员工可以在公司的任意一台安装有该程序的工作站上，以自己喜爱的自定义界面运行该程序。为满足该需求，程序应优先采取下列（　　）策略保存每位用户的自定义设置。

A. 将个人设置保存到本地计算机硬盘的 XML 文件中

B. 将个人设置保存到公司的 SQL Server 数据库服务器中

C. 将个人设置保存到本地计算机的注册表中

D. 将个人设置保存到软盘中

5. 关于 ASP. NET 窗体应用程序，下列说法中正确的是（　　）。

A. Web 窗体是在浏览器中进行解释执行的

B. Web 窗体程序中脚本和代码必须严格分开

C. Web 窗体程序产生的 HTML 页面只能在 IE 浏览器中运行

D. Web 窗体程序的代码可以使用任何一种 . NET 兼容的编程语言编写

6. Web 表单中，按钮的默认事件是（　　）。

A. Click 事件　B. Load 事件　C. Init 事件　D. Command 事件

7. 为保护 Web Service 不受恶意访问的攻击，应使用（　　）保护 Web Service。

A. IIS 目录安全性　B. NTFS 安全性

C. 共享目录安全性　D. TCP/IP 安全性

8. C#程序中，为使变量 myForm 引用的窗体对象显示为对话框，必须（　　）。

A. 使用 myForm. ShowDailog 方法显示对话框

B. 将 myForm 对象的 isDialog 属性设为 true

C. 将 myForm 对象的 FormBorderStyle 枚举属性设置为 FixedDialog

D. 将变量 myForm 改为引用 System. Windows. Dialog 类的对象

9. 变量 openFileDialog1 引用一个 OpenFileDialog 对象。为检查用户在退出对话框时是否单击了“打开”按钮，应检查 openFileDialog1. ShowDialog（　　）的返回值是否等于（　　）。

A. DialogResult. OK　B. DialogResult. Yes

C. DialogResult. No　D. DialogResult. Cancel

10. 在 C#中，预处理器指令#region 和#endregion 的作用是（　　）。

A. 注释#region 和#endregion 之间的代码

B. 为 Code Editor 定义一段可折叠代码区

C. #region 和#endregion 之间的代码在 Debug 版本中不参加编译

D. #region 和#endregion 之间的代码在 Release 版本中不参加编译

11. 使用 Visual Studio. NET 的“新建 C#项目”创建一个名为“SimpleForm”的 Windows 表单应用程序，则在生成（　　）文件中可设置该程序集的 Copyright、Trademark 等属性信息。

A. Form1. resx　B. SimpleForm. sln

C. SimpleForm. csproj　D. AssemblyInfo. cs

12. 应用 ADO. NET 访问数据时，Connection 对象的连接字符串中 Initial Catalog 子串的含义是（　　）。

A. Connection 对象连接到的数据库的名称

B. Connection 对象的身份验证信息

C. Connection 对象的最大连接时间

D. Connection 对象使用的缓存大小

13. 在使用 FileStream 打开一个文件时，通过使用 FileMode 枚举类型的（　　）成员，来指定操作系统打开一个现有文件并把文件读写指针定位在文件尾部。

A. Append　B. Create　C. CreateNew　D. Truncate

14. 下列语句创建了（　　）个 string 对象。

string [,] strArray = new string [3] [4];

A. 0　　B. 3　　C. 4　　D. 12

15. C#中，在方法 MyFunc 内部的 try…catch 语句中，如果在 try 代码块中发生异常，并且在当前的所有 catch 块中都没有找到合适的 catch 块，则（　　）。

A. NET 运行时忽略该异常

B. NET 运行时马上强制退出该程序

C. NET 运行时继续在 MyFunc 的调用堆栈中查找提供该异常处理的过程

D. NET 抛出一个新的“异常处理未找到”的异常

16. 在定义类时，如果希望类的某个方法能够在派生类中进一步进行改进，以处理不同的派生类的需要，则应将该方法声明成（　　）。

A. sealed 方法　　B. public 方法

C. visual 方法　　D. override 方法

17. 分析下列程序中类 MyClass 的定义

```
class BaseClass
{
    public int i;
}
class MyClass: BaseClass
{
    public new int i;
}
```

则下列语句在 Console 上的输出为（　　）。

```
MyClass y = new MyClass ( );
BaseClass x = y;
x. i = 100;
Console. WriteLine ("{0}, {1}", x. i, y. i);
```

(提示：注意类 MyClass 中的 new 关键字)

A. 0，0　　B. 100，100　　C. 0，100　　D. 100，0

18. 分析下列程序：

```
public class class4
{
    private string_sData = "";
    public string sData{set{_sData = value;}}
}
```

Main 函数中，在成功创建该类的对象 obj 后，下列语句合法的是（　　）。

A. obj. sData = "It is funny!";

B. Console. WriteLine(obj. sData);

C. obj. _sData = 100;

D. obj. set(obj. sData);

19. C#中，新建一字符串变量 str，并将字符串"Tom's Living Room" 保存到串中，则应该使用（　　）语句。

A. string str = "Tom\'s Living Room";

B. string str = "Tom's Living Room";

C. string str("Tom's Living Room");

D. string str("Tom's Living Room");

20. 在 C#中，表示一个字符串的变量应使用（　　）语句定义。

A. CString str　　　　B. string str;

C. Dim str as string　　　　D. char * str;

21. 你正在开发一个模板化的、支持数据绑定的用户控件。控件的功能是基于开发者提供的数据显示一个树形结构。你的控件应该从（　　）类继承。

A. BaseDataBoundControl

B. HierarchicalDataBoundControl

C. CompositeDataBoundControl

D. ListControl

22. 下面 HTML 元素能够在用户控件中出现的是（　　）。

A. <html>　　B. <table>　　C. <body>　　D. <head>

23. 你正在创建一个使用 SqlCommand 对象 cmd 执行一个存储过的 Web 应用。你需要得到存储过程的返回值并显示在 ResultsTextBox 中，你应该使用的代码是（　　）。

A. ResultsTextBox. Text = cmD. ExecuteNonQuery(). ToString()

B. cmD. Parameters. Add(new
SqlParameter("@RETURN_VALUE",SqlDbType. Int,4,
ParameterDirection. ReturnValue,false,((System. Byte)(10)),
((System. Byte)(0)),"",System. Data. DataRowVersion. Current,null));
cmD. ExecuteNonQuery();
ResultsTextBox. Text = (int) cmD. Parameters ["@RETURN_VALUE"]. Value. ToString()

C. cmD. ExecuteNonQuery();
RcsultsTextBox. Text = (int)cmD. Parameters[0]. Value. ToString()

D. ResultsTextBox. Text = (int)cmD. ExecuteScalar(). ToString()

24. 你正在创建一个装载大 XML 文档的 ASP. NET Web 应用并且使用 Xpath 查

询和过滤 XML 文档。由于文档比较大，所以性能是一个关键因素。已知，用户不需要修改文档内容。你应该使用（　　）类。

A. XpathNavigator　　B. XmlReader

C. XpathDocument　　D. XmlDocument

25. 你正在创建一个组合 Web 控件，应该（　　）增加子控件。

A. 实现 INamingContainer 接口

B. 重载 CreateChildControls 方法，并创建子控件

C. 重载 Controls 属性，并调用 EnsureChildControls 方法

D. 增加控件到 . ascx 文件

26. 下面控件（　　）可以增加到 Web 窗体上进行电话号码输入的验证。

A. CompareValidator　　B. RegularExpressionValidator

C. RequiredFieldValidator　　D. RangeValidator

27. 你正在创建一个 Web 页面，它是一个使用了主题的 ASP. NET Web 站点的一部分。当前，主题通过在 WeB. config 进行配置后应用到整个站点。然而，你需要正在创建的页面不使用主题，你该如何在你的页面中禁用主题？（　　）

A. < % @ Page EnableTheming = " false" % >

B. < % @ Page StyleSheetTheme = " null" % >

C. < % @ Page DisableTheming = " true" % >

D. < % @ Page Theme = " null" % >

28. 你正在部署一个公司的 Internet Web 站点。你需要拒绝匿名用户访问，并且只允许已验证的用户访问。你应该使用下面哪个代码段？（　　）

A. < authorization > < allow users = " ?"/ > </authorization >

B. < authorization > < deny users = " ?"/ > </authorization >

C. < authorization > < deny users = " * "/ > </authorization >

D. < authorization > < allow users = " * "/ > </authorization >

29. 你正在从一个数据库到另一个数据库进行数据传送。你需要决定是否可以使用 SqlBulkCopy 去传送数据。你应该（　　）。

A. 保证源数据库是 Microsoft SQL Server

B. 保证目标数据库是 Microsoft SQL Server

C. 确保源表和目的表的列名称相同

D. 确保在目标机器上安装有 bcp 工具

30. 你的团队创建了一个 Web 站点。这个站点需要部署到测试服务器进行性能测试。你计划去完成多次性能改进并且重新进行测试。为此，你需要编译并复制这个 Web 站点到测试服务器，你应该（　　）。

A. 用 aspnet_compiler. exe 写一个批处理文件

B. 用 InstallUtil. exe 写一个批处理文件

C. 用 CsC. exe 写一个批处理文件

D. 用 aspnet_ wp. exe 写一个批处理文件

二、多项选择题（本大题共 15 小题，每小题 2 分，共 30 分）

1. 关于线程和进程，下列说法正确的是（ ）。

A. 线程是操作系统分配处理器时间的基本单位

B. 进程是操作系统分配处理器时间的基本单位

C. 一个线程可以属于多个进程

D. 一个进程可以有多个线程

2. （ ）语言可以用来开发 XML Web Service。

A. C　　B. C++　　C. Java　　D. C#

3. （ ）方法可以减小一个 ArrayList 对象的容量。

A. 调用 Remove 方法　　B. 调用 Clear 方法

C. 调用 TrimToSize 方法　　D. 设置 Capacity 属性

4. C#可以采用（ ）技术来进行对象内部数据的隐藏。

A. 静态成员

B. 类成员的访问控制说明

C. 属性

D. 装箱（boxing）和拆箱（Unboxing）技术

5. 你正在创建一个自定义服务器控件。为了让你的控件能够自动使用 ASP. NET 主题特征，你应该从（ ）类继承。

A. Button　　B. TemplateControl

C. Control　　D. WebControl

E. UserControl

6. 你创建了一个 Web 应用。你需要对一个运行不是很好的页面进行跟踪，而且你必须把跟踪信息存储在一个数据库中。为此，你应该通过（ ）完成。

A. 为 Trace. TraceFinished 事件增加跟踪内容事件处理程序，并且把跟踪信息记录到数据库中

B. 在 Web. config 文件中增加 system. diagnostics 配置节，然后在新的节增加一个 listener

C. 使用 System. Diagnostics. Trace 对象连接到数据库，并且插入跟踪记录到数据库

D. 在 Page_ Load 事件中，使用 Trace. Write 插入信息到数据库

7. 你正在创建一个自定义用户控件。这个控件将被用在允许用户注册和个性化体验的 Web 站点中的 10 个 Web 窗体。自定义用户控件中包含两个 TextBox 控件和两个 Button 控件。你需要保证只有在用户没有登录到 Web 站点时控件是可见的，反之是不可见的。你也需要保证 Web 站点的开发和维护的工作量最小。你应该通

过（ ）达到此目的。

A. 在自定义控件代码中为 Login 按钮增加事件处理代码

B. 在自定义控件所在的 Web 窗体代码中为 Login 按钮增加事件处理代码

C. 在自定义控件所在的 Web 窗体的 Page_Load 方法中增加代码段设置 TextBox 和 Button 控件的可见性

D. 在自定义控件的 Page_Load 方法中增加代码段设置 TextBox 和 Button 控件的可见性

8. 你创建了一个从 WebControl 继承的服务器控件，需要让这个服务器控件能够为一种新型的 mobile 设备输出 markup（标记），但并不能改变服务器控件的代码。你需要用（ ）来实现。

A. 创建一个从 HtmlTextWriter 继承的类并且输出新的 markup（标记）

B. 创建一个从 StreamWriter 继承的类并且输出新的 markup（标记）

C. 在新设备的 browser definition 文件的 <capabilities>元素中引用类

D. 在新设备的 browser definition 文件的 <controlAdapters>元素中引用类

9. 你正在创建一个 Web 窗体。这个 Web 窗体允许用户从 DropDownList 控件选择不同的分类。其中，分类信息存储在数据库 categories 表中。你将使用 SqlDataSource 控件获取此分类数据，你设置 SqlDataSource 控件的 SelectQuery 属性值为：

SELECT [CategoryID]，[CategoryName] FROM [Categories]

现在，你需要把 SqlDataSource 控件和 DropDownList 控件进行绑定，并且把 CategoryName 作为 DropDownList 控件的显示内容，把 CategoryID 作为用户选择项的值。为此，你需要通过（ ）完成。

A. 设置 DropDownList 控件的 DataSourceID 为 SqlDataSource 控件的 ID 值

B. 设置 DropDownList 控件的 DataMember 属性值为 SqlDataSource 控件的 ID 值

C. 设置 DropDownList 控件的 DataValueField 属性值为 CategoryID

D. 设置 DropDownList 控件的 DataTextField 属性值为 CategoryName

E. 设置 DropDownList 控件的 DataValueField 属性值为 CategoryName

F. 设置 DropDownList 控件的 DataTextField 属性值为 CategoryID

10. 你需要在运行时通过程序引用一个用户控件，（ ）是可行的方案。

A. 在用户控件的@ Control 标记内包含 ClassName 属性

B. 用户控件实现为单个 Page，而不是 code-behind

C. ASP. NET Web 页实现为单个 Page，而不是 code-behind

D. 使用控件的 ASP. NET Web 页包含一个@ Reference 标记

11. 使用 Visual Studio. NET 开发一个 Windows 应用程序与一个 Microsoft SQL Server 数据库交互。应用程序从一个 TestKingEmployees 的表中显示 employee 信息。使用 ADO. NET 来访问数据库中的数据。为限制可能的错误，必须在编译时而不是在运行时捕获任何在应用程序代码和数据库间不匹配的类型错误。应采用的方法有（　　）。

A. 为 TestKingEmployees 创建一个 XML schema

B. 为 TestKingEmployees 创建一个 XML style sheet

C. 为 TestKingEmployees 创建一个 XML 命名空间

D. 创建一个基于 XML schema 的类型化的 DataSet 对象

E. 创建一个基于 XML style sheet 的类型化的 DataSet 对象

F. 创建一个基于 XML 命名空间的 TypeDelegator 类

12. DataAdapter 对象的 Update 查询语句中，使用（　　）的 Where 子句可以保证本行的更新不会覆盖其他用户的更改。

A. 包含数据源所有的列　　B. 只包含主键列

C. 包含主键列和一个时戳列　　D. 包含主键列和已修改列

13. 某 Command 对象 cmd 将被用来执行以下 SQL 语句，以向数据源中插入新记录：

insert into Customers values（1000,"tom"）

请问，语句 cm D. ExecuteNonQuery（）；的返回值可能为（　　）。

A. 0　　B. 1　　C. 1 000　　D. "tom"

14. ADO. NET 模型中的（　　）对象属于 Connected 对象。

A. Connection　　B. DataAdapter

C. DataReader　　D. DataSet

15. 在 ADO. NET 中使用 XML 支持时，以下建议可取的是（　　）。

A. 从 DataSet 读取 XML 格式的数据

B. 使用 XML 格式的数据填充 DataSet

C. 为 DataSet 创建 XML 格式的构架描述

D. 将数据以 XML 格式保存在数据库中

三、判断题（本大题共 10 小题，每小题 1 分，共 10 分）

1. MsgBox 函数除了在对话框中显示提示信息外，还可以接受用户作出的响应，作为程序继续执行的依据。（　　）

2. public 实例变量代表类范围的信息。（　　）

3. session. logout（）可以除去一个 session。（　　）

4. String 类的 charAt 方法返回字符串中字符的个数。（　　）

5. 按位运算符 & 经常被用来屏蔽位。（　　）

6. 程序开发者必须创建一个线程去管理内存的分配。（　　）

7. 构造方法用于给类的 private 实例变量赋值。（　　）

8. 如果顺序文件中的文件指针不是指向文件头，那么必须先关闭文件，然后再打开它才能从文件头开始读。（　　）

9. 如果想往客户端写出一个图片，用 response. get Writer（）。 （ ）

10. 同时按下 Ctrl 和“方向箭头”键可以移动控件的位置。 （ ）

四、编程题（本题 30 分）

编写一个应用程序，通过向文本框中输入手机号码，并判断手机号码格式是否正确，然后提交插入到 Jobs 表中。

参考答案

一、单项选择题

1. B 2. C 3. A 4. B 5. D 6. A 7. A 8. B 9. C 10. A 11. B 12. D 13. A 14. A 15. A 16. C 17. C 18. D 19. A 20. B 21. B 22. B 23. B 24. C 25. B 26. B 27. A 28. B 29. B 30. A

二、多项选择题

1. AD 2. ABCD 3. CD 4. BC 5. AD 6. AB 7. AD 8. AD 9. ACD 10. AD 11. AD 12. ACD 13. AB 14. ABC 15. ABC

三、判断题

1. √ 2. × 3. × 4. × 5. √ 6. × 7. × 8. √ 9. × 10. √

四、编程题

答案略

附录

CAC 就业一体化服务平台

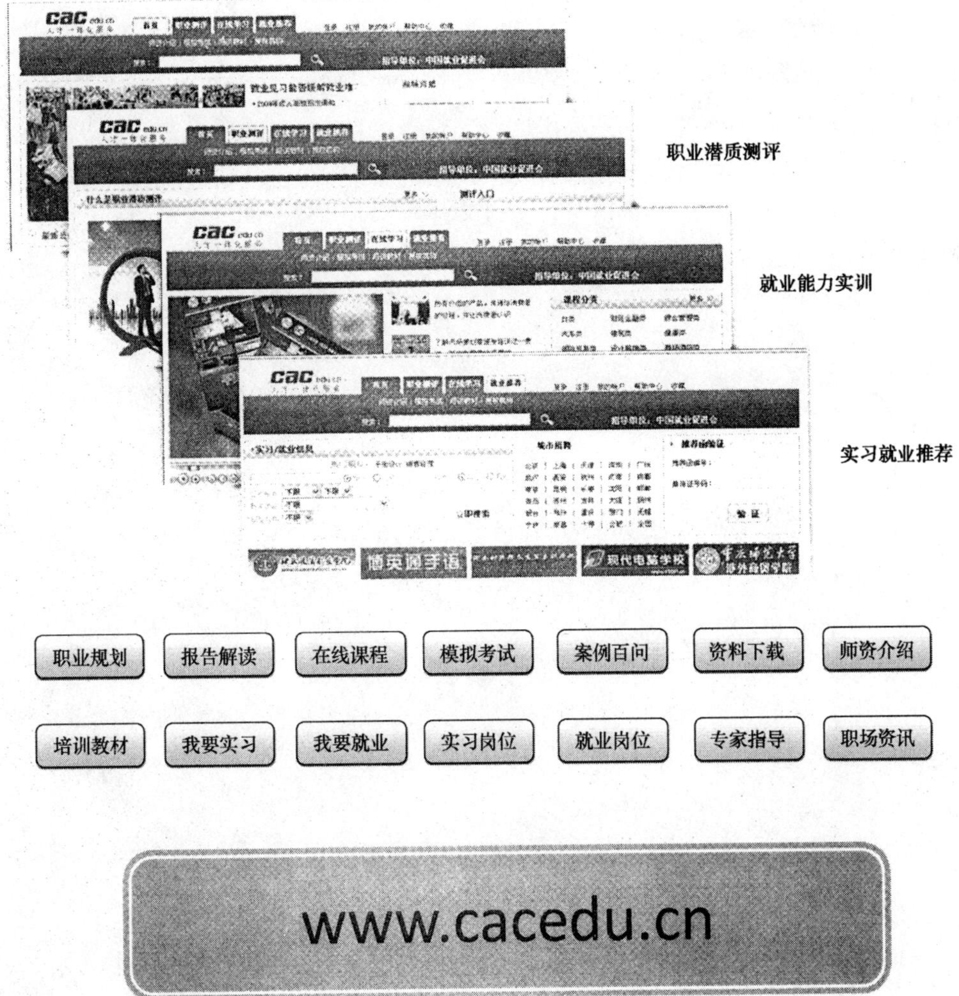

www.cacedu.cn